U0517216

〔漢〕司馬遷 撰
〔宋〕裴駰 集解
〔唐〕司馬貞 索隱
〔唐〕張守節 正義

點校本
二十四史
修訂本

史記

第九册
卷一〇二至卷一一七

中華書局

2013 年 9 月第 1 版　2024 年 6 月第 11 次印刷

ISBN 978-7-101-09501-2

史記卷一百二

張釋之馮唐列傳第四十二

張廷尉釋之者，堵陽人也，【一】字季。有兄仲同居。以訾爲騎郎，【二】事孝文帝，十歲不得調，無所知名。釋之曰：「久宦減仲之産，不遂。」欲自免歸。中郎將袁盎知其賢，惜其去，乃請徙釋之補謁者。【三】釋之既朝畢，因前言便宜事。文帝曰：「卑之，毋甚高論，令今可施行也。」【四】於是釋之言秦漢之間事，秦所以失而漢所以興者久之。文帝稱善，乃拜釋之爲謁者僕射。

【一】索隱韋昭堵音赭，又音如字。地名，屬南陽。正義應劭曰：「哀帝改爲順陽〔一〕，水東南入蔡。」括地志云：「順陽故城在鄧州穰縣西三十里，楚之郇邑也。及蘇秦傳云『楚北有郇陽』，並謂此也。」

【二】集解蘇林曰：「顧錢若出穀也。」如淳曰：「漢儀注訾五百萬得爲常侍郎。」索隱訾音子移反。字苑云「貲，積財也」。

【三】正義百官表云「謁者，掌賓讚受事，員十七人，秩比六百石」也。

【四】索隱案：卑，下也。欲令且卑下其志，無甚高談論，但令依時事，無說古遠也。

釋之從行，登虎圈。【一】上問上林尉【二】諸禽獸簿，十餘問，尉左右視，盡不能對。虎圈嗇夫【三】從旁代尉對上所問禽獸簿甚悉，欲以觀其能口對響應無窮者。文帝曰：「吏不當若是邪？尉無賴！」【四】乃詔釋之拜嗇夫爲上林令。釋之久之前曰：「陛下以絳侯周勃何如人也？」上曰：「長者也。」又復問：「東陽侯張相如何如人也？」上復曰：「長者。」釋之曰：「夫絳侯、東陽侯稱爲長者，此兩人言事曾不能出口，豈斆此嗇夫諜諜【五】利口捷給哉〔三〕！且秦以任刀筆之吏，吏爭以亟疾苛察相高，然其敝徒文具耳，【六】無惻隱之實。以故不聞其過，陵遲而至於二世，天下土崩。今陛下以嗇夫口辯而超遷之，臣恐天下隨風靡靡，爭爲口辯而無其實。且下之化上疾於景響，舉錯不可不審也。」文帝曰：「善。」乃止不拜嗇夫。

【一】正義求遠反。

【二】索隱漢書表「上林有八丞十二尉」。百官志尉秩三百石。

【三】正義掌虎圈。百官表有鄉嗇夫，此其類也。

【四】集解張晏曰：「才無可恃。」

【五】集解晉灼曰：「音牒。」索隱音牒。漢書作「喋喋」，口多言〔三〕。

【六】索隱案：謂空具其文而無其實也。

上就車，召釋之參乘，徐行，問釋之秦之敝。具以質言。【一】至宮，上拜釋之爲公車令。

【一】集解如淳曰：「質，誠也。」

頃之，太子與梁王共車入朝，不下司馬門，【一】於是釋之追止太子、梁王無得入殿門。遂劾不下公門不敬，奏之。薄太后聞之，文帝免冠謝曰：「教兒子不謹。」薄太后乃使使承詔赦太子、梁王，然後得入。文帝由是奇釋之，拜爲中大夫。

【一】集解如淳曰：「宮衛令『諸出入殿門公車司馬門，乘軺傳者皆下，不如令，罰金四兩』。」

頃之，至中郎將。從行至霸陵，居北臨廁。【一】是時慎夫人從，上指示慎夫人新豐道，曰：「此走邯鄲道也。」【二】使慎夫人鼓瑟，上自倚瑟而歌，【三】意慘悽悲懷，顧謂羣臣曰：「嗟乎！以北山石爲槨，【四】用紵絮【五】斮陳，蕠漆其閒〔四〕，【六】豈可動哉！」左右皆曰：「善。」釋之前進曰：「使其中有可欲者，雖錮南山猶有郄；【七】使其中無可欲者，雖無石槨，又何戚焉！」文帝稱善。其後拜釋之爲廷尉。

【一】集解李奇曰：「霸陵北頭廁近霸水，帝登其上，以遠望也。」如淳曰：「居高臨垂邊曰廁也。」蘇林曰：「廁，邊側也。」韋昭曰：「高岸夾水爲廁也。」索隱劉氏廁音初吏反。按：李奇曰「霸陵北頭廁近霸水」。蘇林曰「廁，邊側也」。包愷音側，義亦兩通也。

【二】集解張晏曰：「慎夫人，邯鄲人也。」如淳曰：「走音奏，趨也。」索隱音奏。案：走猶向也。

【三】集解漢書音義曰：「聲氣依倚瑟也。書曰『聲依永』。」索隱倚，於綺反。案：謂歌聲合於瑟聲，相依倚也。

【四】正義顏師古云：「美石出京師北山，今宜州石是。」

【五】索隱上張呂反，下息慮反。

【六】集解徐廣曰：「斮，一作『錯』。」駰案：漢書音義曰「斮絮以漆著其閒也」。索隱斮陳絮漆其閒〔五〕。斮音側略反。絮音女居反。案：斮陳絮以漆著其閒也。

【七】集解張晏曰：「錮，鑄也。帝北向，故云『北山』」；迴顧南向，故云『南山』。」索隱案：張晏云「錮，鑄也。帝北向，故云『北山』」；「回顧向南〔六〕，故云『南山』」。今案：大顏云「北山青石肌理密，堪爲碑槨，至今猶然。」故秦本紀〔七〕「作阿房，或作酈山，發北山石槨」是也〔八〕。故帝欲北山之石爲槨，取其精牢。釋之答言，但使薄葬，冢中無可貪，雖無石槨，有何憂焉。若使厚殉〔九〕，冢中有物，雖并錮南山，猶爲人所發掘也。言「南山」者，取其高厚之意，張晏殊失其旨也。

頃之，上行出中渭橋，【一】有一人從橋下走出，乘輿馬驚。於是使騎捕，屬之廷尉。釋之治問。曰：「縣人來，【二】聞蹕，匿橋下。久之，以爲行已過，即出，見乘輿車騎，即走耳。」廷尉奏當，一人犯蹕，當罰金。【三】文帝怒曰：「此人親驚吾馬，吾馬賴柔和，令他馬，固不敗傷我乎？而廷尉乃當之罰金！」釋之曰：「法者天子所與天下公共也。【四】今法如此而更重之，是法不信於民也。且方其時，上使立誅之則已。今既下廷尉，廷尉，天下之平也，一傾而天下用法皆爲輕重，民安所措其手足？唯陛下察之。」良久，上曰：「廷尉當是也。」

【一】集解張晏曰：「在渭橋中路。」瓚曰：「中渭橋兩岸之中。」索隱張晏、臣瓚之說皆非也。案今渭橋有三所：一所在城西北咸陽路，曰西渭橋；一所在東北高陵道〔一〇〕，曰東渭橋；其中渭橋在古城之北也。

【二】集解如淳曰：「長安縣人。」

【三】集解如淳曰：「乙令『蹕先至而犯者罰金四兩』。蹕，止行人。」索隱案：崔浩云「當謂處其罪也」。案：百官志云「廷尉掌平刑罰〔一一〕，奏當所應。郡國讞疑罪，皆處當以報之」也。

【四】索隱小顏云：「公謂不私也。」

其後有人盜高廟坐前玉環，捕得，文帝怒，下廷尉治。釋之案律盜宗廟服御物者爲奏，奏當弃市。上大怒曰：「人之無道，乃盜先帝廟器，吾屬廷尉者，欲致之族，而君以法奏之，【一】非吾所以共承宗廟意也。」釋之免冠頓首謝曰：「法如是足也。【二】且罪等，【三】然以逆順爲差。今盜宗廟器而族之，有如萬分之一，假令愚民取長陵一抔土，【四】陛下何以加其法乎？」久之，文帝與太后言之，乃許廷尉當。是時，中尉條侯周亞夫與梁相山都侯王恬開【五】見釋之持議平，乃結爲親友。張廷尉由此天下稱之。

【一】索隱案：以法者〔一二〕，依律以斷也。

【二】集解徐廣曰：「足，一作『止』也。」

【三】集解如淳曰：「俱死罪也，盜玉環不若盜長陵土之逆也。」

【四】集解張晏曰：「不欲指言，故以取土譬也。」索隱抔音步侯反。案：禮運云「汙尊而抔飲」，鄭氏云「抔，手掬之」。字從手。字本或作「盃」，言一勺一杯，兩音並通。又音普迴反。坯者，塼之未燒之名也。張晏云「不欲指言，故以取土譬」者，蓋不欲言盜開長陵及説傷迫近先帝故也〔一三〕。

【五】集解徐廣曰：「一作『閒』。漢書作『啓』。啓者，景帝諱也，故或爲『開』。」

後文帝崩，景帝立，釋之恐，【一】稱病。欲免去，懼大誅至；欲見謝，則未知何如。用王生計，卒見謝，景帝不過也。

【一】索隱謂帝爲太子時，與梁王入朝，不下司馬門，釋之曾劾，故恐也。

王生者，善爲黄老言，處士也。嘗召居廷中，三公九卿盡會立，王生老人，曰「吾韈解」，【一】顧謂張廷尉：「爲我結韈！」【二】釋之跪而結之。既已，人或謂王生曰：「獨柰何廷辱張廷尉，使跪結韈？」王生曰：「吾老且賤，自度終無益於張廷尉。張廷尉方今天下名臣，吾故聊辱廷尉，使跪結韈，欲以重之。」諸公聞之，賢王生而重張廷尉。

【一】正義上萬越反，下閑買反。

【二】索隱結音如字，又音計。

張廷尉事景帝歲餘，爲淮南王相，猶尚以前過也。久之，釋之卒。其子曰張摯，字長公，官至大夫，免。以不能取容當世，故終身不仕。【一】

【一】索隱謂性公直，不能曲屈見容於當世，故至免官不仕也。

馮唐者，其大父趙人。父徙代。漢興徙安陵。唐以孝著，爲中郎署長，【一】事文帝。

文帝輦過，【二】問唐曰：「父老何自爲郎？【三】家安在？」唐具以實對。文帝曰：「吾居代時，吾尚食監高祛數爲我言趙將李齊之賢，戰於鉅鹿下。今吾每飯，意未嘗不在鉅鹿也。【四】父知之乎？」唐對曰：「尚不如廉頗、李牧之爲將也。」上曰：「何以？」唐曰：「臣大父在趙時，爲官率將〔一四〕，【五】善李牧。臣父故爲代相，善趙將李齊，知其爲人也。」上既聞廉頗、李牧爲人，良【六】説，而搏髀曰：「嗟乎！吾獨不得廉頗、李牧時爲吾將，吾豈憂匈奴哉！」唐曰：「主臣！【七】陛下雖得廉頗、李牧，弗能用也。」上怒，起，入禁中。良久，召唐讓曰：「公柰何衆辱我，獨無閒處乎？」唐謝曰：「鄙人不知忌諱。」

【一】集解應劭曰：「此云孝子郎也。」或曰以至孝聞。索隱案：謂爲郎署之長也。

【二】索隱過音戈。謂文帝乘輦，會過郎署。

【三】索隱案：崔浩云「自，從也。帝詢唐何從爲郎」。又小顏云「年老矣，何乃自爲郎〔一五〕」，怪之也。

【四】集解張晏曰：「每食念監所説李齊在鉅鹿時。」

【五】集解徐廣曰：「一云『官士將』。」駰案：晉灼曰「百人爲徹行，亦皆帥將也」。索隱注「百人爲徹行將帥」，案國語「百人爲徹行，行頭皆官師」。賈逵云「百人爲一隊也。官師，隊大夫也」。

【六】集解如淳曰：「良，善也。」

【七】索隱案：樂彥云「人臣進對前稱『主臣』，猶上書前云『昧死』」。案：志林云「馮唐面折萬乘，何言不懼」，主臣爲驚怖，其言益著也。又魏武謂陳琳云「卿爲本初檄，何乃上及父祖〔一六〕」，琳謝云「主臣」，益明主臣是驚怖也。解已見前篇也〔一七〕。

當是之時，匈奴新大入朝𨚗，【一】殺北地【二】都尉印。【三】上以胡寇爲意，乃卒復問唐曰：「公何以知吾不能用廉頗、李牧也？」唐對曰：「臣聞上古王者之遣將也，跪而推轂，曰閫以內者，【四】寡人制之；閫以外者，將軍制之。軍功爵賞皆決於外，歸而奏之。此非虛言也。臣大父言，李牧爲趙將居邊，軍市之租皆自用饗士，【五】賞賜決於外，不從中擾也。委任而責成功，故李牧乃得盡其智能，遣選車千三百乘，【六】彀騎萬三千，【七】百金之士十萬，【八】是以北逐單于，破東胡，【九】滅澹林，【一〇】西抑彊秦，南支韓、魏。當是之時，趙幾霸。【一一】其後會趙王遷立，其母倡也。【一二】王遷立，乃用郭開讒，卒誅李牧，【一三】令顏聚代之。【一四】是以兵破士北，爲秦所禽滅。今臣竊聞魏尚爲雲中守，【一五】其軍市租盡以饗士卒，出私養錢〔一八〕，【一六】五日一椎牛，【一七】饗賓客軍吏舍人，是以匈奴遠避，不近雲中之塞。虜曾一入，尚率車騎擊之，所殺甚衆。夫士卒盡家人子，【一八】起田中從軍，安知尺籍伍符。【一九】終日力戰，斬首捕虜，上功莫府，【二〇】一言不相應，【二一】文吏以法繩之。其賞不行而吏奉法必用。臣愚，以爲陛下法太明，賞太輕，罰太重。且雲中守魏尚坐上功首虜差六級，陛下下之吏，削其爵，罰作之。由此言之，陛下雖得廉頗、李牧，弗能用也。【一二】臣誠愚，觸忌諱，死罪死罪！」文帝說。是日令馮唐持節赦魏尚，復以爲雲中守，而拜唐爲車騎都尉，主中尉及郡國車士。【一三】

【一】索隱上音朝，早也；下音乃何反。縣名，屬安定也。正義在原州百泉縣西北十里〔一九〕，漢朝那縣是也。

【二】正義北地郡，今寧州也。

【三】索隱案：都尉姓孫名卬。

【四】集解韋昭曰：「此郭門之閫也。門中橜曰閫。」索隱橜音其月反。正義閫音苦本反。謂門限也。

【五】索隱案：謂軍中立市，市有稅。稅即租也。

【六】索隱案：六韜書有選車之法〔二〇〕。

【七】索隱如淳云：「彀音構。彀騎，張弓之騎也。」

【八】集解服虔曰：「良士直百金也。」或曰直百金，言重。索隱晉灼云：「百金喻其貴重也〔二一〕。」服虔曰：「良士直百金也。」劉氏云：「其功可賞百金者。」事見管子及小爾雅。

【九】索隱案：崔浩云「烏丸之先也。國在匈奴之東，故云東胡也」。

【一〇】集解徐廣曰：「澹，一作『襜』。」索隱澹，丁甘反。一本作「襜襤」。

【一一】索隱幾音祈。

【一二】索隱按：列女傳云「邯鄲之倡」。正義趙幽王母，樂家之女也。

【一三】索隱按：開是趙之寵臣〔二二〕。戰國策云秦多與開金，使爲反間。

【一四】索隱聚音似喻反。漢書作「冣」。本齊將也。正義絶庾反。

【一五】集解漢書曰：「尚，槐里人也。」正義雲中郡故城在勝州榆林縣東北三十里〔二三〕。

【一六】集解服虔曰：「私廩假錢。」索隱按：漢書「市肆租稅之入爲私奉養」，服虔曰「私廩假錢」是也。或云官所別廩給也。

【一七】索隱椎音直追反，擊也。

【一八】索隱按：謂庶人之家子也。

【一九】集解如淳曰：「漢軍法曰吏卒斬首，以尺籍書下縣移郡，令人故行，不行奪勞二歲。五符亦什伍之符，約節度也。」或曰以尺簡書，故曰尺籍也。索隱按：尺籍者，謂書其斬首之功於一尺之板。伍符者，命軍人伍伍相保，不容姦詐。注「故行不行」，案謂故命人行而身不自行，奪勞二歲也。「故」與「雇」同。

【二〇】索隱按：莫訓大也。又崔浩云「古者出征爲將治無常處〔二四〕，以幕爲府舍，故云莫府」。「莫」當爲「幕」，古字少耳。

【二一】索隱音乙陵反，謂數不同也。

【三】集解班固稱「楊子曰孝文帝親詘帝尊以信亞夫之軍，曷爲不能用頗、牧？彼將有激」。

【三】集解服虔曰：「車戰之士。」

七年，景帝立，以唐爲楚相，免。武帝立，求賢良，舉馮唐。唐時年九十餘，不能復爲官，乃以唐子馮遂爲郎。遂字王孫，亦奇士，與余善。

太史公曰：張季之言長者，守法不阿意；馮公之論將率，有味哉！有味哉！語曰「不知其人，視其友」。二君之所稱誦，可著廊廟。書曰「不偏不黨，王道蕩蕩；不黨不偏，王道便便」。【一】張季、馮公近之矣。

【一】集解徐廣曰：「一作『辨』。」

【索隱述贊】張季未偶，見識袁盎。太子懼法，嗇夫無狀。驚馬罰金，盜環悟上。馮公白首，味哉論將。因對李齊，收功魏尚。

校勘記

〔一〕哀帝改爲順陽　「哀帝」，疑當作「明帝」。按：漢書卷二八上地理志上南陽郡：「博山，侯國，哀帝置。故順陽。」顔師古注：「應劭曰：『漢明帝改曰順陽，在順水之陽也。』師古曰：『順陽，舊名。應説非。』」

〔二〕捷給　原本玉篇卷九「諜」字條引史記作「便給」，慧琳一切經音義卷三九引史記作「辯給」。

〔三〕口多言　耿本、黄本、彭本、柯本、凌本、殿本作「喋喋多言也」。

〔四〕用紵絮斮陳蕠漆其閒　「蕠」，景祐本、索隱本作「絮」。按：漢書卷五〇張釋之傳、卷三六楚元王傳無「蕠」字，通鑑卷一四漢紀六文帝前三年同，御覽卷五五二引史記亦無「絮」字。疑「蕠」即「絮」之衍譌。

〔五〕斮陳絮漆其閒　耿本、黄本、彭本、柯本、凌本、殿本作「紵音竹吕反絮音息慮反」。

〔六〕向南　集解引張晏作「南向」。

〔七〕秦本紀　耿本、黄本、彭本、柯本、凌本、殿本此下有「云」字。又，「秦本紀」，疑當作「秦始皇本紀」。按：本書卷六秦始皇本紀：「乃分作阿房宫，或作麗山，發北山石椁。」

〔八〕發北山石槨　「發北山」三字原無，據耿本、黄本、彭本、柯本、凌本、殿本補。又，「槨」下耿本、黄本、彭本、柯本、凌本、殿本有「乃寫」二字。按：本書卷六秦始皇本紀：「發北山石椁，乃寫蜀、荆地材皆至。」

〔九〕厚殉　耿本、黄本、彭本、柯本、凌本、殿本作「厚葬」。

〔一〇〕高陵道　「道」，耿本、黄本、彭本、柯本、凌本、殿本作「路」，通鑑卷一四漢紀六文帝前三年

「上行出中渭橋」胡三省注引索隱同。

〔二〕廷尉掌平刑罰　「掌」字原無，據耿本、黄本、彭本、柯本、凌本、殿本補。按：通鑑卷一四漢紀六文帝前三年「當罰金」胡三省注引索隱亦有「掌」字。後漢書志第二十五百官志二：「廷尉，卿一人，中二千石。本注曰：掌平獄，奏當所應。」

〔三〕以法者　「以」字原無，據耿本、黄本、彭本、柯本、凌本、殿本補。

〔三〕及説　「説」，耿本、黄本、彭本、柯本、凌本、殿本作「侵柩恐」。

〔四〕官率將　「率」，原作「卒」。張文虎札記卷五：「雜志云『卒』當作『率』。」按：漢書卷五〇馮唐傳作「帥」。漢書卷七九馮奉世傳：「在趙者爲官帥將，官帥將子爲代相。」「帥」與「率」同。「卒」又「率」之形譌。今據改。

〔五〕何乃自爲郎　「何」字原無，據耿本、黄本、彭本、柯本、凌本、殿本補。按：漢書卷五〇張釋之傳「家安在」顔師古注有「何」字。

〔六〕上及父祖　原作「言及上祖」，據耿本、黄本、彭本、柯本、凌本、殿本改。按：三國志卷二一魏書二一陳琳傳：「太祖謂曰：『卿昔爲本初移書，但可罪狀孤而已，惡惡止其身，何乃上及父祖邪？』」文選卷四四陳琳爲袁紹檄豫州：「司空曹操祖父中常侍騰，與左悺、徐璜並作妖孽，饕餮放横，傷化虐民。父嵩，乞匄攜養，因贓假位，輿金輦璧，輸貨權門，竊盗鼎司，傾覆重器。」琳文罪及騰、嵩，故曰「上及父祖」。

〔一七〕解已見前篇　「篇」，原作「志」，據耿本、黄本、彭本、柯本、凌本、殿本改。按：前篇，謂陳丞相世家也。

〔一八〕出私養錢　「出」字原無。梁玉繩志疑卷三三：「『私』上缺『出』字，漢書有。」今據補。

〔一九〕西北十里　本書卷一一〇匈奴列傳「至朝𨙸」正義作「西七十里」，卷一〇孝文本紀「攻朝那塞」會注本正義引括地志同。

〔二〇〕選車之法　耿本、黄本、彭本、柯本、凌本、殿本此下有「十」字。按：六韜犬韜武車士有選車士之法。「十」疑爲「士」字之誤，又倒在下。

〔二一〕喻其貴重　「喻」，原作「取」，據耿本、黄本、柯本、凌本改。按：通鑑卷一五漢紀七文帝前十四年「百金之士十萬」胡三省注引晉灼亦作「喻」。漢書卷五〇馮唐傳顔師古注：「百金，喻其貴重耳。」

〔二二〕趙之寵臣　「之」，耿本、黄本、彭本、柯本、凌本、殿本作「王」。

〔二三〕東北三十里　「三十里」，本書卷六九蘇秦列傳「西有雲中」、卷一一〇匈奴列傳「直代、雲中」正義作「四十里」，卷五七絳侯周勃世家「雲中守遬」正義引括地志同。

〔二四〕古者出征爲將治無常處　「爲將治」三字原無，據耿本、黄本、彭本、柯本、凌本、殿本補。按：本書卷八一廉頗藺相如列傳「市租皆輸入莫府」索隱引崔浩云：「古者出征爲將帥，軍還則罷，理無常處，以幕帟爲府署，故曰『莫府』。」

史記卷一百三

萬石張叔列傳第四十三

萬石君【一】名奮，其父趙人也，【二】姓石氏。趙亡，徙居温。【三】高祖東擊項籍，過河内，時奮年十五，爲小吏，侍高祖。高祖與語，愛其恭敬，問曰：「若何有？」對曰：「奮獨有母，不幸失明。家貧。有姊，能鼓琴。」高祖曰：「若能從我乎？」曰：「願盡力。」於是高祖召其姊爲美人，以奮爲中涓，【四】受書謁，徙其家長安中戚里，【五】以姊爲美人故也。其官至孝文時，積功勞至大中大夫。無文學，恭謹無與比。

【一】正義以父及四子皆二千石，故號奮爲萬石君。

【二】正義洺州邯鄲本趙國都。

【三】正義故温城在懷州温縣三十里，漢縣在也。

【四】正義顔師古云：「中涓，官名。居中而涓絜也。」如淳云：「主通書謁出入命也。」

【五】索隱小顏云：「於上有姻戚者皆居之，故名其里爲戚里。」長安記戚里在城内。

文帝時，東陽侯張相如爲太子太傅，免。選可爲傅者，皆推奮，奮爲太子太傅〔二〕。及孝景即位，以爲九卿。迫近，憚之，【一】徙奮爲諸侯相。奮長子建，次子甲，次子乙，【二】次子慶，皆以馴行孝謹，【三】官皆至二千石。於是景帝曰：「石君及四子皆二千石，人臣尊寵乃集其門。」號奮爲萬石君。

【一】集解張晏曰：「以其恭敬履度，故難之。」

【二】集解徐廣曰：「一作『仁』。」正義顏師古云：「史失其名，故云甲乙耳，非其名也。」

【三】集解徐廣曰：「馴，一作『訓』。」索隱馴音巡。

孝景帝季年，萬石君以上大夫禄歸老于家，以歲時爲朝臣。過宮門闕，萬石君必下車趨，見路馬必式焉。子孫爲小吏，來歸謁，萬石君必朝服見之，不名。子孫有過失，不譙讓，【一】爲便坐，【二】對案不食。然後諸子相責，因長老肉袒固謝罪，改之，乃許。子孫勝冠者在側，雖燕【三】居必冠，申申如也。僮僕訢訢如也，【四】唯謹。上時賜食於家，必稽首俯伏而食之，如在上前。其執喪，哀戚甚悼。子孫遵教，亦如之。萬石君家以孝謹聞乎郡國，雖齊魯諸儒質行，皆自以爲不及也。

【一】索隱上才笑反。譙讓，責讓。

【二】索隱上于僞反，下「便」音婢緜反。蓋謂爲之不處正室，別坐他處，故曰便坐。坐音如字。便坐，非正坐處也。故王者所居有便殿、便房，義亦然也。音婢見反，亦通也。

【三】索隱燕謂閒燕之時。燕，安也。

【四】集解晉灼曰：「訢，許慎曰古『欣』字。」韋昭曰：「聲和貌。」

建元二年，郎中令【一】王臧以文學獲罪。皇太后以爲儒者文多質少，今萬石君家不言而躬行，乃以長子建爲郎中令，少子慶爲内史。【二】

【一】正義百官表云郎中令，秦官，掌居宮殿門戶〔三〕。武帝太初元年更名光禄勳也。

【二】正義百官表云内史，周官，秦因之，掌治京師。景帝分置左内史。武帝太初元年，更名京兆尹，左内史名左馮翊也。

建老白首，萬石君尚無恙。建爲郎中令，每五日洗沐歸謁親，【一】入子舍，【二】竊問侍者，取親中帬廁牏，身自浣滌，【三】復與侍者，不敢令萬石君知，以爲常。建爲郎中令，事有可言，屏人恣言，極切；至廷見，如不能言者。是以上乃親尊禮之。

【一】集解文穎曰：「郎五日一下。」正義孔文祥云：「建爲郎中令，即光禄勳，九卿之職也。直五日一下也。」按：五日一下直，洗沐。

【二】索隱案：劉氏謂小房內，非正堂也。小顏以爲諸子之舍，若今諸房也。

【三】集解徐廣曰：「牏，築垣短板也，音住。廁牏謂廁溷垣牆，建隱於其側浣滌也。一讀『牏』爲『竇』，竇音豆。言建又自洗蕩廁竇。廁竇，瀉除穢惡之穴也。」呂靜曰：「械窬，褻器也，音威豆。」駰案：蘇林曰「牏音投。賈逵解周官，械，虎子也。窬，行清也」。孟康曰「廁，行清；窬，行中受糞者也〔四〕。東南人謂鑿木空中如曹謂之窬」。晉灼曰「今世謂反閉小袖衫爲『侯窬〔五〕』，此最廁近身之衣也」。索隱案：親謂父也。中帬，近身衣也。蘇林曰「牏音投，又音豆」。孟康曰「廁，行清；牏，行清中受糞函也。言建又自洗盪廁竇。竇者，洗除穢汙之穴也」。又晉灼云「今世謂反開小袖衫爲『侯牏』〔六〕，此最廁近身之衣」。而徐廣云「牏，短板，以築廁牆」，未知其義何從，恐非也。

萬石君徙居陵里。【一】內史慶醉歸，入外門不下車。萬石君聞之，不食。慶恐，肉袒請罪，不許。舉宗及兄建肉袒，萬石君讓曰：「內史貴人，入閭里，里中長老皆走匿，而內史坐車中自如，固當！」乃謝罷慶。慶及諸子弟入里門，趨至家。

【一】集解徐廣曰：「陵，一作『鄰』。」索隱小顏云：陵里，里名，在茂陵。非長安之戚里也。正義茂陵邑中里也。茂陵故城，漢茂陵縣也，在雍州始平縣東北二十里。

萬石君以元朔五年中卒。長子郎中令建哭泣哀思，扶杖乃能行。歲餘，建亦死。諸子孫咸孝，然建最甚，甚於萬石君。建爲郎中令，書奏事，事下，建讀之，曰：「誤書！『馬』者與尾當五，今乃四，不足一。【一】上譴死矣！」甚惶恐。其爲謹慎，雖他皆如是。

【一】集解服虔曰：「作『馬』字下曲而五，建時上事書誤作四〔七〕。」正義顏師古云：「『馬』字下曲者尾，并四點爲四足，凡五。」

萬石君少子慶爲太僕，御出，上問車中幾馬，慶以策數馬畢，舉手曰：「六馬。」慶於諸子中最爲簡易矣，【一】然猶如此。爲齊相，舉齊國皆慕其家行，不言而齊國大治，爲立石相祠。

【一】正義漢書「慶爲大僕，御出，上問車中幾馬，慶以策數馬畢，舉手曰『六馬』」。按：慶於兄弟最爲簡易矣，然猶如此也〔八〕。

元狩元年，上立太子，選羣臣可爲傅者，慶自沛守爲太子太傅，七歲遷爲御史大夫。

元鼎五年秋，丞相有罪，罷。【一】制詔御史：「萬石君先帝尊之，子孫孝，其以御史大夫慶爲丞相，封爲牧丘侯。」是時漢方南誅兩越，東擊朝鮮，北逐匈奴，西伐大宛，中國多事。天子巡狩海內，修上古神祠，封禪，興禮樂。公家用少，桑弘羊等致利，王溫舒之屬峻法，兒寬等推文學至九卿，更進用事，事不關決於丞相，丞相醇謹而已。在位九歲，無能有所匡言。嘗欲請治上近臣所忠、九卿咸【二】宣罪，不能服，反受其過，贖罪。

【一】集解趙周坐酎金免。　索隱案漢書而知也。

【二】集解服虔曰：「音『減損』之『減』。」

元封四年中，關東流民二百萬口，無名數者四十萬，【一】公卿議欲請徙流民於邊以適之。上以爲丞相老謹，不能與其議，乃賜丞相告歸，而案御史大夫以下議爲請者。丞相慚不任職，乃上書曰：「慶幸得待罪丞相，罷駑無以輔治，城郭倉庫空虛，民多流亡，罪當伏斧質，上不忍致法。願歸丞相侯印，乞骸骨歸，避賢者路。」天子曰：「倉廩既空，民貧流亡，而君欲請徙之，搖蕩不安，動危之，而辭位，君欲安歸難乎？」【二】以書讓慶，慶甚慚，遂復視事。

【一】索隱案：小顏云「無名數，若今之無户籍」。

【二】索隱難音乃彈反。言欲歸於何人。

慶文深審謹，然無他大略，爲百姓言。後三歲餘，太初二年中，丞相慶卒，謚爲恬侯。慶中子德，慶愛用之，上以德爲嗣，代侯。後爲太常，坐法當死，贖免爲庶人。慶方爲丞相，諸子孫爲吏更至二千石者十三人。及慶死後，稍以罪去，孝謹益衰矣。

建陵侯【一】衛綰者，代大陵人也。【二】綰以戲車爲郎，【三】事文帝，功次遷爲中郎將，醇謹無他。孝景爲太子時，召上左右飲，而綰稱病不行。【四】文帝且崩時，屬孝景曰：「綰長者，善遇之。」及文帝崩，景帝立，歲餘不譙呵【五】綰，綰日以謹力。

【一】正義括地志云：「漢建陵縣故城在沂州丞縣界也。」

【二】索隱地理志縣名，在代。正義括地志云：「大陵縣城在并州文水縣北十二里〔九〕。」按：代王耳時都中都，大陵屬焉，故言代大陵人也。

【三】集解應劭曰：「能左右超乘也。」如淳曰：「櫟機轊之類。」索隱按：應劭云「能左右超乘」。案今亦有弄車之戲。櫟音歷，謂超踰之也。轊音衛，謂車軸頭也。

【四】集解張晏曰：「恐文帝謂豫有二心以事太子。」

【五】索隱誰何二音。誰何猶借訪也。一作「譙呵」。譙，責讓也，言不嗔責綰也。

景帝幸上林，詔中郎將參乘，還而問曰：「君知所以得參乘乎？」綰曰：「臣從車士幸得以功次遷爲中郎將，不自知也。」上問曰：「吾爲太子時召君，君不肯來，何也？」對曰：「死罪，實病！」上賜之劍。綰曰：「先帝賜臣劍，凡六劍，不敢奉詔。」上曰：「劍，人之所施易，【一】獨至今乎？」綰曰：「具在。」上使取六劍，劍尚盛，未嘗服也。郎官有譴，常蒙其罪，不與他將爭；有功，常讓他將。上以爲廉，忠實無他腸，【二】乃拜綰爲河間王太傅。

吴楚反，詔綰爲將，將河閒兵擊吴楚有功，拜爲中尉。三歲，以軍功，孝景前六年中封綰爲建陵侯。

【一】集解如淳曰：「施讀曰移。言劍者人之所好，故多數移易貿換之也。」索隱上音移，下音亦。

【二】索隱小顏云：「心腸之内無他惡也。」

其明年，上廢太子，誅栗卿之屬。【一】上以爲綰長者，不忍，乃賜綰告歸，而使郅都治捕栗氏。既已，上立膠東王爲太子，召綰，拜爲太子太傅。久之，遷爲御史大夫。五歲，代桃侯舍【二】爲丞相，朝奏事如職所奏。【三】然自初官以至丞相，終無可言。天子以爲敦厚，可相少主，尊寵之，賞賜甚多。

【一】集解蘇林曰：「栗太子舅也。」如淳曰：「栗氏親屬也，卿，其名也。」索隱栗姬之兄弟。蘇林云栗太子之舅也。正義顏師古云：「太子廢爲臨江王，故誅其外家親屬也。」

【二】正義故桃城在渭州胙城縣東三十里【一〇】，劉舍所封也。

【三】索隱以言但守職分而已，不别有所奏議也。

爲丞相三歲，景帝崩，武帝立。建元年中，丞相以景帝疾時諸官囚多坐不辜者，而君不任職，免之。其後綰卒，子信代。坐酎金失侯。

塞侯【一】直不疑者，南陽人也。【二】爲郎，事文帝。其同舍有告歸，誤持同舍郎金去，已而金主覺，妄意不疑，【三】不疑謝有之，買金償。而告歸者來而歸金，而前郎亡金者大慙，以此稱爲長者。文帝稱舉，稍遷至太中大夫。【四】朝廷見，人或毀曰：「不疑狀貌甚美，然獨無柰其善盜嫂【五】何也！」不疑聞，曰：「我乃無兄。」然終不自明也。

【一】正義上音先代反。古塞國，今陝州桃林縣以西至潼關，皆桃林塞地也。

【二】索隱案：塞，國名，今桃林之塞也。直，姓也；不疑，名也。與雋不疑同字。

【三】索隱謂妄疑其盜取將也。

【四】集解徐廣曰：「漢書云『稱爲長者，稍遷至太中大夫』，無『文帝稱舉』四字。」

【五】索隱案：小顏云「盜謂私之」。

吳楚反時，不疑以二千石將兵擊之。景帝後元年，拜爲御史大夫。天子修吳楚時功，乃封不疑爲塞侯。武帝建元年中，與丞相綰俱以過免。

不疑學老子言。其所臨，爲官如故，唯恐人知其爲吏跡也。不好立名稱，稱爲長者。不疑卒，子相如代。孫望，坐酎金失侯。【一】

【一】索隱漢書作「彭祖」，坐酎金，國除。

郎中令周文者，名仁，其先故任城人也。【一】以醫見。景帝爲太子時，拜爲舍人，積功稍遷，孝文帝時至太中大夫。景帝初即位，拜仁爲郎中令。

【一】正義任城，兖州縣也。

仁爲人陰重不泄，常衣敝補衣溺袴，【一】期爲不絜清，【二】以是得幸。景帝入卧内，於後宫祕戲，【三】仁常在旁。至景帝崩，仁尚爲郎中令，終無所言。上時問人，【四】仁曰：「上自察之。」然亦無所毁。以此景帝再自幸其家。家徙陽陵。上所賜甚多，然常讓，不敢受也。諸侯羣臣賂遺，終無所受。

【一】集解服虔曰：「質重不泄人之陰謀也。」張晏曰：「陰重不泄，下溼，故溺袴，是以得比宦者，出入後宫〔一二〕。仁有子孫，先未得此病時所生。」韋昭曰：「陰重，如今帶下病泄利。」索隱案：其解二，各有理。服虔云「周仁性質重，不泄人之陰謀也」。小顔云「陰，密也，爲性密重，不泄人言也。霍去病少言不泄，亦其類也」。其人又常衣弊補衣及溺袴，故爲不絜清之服，是以得幸入卧内也。又張晏云「陰重不泄，陰下溼，故溺袴，是以得比宦者，出入後宫也。仁有子孫者，先未得此疾病所生也」。二者未知誰得其實也。

【二】索隱謂心中常期不絜之服，則「期」是「故」之意也。小顔亦同。正義清，清淨；期猶常也。言爲不絜淨，下溼，故得入卧内後宫，比宦者。

【三】索隱謂後宮中戲劇所宜祕也。

【四】正義顔師古云：「問以他人之善惡也。」

武帝立，以爲先帝臣，重之。仁乃病免，以二千石禄歸老，子孫咸至大官矣。

御史大夫張叔者，名歐，【一】安丘侯説之庶子也。【二】孝文時以治刑名言【三】事太子。然歐雖治刑名家，【四】其人長者。景帝時尊重，常爲九卿。至武帝元朔四年，韓安國免，詔拜歐爲御史大夫。自歐爲吏，未嘗言案人，專以誠長者處官。官屬以爲長者，亦不敢大欺。上具獄，事有可卻，卻之；不可者，不得已，爲涕泣，面對而封之。其愛人如此。

【一】集解史記音隱曰：「歐，於友反。」索隱歐音烏後反。漢書作「歐」，孟康音驅也。

【二】集解徐廣曰：「張説起於方與縣，從高祖以入漢也。」索隱説音悦。

【三】集解韋昭曰：「有刑名之書，欲令名實相副也。」索隱案：劉向别録云「申子學號曰『刑名家』者，循名以責實，其尊君卑臣，崇上抑下，合於六經也」。説者云刑名家即太史公所説六家之二也。

【四】正義刑，刑家也。名，名家也。在太史公自有傳〔一二〕，言治刑法及名實也。

老病篤，請免。於是天子亦策罷，以上大夫禄歸老于家。家於陽陵。子孫咸至大官矣。

太史公曰：仲尼有言曰「君子欲訥於言【一】而敏於行」，其萬石、建陵、張叔之謂邪？是以其教不肅而成，不嚴而治。塞侯微巧，【二】而周文處諂，【三】君子譏之，爲其近於佞也。然斯可謂篤行君子矣！

【一】集解徐廣曰：「『訥』字多作『詘』，音同耳。古字假借。」

【二】索隱功微。案：直不疑以吴楚反時爲二千石將，景帝封之，功微也。正義不疑學老子，所臨官，恐人知其爲吏跡，不好立名稱，稱爲長者，是微巧也。

【三】索隱周文處諂者，謂爲郎中令，陰重，得幸出入卧内也〔一三〕。正義上時問人，仁曰「上自察之」；上所賜，常不受；又諸侯羣臣賂遺，終無所受：此爲處諂。故君子譏此二人，爲其近於佞也。

【索隱述贊】萬石孝謹，自家形國。郎中數馬，内史匍匐。綰無他腸，塞有陰德。刑名張歐，垂涕恤獄。敏行訥言，俱嗣芳躅。

校勘記

〔一〕温縣三十里　「温縣」下疑脱「西」字。按：本書卷四周本紀「與居温」正義引括地志：「故温城在懷州温縣西三十里。」

〔二〕皆推奮奮爲太子太傅　景祐本不重「奮」字，與漢書卷四六石奮傳合。

〔三〕掌居宫殿門户　「居」字疑衍。按：漢書卷一九上百官公卿表上作「掌宫殿掖門户」。本書卷六秦始皇本紀「趙高爲郎中令」、卷九吕太后本紀「郎中府吏」集解引百官表皆無「居」字。

〔四〕行中受糞者也　索隱引孟康「行」下有「清」字。

〔五〕侯窬　「窬」下原有「廁」字。張文虎札記卷五：「此『廁』字當衍。漢書注無，索隱引亦無。」今據删。

〔六〕反開小袖衫　「反開」，集解引晉灼作「反閉」，漢書卷四六石奮傳「廁牏」顔師古注引晉灼作「反門」。王先謙漢書補注曰：「作『反閉』是。」

〔七〕上事書誤作四　漢書卷四六石奮傳「書『馬』者與尾而五」顔師古注引服虔無「事」字。

〔八〕按慶於兄弟最爲簡易矣然猶如此也　漢書卷四六石奮傳無「按」字，疑此衍。按：傳文「諸子」，漢書卷四六石奮傳作「兄弟」，故正義引之，以存異文。

〔九〕十二里　黃本、彭本、柯本、凌本、殿本作「十三里」，本書卷四三趙世家「肅侯游大陵」正義引括地志同。

〔一〇〕滑州胙城縣　「渭州」，疑當作「滑州」。按：通鑑卷四周紀四赧王四十二年「拔燕、酸棗、虛、桃」胡三省注：「史記正義曰：故桃城在滑州胙城縣東三十里。」本書卷七項羽本紀「桃侯」正義引括地志亦作「滑州」。

〔一一〕出入後宮　「出」，景祐本、紹興本、黃本、彭本、柯本、凌本、殿本作「得」，漢書卷四六周仁傳「仁爲人陰重不泄」顏師古注引張晏同。

〔一二〕在太史公自有傳　張文虎札記卷五：「『有』字疑衍，此謂史公自序。」按：「有」疑爲「序」之誤。本書卷二夏本紀「震澤致定」正義：「太史公自敍傳云『登姑蘇，望五湖』是也。」卷一二孝武本紀小題集解：「太史公自序曰『作今上本紀』。」

〔一三〕得幸出入卧内也　耿本、黃本、彭本、柯本、凌本、殿本此下有「故班固曰石建之澣衣周仁之垢汙君子譏之是也」二十字。按：漢書卷四六萬石衛直周張列傳贊：「至石建之澣衣，周仁爲垢汙，君子譏之。」

史記卷一百四

田叔列傳第四十四

田叔〔一〕者，趙陘城人〔二〕也。其先，齊田氏苗裔也。叔喜劍，學黄老術於樂巨公〔三〕所。叔爲人刻廉自喜，喜游諸公。〔四〕趙人舉之趙相趙午，午言之趙王張敖所，趙王以爲郎中。數歲，切直廉平，趙王賢之，未及遷。

〔一〕索隱案下文，字少卿。

〔二〕索隱陘音刑。按：縣名也，屬中山。

〔三〕索隱本燕人，樂毅之後。正義樂，姓；巨公，名。

〔四〕正義喜音許記反。諸公謂丈人行也。

會陳豨反代，〔一〕漢七年，高祖往誅之，過趙，趙王張敖自持案進食，禮恭甚，高祖箕踞罵之。是時趙相趙午等數十人皆怒，謂張王曰：「王事上禮備矣，今遇王如是，臣等請爲亂。」趙王齧指出血，曰：「先人失國，微陛下，臣等當蟲出。【二】公等柰何言若是！毋復出口矣！」於是貫高等曰：「王長者，不倍德。」卒私相與謀弒上。會事發覺，【三】漢下詔捕趙王及羣臣反者。於是趙午等皆自殺，唯貫高就繫。是時漢下詔書：「趙有敢隨王者罪三族。」唯孟舒、田叔等十餘人赭衣自髡鉗，稱王家奴，隨趙王敖至長安。貫高事明白，趙王敖得出，廢爲宣平侯，乃進言田叔等十餘人。上盡召見，與語，漢廷臣毋能出其右者，上說，盡拜爲郡守、諸侯相。叔爲漢中守十餘年，會高后崩，諸呂作亂，大臣誅之，立孝文帝。

【一】集解徐廣曰：「七年，韓王信反，高帝征之。十年，代相陳豨反。」

【二】索隱案：謂死而蟲出也。左傳齊桓公死，未葬，蟲流於户外是也。

【三】集解徐廣曰：「九年十二月捕貫高等也。」

孝文帝既立，召田叔問之曰：「公知天下長者乎？」對曰：「臣何足以知之！」上曰：「公，長者也，宜知之。」叔頓首曰：「故雲中守孟舒，長者也。」是時孟舒坐虜大入塞盜劫，雲中尤甚，免。上曰：「先帝置孟舒雲中十餘年矣，虜曾一入，孟舒不能堅守，毋故士卒戰死者數百人。長者固殺人乎？公何以言孟舒爲長者也？」叔叩頭對曰：「是乃孟舒所以爲長者也。夫貫高等謀反，上下明詔，趙有敢隨張王，罪三族。然孟舒自髡鉗，隨張王敖之所在，欲以身死之，豈自知爲雲中守哉！漢與楚相距，士卒罷敝。匈奴冒頓新服北夷，來爲邊害，孟舒知士卒罷敝，不忍出言，士爭臨城死敵，如子爲父，弟爲兄，以故死者數百人。孟舒豈故驅戰之哉！是乃孟舒所以爲長者也。」於是上曰：「賢哉孟舒！」復召孟舒以爲雲中守。

後數歲，叔坐法失官。梁孝王使人殺故吳相袁盎，景帝召田叔案梁，具得其事，還報。景帝曰：「梁有之乎？」叔對曰：「死罪！有之。」上曰：「其事安在？」田叔曰：「上毋以梁事爲也。」上曰：「何也？」曰：「今梁王不伏誅，是漢法不行也；如其伏法，而太后食不甘味，臥不安席，此憂在陛下也。」景帝大賢之，以爲魯相。

魯相初到，民自言相，訟王取其財物百餘人。田叔取其渠率二十人，各笞五十，餘各搏二十，〔一〕怒之曰：「王非若主邪？何自敢言若主！」魯王聞之大慙，發中府錢，〔二〕使相償之。相曰：「王自奪之，使相償之，是王爲惡而相爲善也。相毋與償之。」於是王乃盡償之。

〔一〕索隱 搏音博。

〔二〕正義 王之財物所藏也。

魯王好獵，〔一〕相常從入苑中，〔二〕王輒休相就館舍，相出，常暴坐〔三〕待王苑外。王數使人請相休，終不休，曰：「我王暴露苑中，我獨何爲就舍！」魯王以故不大出游。

〔一〕正義 魯共王，景帝子，都兖州曲阜縣故魯城中。

【二】正義括地志云：「矍相圃在兖州曲阜縣南三十里〔二〕。禮記云孔子射於矍相之圃，觀者如堵牆也。」

【三】索隱上音步卜反。

數年，叔以官卒，魯以百金祠，少子仁不受也，曰：「不以百金傷先人名。」

仁以壯健爲衞將軍【一】舍人，數從擊匈奴。衞將軍進言仁，仁爲郎中。數歲，爲二千石丞相長史，失官。其後使刺舉三河。【二】上東巡，仁奏事有辭，上説，拜爲京輔都尉。【三】月餘，上遷拜爲司直。【四】數歲，坐太子事。【五】時左丞相自將兵，【六】令司直田仁主閉守城門，坐縱太子，下吏誅死。仁發兵，長陵令車千秋上變仁，仁族死。陘城今在中山國。【七】

【一】集解張晏曰：「衞青也。」

【二】正義百官表云：「監御史，秦官，掌監郡，漢省，丞相遣御史分刺州，不常置也。」案：三河，河南、河東、河内也。

【三】正義百官表云：「右扶風、左馮翊、京兆尹是爲三輔。元鼎四年，置三輔都尉。」服虔云：「皆治長安城中也。」

【四】集解漢書百官表曰：「武帝元狩五年，初置司直，秩比二千石，掌佐丞相舉不法。」正義百官表云：「武帝元狩五年，初置司直，秩比二千石，掌佐丞相舉不法也。」

【五】正義謂戾太子。

【六】集解徐廣曰：「劉屈氂時爲丞相也。」

【七】集解徐廣曰：「陘城，縣名也。」正義今定州也。

太史公曰：孔子稱曰「居是國必聞其政」，田叔之謂乎！義不忘賢，明主之美以救過。仁與余善，余故并論之。

褚先生曰：臣爲郎時，聞之曰田仁故與任安相善。任安，滎陽人也。少孤貧困，爲人將車【一】之長安，留，求事爲小吏，未有因緣也，因占著名數。【二】家於武功〔三〕，扶風西界小邑也，谷口蜀剗道近山。【三】安以爲武功小邑，無豪，易高也，【四】安留，代人爲求盜亭父。【五】後爲亭長。【六】邑中人民俱出獵，任安常爲人分麋鹿雉兔，部署老小當壯劇易處，衆人皆喜，曰：「無傷也，任少卿【七】分別平，有智略。」明日復合會，會者數百人。任少卿曰：「某子甲何爲不來乎？」諸人皆怪其見之疾也。其後除爲三老，【八】舉爲親民，出爲三百石長，【九】治民。坐上行出游共帳不辦，斥免。

【一】索隱將車猶御車也。
【二】索隱言卜占而自占著家口名數，隸於武功，猶今附籍然也。占音之豔反。
【三】正義括地志云：「漢武功縣在渭水南，今盩厔縣西界也。駱谷閒在雍州之盩厔縣西南二十里，開駱谷道以通梁州也。」按：行谷有棧道也。
【四】索隱易音以豉反。言邑小無豪，易得高名也。
【五】集解郭璞曰：「亭卒也。」正義安留武功，替人爲求盜亭父也。應劭云：「舊時亭有兩卒，其一爲亭父，掌關閉掃除〔四〕；一爲求盜，掌逐捕盜賊也。」
【六】正義百官表云：「十里一亭，亭有長也。」
【七】正義少卿，安字。
【八】正義百官表云：「十亭一鄉，鄉有三老一人，掌教化也。」
【九】正義百官表云：「萬户已上爲令，秩千石至六百石；減萬户爲長，秩五百石至三百石。皆有丞、尉也。」

乃爲衛將軍舍人，與田仁會，俱爲舍人，居門下，同心相愛。此二人家貧，無錢用以事將軍家監，家監使養惡齧馬。兩人同牀卧，仁竊言曰：「不知人哉家監也！」任安曰：「將軍尚不知人，何乃家監也！」衞將軍【一】從此兩人過平陽主，主家令兩人與騎奴同席而食，此二子拔刀列斷席别坐。主家皆怪而惡之，莫敢呵。

【一】正義衞青也。

其後有詔募擇衞將軍舍人以爲郎，將軍取舍人中富給者，令具鞌馬絳衣玉具劍，欲入奏之。會賢大夫少府趙禹來過衞將軍，將軍呼所舉舍人以示趙禹。趙禹以次問之，十餘人無一人習事有智略者。趙禹曰：「吾聞之，將門之下必有將類。傳曰『不知其君視其所使，不知其子視其所友』。今有詔舉將軍舍人者，欲以觀將軍而能得賢者文武之士也。今徒取富人子上之，又無智略，如木偶人衣之綺繡耳，將柰之何？」於是趙禹悉召衞將軍舍人百餘人，以次問之，得田仁、任安，曰：「獨此兩人可耳，餘無可用者。」衞將軍見此兩人貧，意不平。趙禹去，謂兩人曰：「各自具鞌馬新絳衣。」兩人對曰：「家貧無用具也。」將軍怒曰：「今兩君家自爲貧，何爲出此言？鞅鞅如有移德於我者，何也？」【二】將軍不得已，上籍以聞。有詔召見衞將軍舍人，此二人前見，詔問能略，相推第也。田仁對曰：「提桴鼓立軍門，使士大夫樂死戰鬭，仁不及任安。」任安對曰：「夫決嫌疑，定是非，辯治官，使百姓無怨心，安不及仁也。」武帝大笑曰：「善。」使任安護北軍，使田仁護邊田穀於河上。此兩人立名天下。

【一】集解徐廣曰：「移猶施。」

其後用任安爲益州刺史，【一】以田仁爲丞相長史。【二】

【一】正義地理志云武帝改曰梁州。百官表云：「元封五年，初置部刺史，掌奉詔條察州，秩六百石，員十三。」按：若今採訪按察六條也。

【二】正義百官表云：「丞相有兩長史，秩千石。」

田仁上書言：「天下郡太守多爲姦利，三河尤甚，臣請先刺舉三河。三河太守皆內倚中貴人，與三公有親屬，無所畏憚，宜先正三河以警天下姦吏。」是時河南、河內太守皆御史大夫杜父兄子弟也，【一】河東太守石丞相子孫也。【二】是時石氏九人爲二千石，方盛貴。田仁數上書言之。杜大夫及石氏使人謝，謂田少卿曰：「吾非敢有語言也，願少卿無相誣汙也。」仁已刺三河，三河太守皆下吏誅死。仁還奏事，武帝說，以仁爲能不畏彊禦，拜仁爲丞相司直，威振天下。

【一】集解杜，杜周也。

【二】正義謂石慶。

其後逢太子有兵事，丞相自將兵，使司直主城門。司直以爲太子骨肉之親，父子之閒不甚欲近，去之諸陵過。是時武帝在甘泉，使御史大夫暴君【一】下責丞相「何爲縱太子」，丞相對言「使司直部守城門，而開太子」。上書以聞，請捕繫司直。司直下吏，誅死。

【一】集解徐廣曰：「暴勝之爲御史大夫。」

是時任安爲北軍使者護軍，太子立車北軍南門外，召任安，與節令發兵。安拜受節，入，閉門不出。武帝聞之，以爲任安爲詳邪，【一】不傅事，何也？【二】任安笞辱北軍錢官小吏，小吏上書言之，以爲受太子節，言「幸與我其鮮好者」。【三】書上聞，武帝曰：「是老吏也，見兵事起，欲坐觀成敗，見勝者欲合從之，有兩心。安有當死之罪甚衆，吾常活之，今懷詐，有不忠之心。」下安吏，誅死。

【一】集解徐廣曰：「佯，或作『詳』也。」索隱詳音羊。謂詐受節不發兵，不傅會太子也。

【二】索隱不傅事可也〔五〕。傅音附，謂不附會也。

【三】索隱鮮音仙。謂太子請其鮮好之兵甲也。

夫月滿則虧，物盛則衰，天地之常也。知進而不知退，久乘富貴，禍積爲祟。故范蠡之去越，辭不受官位，名傳後世，萬歲不忘，豈可及哉！後進者慎戒之。

【索隱述贊】田叔長者，重義輕生。張王既雪，漢中是榮。孟舒見廢，抗說相明。按梁以禮，相魯得情。子仁坐事，刺舉有聲。

校勘記

〔一〕喜游諸公　按：漢書卷三七田叔傳作「喜任俠，游諸公」，疑此有脫誤。

〔二〕南三十里　日本東京大學史料編纂所藏括地志殘卷作「西南三里」，疑此有譌誤。按：後漢書志第二十郡國志二魯國「有闕里，孔子所居」劉昭注：「又禮記矍相之圃亦在城中西南，近孔子廟。」元和志卷一〇河南道六兖州曲阜縣：「矍相圃，在縣西三里魯城中。」

〔三〕占著名數家於武功　「家於武功」四字原無，據景祐本、紹興本、耿本、彭本、柯本、凌本、殿本、會注本補。

〔四〕關閉　本書卷八高祖本紀「求盜」集解引應劭作「開閉」，漢書卷一上高帝紀上顏師古注引同。

〔五〕不傳事可也　耿本、黄本、彭本、柯本、凌本、殿本、會注本無此五字。

史記卷一百五

扁鵲倉公列傳第四十五

索隱王劭云：「此醫方，宜與日者、龜筴相接，不合列於此，後人誤也。」正義此傳是醫方，合與龜策、日者相次。以淳于意孝文帝時醫，奉詔問之，又爲齊太倉令，故太史公以次述之。扁鵲乃春秋時良醫，不可別序，故引爲傳首，太倉公次之也。

扁鵲者，〔一〕勃海郡鄭人也〔二〕，〔二〕姓秦氏，名越人。少時爲人舍長。〔三〕舍客長桑君〔四〕過，〔五〕扁鵲獨奇之，常謹遇之。長桑君亦知扁鵲非常人也。出入十餘年，乃呼扁鵲私坐，閒與語曰：〔六〕「我有禁方，年老，欲傳與公，公毋泄。」扁鵲曰：「敬諾。」乃出其懷中藥予扁鵲：「飲是以上池之水，三十日當知物矣。」〔七〕乃悉取其禁方書盡與扁鵲。忽然不見，殆非人也。扁鵲以其言飲藥三十日，視見垣一方人。〔八〕以此視病，盡見五藏癥結，〔九〕特以診脈〔一〇〕爲名耳。爲醫或在齊，〔一一〕或在趙。在趙者名扁鵲。

【一】正義黄帝八十一難序云：「秦越人與軒轅時扁鵲相類，仍號之爲扁鵲。又家於盧國，因命之曰盧醫也。」

【二】集解徐廣曰：「『鄭』當爲『鄚』。鄚，縣名，今屬河閒。」索隱案：勃海無鄭縣，當作鄚縣，音莫，今屬河閒。

【三】索隱爲舍長。劉氏云：「守客館之帥。」正義長音丁丈反。

【四】索隱隱者，蓋神人。

【五】正義過音戈。

【六】正義閒音閑。

【七】索隱案：舊説云上池水謂水未至地，蓋承取露及竹木上水，取之以和藥，服之三十日，當見鬼物也。

【八】索隱方猶邊也。言能隔牆見彼邊之人，則眼通神也。

【九】正義五藏謂心、肺、脾、肝、腎也。六府謂大、小腸、胃、膽、膀胱、三焦也。王叔和脈經云：「左手脈横，癥在左；右手脈横，癥在右。脈，頭大者在上，頭小者在下。兩手脈，結上部者濡，結中部者緩，結三里者豆起。陽邪來見浮洪，陰邪來見沈細，水穀來見堅實。」

【一〇】索隱診，鄒氏音丈忍反，劉氏音陳忍反。司馬彪云：「診，占也。」

【一一】正義號盧醫。今濟州盧縣。

當晉昭公時，【一】諸大夫彊而公族弱，趙簡子爲大夫，專國事。簡子疾，五日不知人，【二】大夫皆懼，於是召扁鵲。扁鵲入視病，出，董安于問扁鵲，扁鵲曰：「血脈治也〔二〕，而何怪！昔秦穆公嘗如此，七日而寤。寤之日，告公孫支與子輿【三】曰：『我之帝所甚樂。吾所以久者，適有所學也。【四】帝告我：「晉國且大亂，五世不安。其後將霸，未老而死。霸者之子且令而國男女無别。」』公孫支書而藏之，秦策於是出〔三〕。夫獻公之亂，文公之霸，而襄公敗秦師於殽而歸縱淫，此子之所聞。今主君之病與之同，不出三日必閒，閒必有言也。」

【一】索隱案左氏，簡子專國在定、頃二公之時，非當昭公之世。且趙系家敍此事亦在定公之初。

【二】索隱案：韓子云「十日不知人」，所記異也。

【三】索隱案：二子皆秦大夫。公孫支，子桑也。子輿，未詳。

【四】索隱適音釋。言我適來有所受教命，故云學也。

居二日半，簡子寤，語諸大夫曰：「我之帝所甚樂，與百神游於鈞天，廣樂九奏萬舞，不類三代之樂，其聲動心〔四〕。有一熊欲援我，帝命我射之，中熊，熊死。有羆來，我又射之，中羆，羆死。帝甚喜，賜我二笥，皆有副。吾見兒在帝側，帝屬我一翟犬，曰：『及而子之壯也以賜之。』帝告我：『晉國且世衰，七世而亡。【一】嬴姓將大敗周人於范魁之西，【二】而亦不能有也。』」董安于受言，書而藏之。以扁鵲言告簡子，簡子賜扁鵲田四萬畝。

【一】正義晉定公、出公、哀公、幽公、烈公、孝公、靜公爲七世。靜公二年，爲三晉所滅。據此及趙世家，簡子疾在定公之十一年也。

【二】正義嬴，趙氏本姓也。周人，謂衞也。晉亡之後，趙成侯三年，伐衞，取鄉邑七十三是也。賈逵云「小阜曰魁」也。

其後扁鵲過虢。【一】虢太子【二】死，【三】扁鵲至虢宮門下，問中庶子喜方者【四】曰：「太子何病，國中治穰過於衆事？」中庶子曰：「太子病血氣不時，交錯而不得泄，暴發於外，則爲中害。精神不能止邪氣，邪氣畜積而不得泄，是以陽緩而陰急，故暴蹷而死。」【五】扁鵲曰：「其死何如時？」曰：「雞鳴至今。」曰：「收乎？」【六】曰：「未也，其死未能半日也。」「言臣齊勃海秦越人也，家在於鄭，未嘗得望精光，侍謁於前也。聞太子不幸而死，臣能生之。」中庶子曰：「先生得無誕之乎？何以言太子可生也！臣聞上古之時，醫有俞跗，【七】治病不以湯液醴灑、【八】鑱石撟引、案扤毒熨，【九】一撥見病之應，因五藏之輸，【一〇】乃割皮解肌，訣脈結筋，搦髓腦，揲荒【一一】爪幕，【一二】湔浣【一三】腸胃，漱滌五藏，練精易形。

先生之方能若是，則太子可生也；不能若是而欲生之，曾不可以告咳嬰之兒。」終日，扁鵲仰天歎曰：「夫子之爲方也，若以管窺天，以郄視文。越人之爲方也，不待切脈、〔一四〕望色、〔一五〕聽聲、〔一六〕寫形，〔一七〕言病之所在。聞病之陽，論得其陰；聞病之陰，論得其陽。〔一八〕病應見於大表，不出千里，決者至衆，不可曲止也。〔一九〕子以吾言爲不誠，試入診太子，當聞其耳鳴而鼻張，〔二〇〕循其兩股以至於陰，當尚溫也。」

【一】正義陝州城，古虢國。又陝州河北縣東北下陽故城，古虢，即晉獻公滅者。又洛州汜水縣，古東虢國。而未知扁鵲過何者，蓋虢至此並滅也。

【二】集解傅玄曰：「虢是晉獻公時〔七〕，先是百二十餘年滅矣，是時焉得有虢？」索隱案：傅玄云「虢是晉獻所滅，先此百二十餘年，此時焉得有虢」，則此云「虢太子」，非也。然案虢後改稱郭，春秋有郭公，蓋郭之太子也。

【三】正義下云「色廢脈亂」，故形靜如死狀也。

【四】索隱喜音許既反。喜，好也，愛也。方，方技之人也。正義中庶子，古官號也。喜方，好方術，不書姓名也。

【五】索隱蹷音厥。正義釋名云：「蹷，氣從下蹷起，上行外及心脅也〔八〕。」

【六】集解收謂棺斂。

【七】索隱音臾附。下又音趺。正義臾附二音。應劭云：「黃帝時將也。」

【八】正義上音禮，下山解反。

【九】索隱鑱音士咸反，謂石針也。撟音九兆反，謂爲按摩之法，夭撟引身，如熊顧鳥伸也。抏音玩，亦謂按摩而玩弄身體使調也。毒熨謂毒病之處以藥物熨帖也。

【一〇】索隱音束注反。正義八十一難云：「肺之原出於太淵，心之原出於太陵，肝之原出於太衝，脾之原出於太白，腎之原出於太谿，少陰之原出於兑骨，膽之原出於丘虚，胃之原出於衝陽，三焦之原出於陽池，膀胱之原出於京骨，大腸之原出於合谷，小腸之原出於腕骨。十二經皆以輸爲原也。」按：此五藏六府之輸也。

【一一】集解徐廣曰：「揲音舌。」索隱搦音女角反。揲音舌。荒，膏荒也。

【一二】索隱幕音漠。漠，病也。謂以爪決之。正義以爪決其闌幕也。

【一三】正義上子錢反，下胡管反。

【一四】正義黄帝素問云：「待切脈而知病。寸口六脈，三陰三陽，皆隨春秋冬夏觀其脈之變，則知病之逆順也。」楊玄操云：「切，按也。」

【一五】正義素問云：「面色青，脈當弦急；面色赤，脈當浮而短；面色黑，脈當沈浮而滑也。」

【一六】正義素問云：「好哭者肺病，好歌者脾病，好妄言者心病，好呻吟者腎病，好叫呼者肝病也。」

【一七】正義素問云：「欲得温而不欲見人者藏家病，欲得寒而見人者府家病也。」

【一八】正義八十一難云：「陰病行陽，陽病行陰，故令幕在陰，俞在陽。」楊玄操云：「腹爲陰，五藏幕皆在腹，故云幕皆在陰。背爲陽，五藏俞皆在背，故云俞皆在陽。内藏有病則出行於陽，陽俞在背也。外體有病則入行於陰，陰幕在腹也。」鍼法云：「從陽引陰，從陰引陽也。」

【一九】索隱 止，語助也。不可委曲具言。 正義 言皆有應見，不可曲言病之止住所在也。

【二〇】正義 音漲。

中庶子聞扁鵲言，目眩然而不瞚，【一】舌撟然而不下，【二】乃以扁鵲言入報虢君。虢君聞之大驚，出見扁鵲於中闕，曰：「竊聞高義之日久矣，然未嘗得拜謁於前也。先生過小國，幸而舉之，偏國寡臣【三】幸甚。有先生則活，無先生則弃捐填溝壑，長終而不得反。」言未卒，因噓唏服臆，【四】魂精泄横，流涕長潸，【五】忽忽承睞，【六】悲不能自止，容貌變更。扁鵲曰：「若太子病，所謂『尸蹷』者也。夫以陽入陰中，動胃【七】繵【八】緣，【九】中經維絡，【一〇】别下於三焦、膀胱，【一一】是以陽脈下遂，【一二】陰脈上爭，【一三】會氣閉而不通，【一四】陰上而陽内行，下内鼓而不起，上外絶而不爲，使上有絶陽之絡，下有破陰之紐，【一五】破陰絶陽，色廢【一六】脈亂，故形靜如死狀〔九〕。太子未死也。夫以陽入陰支蘭藏者生，【一七】以陰入陽支蘭藏者死。凡此數事，皆五藏蹷中之時暴作也。良工取之，【一八】拙者疑殆。」

【一】索隱 眩音縣。瞚音舜。

【二】索隱 撟音紀兆反。撟，舉也。

【三】索隱謂虢君自謙，云己是偏遠之國，寡小之臣也。

【四】索隱上音皮力反，下音憶。

【五】集解徐廣曰：「一云『言未卒，因涕泣交流，嘘唏不能自止』也。」索隱潸音山。長潸謂長垂淚也。

【六】索隱音接。睫即睫也。承睫，言淚恒垂以承於睫也。

【七】正義八十一難云：「脈居陰部反陽脈見者，爲陽入陰中，是陽乘陰也，脈雖時沈濇而短，此謂陽中伏陰也。脈居陽部而陰脈見者，是陰乘陽也，脈雖時沈滑而長，此謂陰中伏陽也。胃，水穀之海也。」

【八】索隱音直延反。

【九】正義纏音直延反。纏緣謂脈纏繞胃也。素問云「延緣落，絡脈也」，恐非此義也。

【一〇】集解徐廣曰：「維，一作『結』。」正義八十一難云：「十二經脈，十五絡脈，陽維陰維之脈也。」

【一一】正義八十一難云：「三焦者，水穀之道路，氣之所終始也。上焦在心下下鬲，在胃上口也；中焦在胃中脘，不上不下也；下焦在臍下，當膀胱上口也。膀胱者，津液之府也，溺九升九合也。」言經絡下于三焦及膀胱也。

【一二】集解徐廣曰：「一作『隊』。」

【一三】正義遂音直類反。素問云：「陽脈下遂難反，陰脈上爭如弦也。」

【一四】正義八十一難云：「府會太倉，藏會季脅，筋會陽陵泉，髓會絶骨，血會鬲俞，骨會大杼，脈會大淵，氣會三焦，此謂八會也。」

【一五】正義女九反。素問云：「紐，赤脈也。」

【一六】集解徐廣曰：「一作『發』。」

【一七】正義素問云：「支者順節，蘭者横節，陰支蘭膽藏也。」

【一八】正義八十一難云：「知一爲下工，知二爲中工，知三爲上工。上工者十全九，中工者十全八，下工者十全六。」呂廣云：「五藏一病輒有五，解一藏爲下工，解三藏爲中工，解五藏爲上工也。」

扁鵲乃使弟子子陽【一】厲鍼砥石，【二】以取外三陽五會〔一〇〕。【三】有閒，太子蘇。乃使子豹爲五分之熨，以八減之齊【四】和煑之，以更【五】熨兩脅下。太子起坐。更適陰陽，但服湯二旬而復故。故天下盡以扁鵲爲能生死人。扁鵲曰：「越人非能生死人也，此自當生者，越人能使之起耳。」

【一】索隱陽，扁鵲之弟子也。

【二】索隱鍼音針。厲謂磨也。砥音脂。

【三】正義素問云：「手足各有三陰三陽：太陰，少陰，厥陰；太陽，少陽，陽明也。五會謂百會、胸會、聽會、氣會、臑會也。」

【四】索隱五分之熨，八減之齊。案：言五分之熨者，謂熨之令温暖之氣入五分也。八減之齊者，謂藥之齊和所減有八。並越人當時有此方也。

【五】正義格彭反。

扁鵲過齊，齊桓侯客之。【一】入朝見，曰：「君有疾在腠理，【二】不治將深。」桓侯曰：「寡人無疾。」扁鵲出，桓侯謂左右曰：「醫之好利也，欲以不疾者爲功。」後五日，扁鵲復見，曰：「君有疾在血脈，不治恐深。」桓侯曰：「寡人無疾。」扁鵲出，桓侯不悦。後五日，扁鵲復見，曰：「君有疾在腸胃閒，不治將深。」桓侯不應。扁鵲出，桓侯不悦。後五日，扁鵲復見，望見桓侯而退走。桓侯使人問其故。扁鵲曰：「疾之居腠理也，湯熨之所及也；在血脈，鍼石之所及也；其在腸胃，酒醪之所及也；其在骨髓，雖司命無柰之何。今在骨髓，臣是以無請也。」後五日，桓侯體病，【三】使人召扁鵲，扁鵲已逃去。桓侯遂死。

【一】集解傅玄曰：「是時齊無桓侯。」駰謂是齊侯田和之子桓公午也。索隱案：傅玄曰「是時齊無桓侯」。裴駰云「謂是齊侯田和之子桓公午也」。蓋與趙簡子頗亦相當。

【二】正義上音湊。謂皮膚。

使聖人預知微，能使良醫得蚤從事，則疾可已，身可活也。人之所病，病疾多；〔一〕而醫之所病，病道少。〔二〕故病有六不治：驕恣不論於理，一不治也；輕身重財，二不治也；衣食不能適，三不治也；陰陽并，藏氣不定，四不治也；形羸不能服藥，五不治也；信巫不信醫，六不治也。有此一者，則重難治也。

〔一〕正義 病厭患多也，言人厭患疾病多甚也。

〔二〕集解 徐廣曰：「所病猶瘵病也。」

扁鵲名聞天下。過邯鄲，聞貴婦人，即爲帶下醫；過雒陽，聞周人愛老人，即爲耳目痹〔一〕醫；來入咸陽，聞秦人愛小兒，即爲小兒醫：隨俗爲變。秦太醫令李醯自知伎不如扁鵲也，使人刺殺之。至今天下言脈者，由扁鵲也。

〔一〕索隱 音必二反。

太倉公者，齊太倉長，臨菑人也，姓淳于氏，名意。〔一〕少而喜醫方術。高后八年，更受師同郡元里公乘陽慶。〔二〕慶年七十餘，無子，使意盡去其故方，更悉以禁方予之，傳黄帝、扁鵲之脈書，五色診病，〔三〕知人死生，決嫌疑，定可治，及藥論，甚精。受之三年，爲人治病，決死生多驗。然左右行游諸侯，不以家爲家，或不爲人治病，病家多怨之者。

【一】正義括地志云：「淳于國城在密州安丘縣東北三十里，古之斟灌國也。春秋『州公如曹』，傳云『冬，淳于公如曹』。注水經云『淳于縣，故夏后氏之斟灌國也，周武王以封淳于公，號淳于國也』。」

【二】正義百官表云公乘，第八爵也。顏師古云：「言其得乘公之車也〔一二〕。」

【三】正義八十一難云：「五藏有色，皆見於面，亦當與寸口尺内相應也。」其面色與相應，已見前也。

文帝四年中〔一三〕，人上書言意，以刑罪當傳西之長安。【一】意有五女，隨而泣。意怒，罵曰：「生子不生男，緩急無可使者！」於是少女緹縈傷父之言，【二】乃隨父西。上書曰：「妾父爲吏，齊中稱其廉平，今坐法當刑。妾切痛死者不可復生而刑者不可復續，【三】雖欲改過自新，其道莫由，終不可得。妾願入身爲官婢，以贖父刑罪，使得改行自新也。」書聞，上悲其意，此歲中亦除肉刑法。【四】

【一】索隱傳音竹巒反。傳，乘傳送之。

【二】索隱緹音啼，縈音紆營反。

【三】集解徐廣曰：「一作『贖』。」

【四】集解徐廣曰：「案年表孝文十二年除肉刑〔一四〕。」正義漢書刑法志云孝文帝即位十三年，除肉刑三。孟康云：「黥、劓二，左右趾一，凡三也。」班固詩曰：「三王德彌薄，惟後用肉刑。太倉令有罪，就遞長安城。自恨身無子，困急獨煢煢〔一五〕。小女痛父言，死者不可生。上書詣闕下，思古歌雞鳴。憂心摧折裂，晨風揚激聲。聖漢孝文帝，惻然感至情。百男何憒憒，不如一緹縈！」

意家居，詔召問所爲治病死生驗者幾何人，主名爲誰。

詔問故太倉長臣意：「方伎所長，及所能治病者？〔一〕有其書無有？皆安受學？受學幾何歲？嘗有所驗，何縣里人也？何病？醫藥已，其病之狀皆何如？具悉而對。」臣意對曰：

【一】集解徐廣曰：「一作『爲』，爲亦治。」

自意少時，喜醫藥，醫藥方試之多不驗者。至高后八年，〔二〕得見師臨菑元里公乘陽慶。慶年七十餘，意得見事之。謂意曰：「盡去而方書，非是也。慶有古先道遺傳黄帝、扁鵲之脈書，五色診病，知人生死，決嫌疑，定可治，及藥論書，甚精。我家給富，心愛公，欲盡以我禁方書悉教公。」臣意即曰：「幸甚，非意之所敢望也。」臣意即避席再拜謁，受其脈書上下經、五色診、奇咳〔三〕術、揆度陰陽外變、藥論、石神、接陰陽禁書，受讀解驗之，可一年所。明歲即驗之，有驗，然尚未精也。要事之三年所，即嘗已爲人治診病，決死生，有驗，精良。今慶已死十年所，臣意年盡三年，年三十九歲也〔一六〕。

【一】集解徐廣曰：「意年三十六〔一七〕。」

【二】集解奇音羈。咳音該。正義八十一難云：「奇經八脈者，有陽維，有陰維，有陽蹻，有陰蹻，有衝，有督，有任，有帶之脈。凡此八者，皆不拘於經，故云奇經八脈也。」顧野王云：「胲當宍也。」又云：「胲，指毛皮也。」藝文志有五音奇胲用兵二十六卷〔一八〕。許慎云：「胲，軍中約也〔一九〕。」

齊侍御史成自言病頭痛，臣意診其脈，告曰：「君之病惡，不可言也。」即出，獨告成弟昌曰：「此病疽【一】也，內發於腸胃之閒，後五日當臃腫，【二】後八日嘔膿【三】死。」成之病得之飲酒且內。成即如期死。所以知成之病者，臣意切其脈，得肝氣。肝氣濁【四】而靜，【五】此內關之病也。【六】脈法曰：「脈長而弦，不得代四時者，【七】其病主在於肝。和即經主病也，【八】代則絡脈有過。」【九】經主病和者，其病得之筋髓裏。其代絕而脈賁者，病得之酒且內。所以知其後五日而臃腫，八日嘔膿死者，切其脈時，少陽初代。代者經病，病去過人，人則去。絡脈主病，當其時，少陽初關一分，故中熱而膿未發也，及五分，則至少陽之界，【一〇】及八日，則嘔膿死，故上二分而膿發，至界而襛腫，盡泄而死。熱上則熏陽明，爛流絡，流絡動則脈結發，脈結發則爛解，故絡交。熱氣已上行，至頭而動，故頭痛。

【一】集解七如反。

【二】正義上於恭反，下之勇反。

【三】正義女東反。

【四】集解徐廣曰：「一作『黽』。」

【五】集解徐廣曰：「一作『清』。」

【六】正義八十一難云：「關遂入尺爲内關。」呂廣云：「脈從關至尺澤，名内關也。」

【七】正義王叔和脈經云：「來數而中止，不能自還，因而復動者，名曰代。代者死。」素問曰：「病在心，愈在夏，甚於冬；病在脾，愈在秋，甚於春；病在肺，愈在冬，甚於夏；病在腎，愈在春，甚於夏；病在肝，愈在夏，甚於秋也。」

【八】正義王叔和脈經云：「脈長而弦，病於肝也。」素問云：「得病於筋，肝之和也。」

【九】正義素問云：「脈有不及，有太過，有經，有絡。和即經主病，代則絡有過也。」八十一難云：「關之前者，陽之動也，脈當見九分而浮。過者法曰太過，減者法曰不及。遂上魚際爲溢，爲外關内格，此陰乘之脈也。關以後者，陰之動也，脈當見一寸而沈。過者法曰太過，減者法曰不及。遂入尺爲覆，爲内關外格，此陽乘之脈也。故曰覆溢，是其真藏之脈，人不病而死也。」

呂廣云：「過九分，出一寸，各名太過也。不及九分，至二分或四分五分，此太過。不滿一寸，見八分或五分六分，此不及。」

【一〇】集解徐廣曰：「一作『分』。下章曰『肝與心相去五分，故曰五日盡』也。」正義王叔和脈經云：「分別三門境界脈候所主〔二〇〕，云從魚際至高骨，卻行一寸，其中名曰寸口；其自高骨從寸至尺，名曰尺澤，故曰尺。寸後尺前，名曰關。陽出陰入，以關爲界，陽出三分，故曰三陰三陽。陽生於尺，動於寸；陰生於寸，動於尺。寸主射上焦，出頭及皮毛，竟手。關主射中焦，腹及於腰。尺主射下焦，少腹至足也。」

齊王中子諸嬰兒小子病，召臣意診切其脈，告曰：「氣鬲病。病使人煩懣，食不下，時嘔沫。病得之心憂〔二一〕，數忔食飲。」【一】臣意即爲之作下氣湯以飲之，一日氣下，二日能食，三日即病愈。所以知小子之病者，診其脈，心氣也，濁【二】躁而經也，此絡陽病也。脈法曰：「脈來數疾去難而不一者，病主在心。」周身熱，脈盛者，爲重陽。【三】重陽者，逿心主。【四】故煩懣食不下，則絡脈有過，絡脈有過，則血上出，血上出者死。此悲心所生也，病得之憂也。

【一】索隱忔音疑乙反〔二二〕。忔者，風痺忔然不得動也。

【二】集解徐廣曰：「一作『黽』，又作『猛』。」

【三】索隱上音直隴反。

【四】集解徐廣曰：「湯音唐。湯者，盪也。謂病盪心者，猶刺其心。」索隱湯，依字讀。正義八十一難云：「手心主中宮，在中部。」楊玄操云：「手心主胞絡也。自臍已上至帶鬲爲中焦也。」

齊郎中令循病，衆醫皆以爲蹷入中，而刺之。臣意診之，曰：「湧疝也，【一】令人不得前後溲。」【二】循曰：「不得前後溲三日矣。」臣意飲以火齊湯，【三】一飲得前溲〔二三〕，再飲大溲，三飲而疾愈。病得之内。所以知循病者，切其脈時，右口氣急，【四】脈無五藏氣，右口【五】脈大而數。數者，中下熱而湧，左爲下，右爲上，皆無五藏應，故曰湧疝。中熱，故溺赤也。【六】

【一】索隱上音勇。下音訕，所諫反。正義鄒誕生疝音山也。

【二】索隱溲音所留反。前溲謂小便。後溲，大便也。

【三】正義飲，於禁反。

【四】集解徐廣曰：「右，一作『有』。」正義王叔和脈經云：「右手寸口乃氣口也。」

【五】正義謂右手寸口也。

【六】正義溺，徒弔反。

齊中御府長信病，臣意入診其脈，告曰：「熱病氣也。然暑汗，脈少衰，不死。」曰：「此病得之當浴流水而寒甚，已則熱。」信曰：「唯，然！【一】往冬時，爲王使於楚，至莒縣【二】陽周水，而莒橋梁頗壞，信則擥【三】車轅未欲渡也〔二四〕，馬驚，即墮信身入水中，幾死，吏即來救信，出之水中，衣盡濡，有閒而身寒，已熱如火，至今不可以見寒。」臣意即爲之液湯火齊逐熱，一飲汗盡，再飲熱去，三飲病已。即使服藥，出入二十日，身無病者。所以知信之病者，切其脈時，并陰。脈法曰「熱病陰陽交者死」。切之不交，并陰。并陰者，脈順清而愈，其熱雖未盡，猶活也。腎氣有時閒濁，【四】在太陰脈口而希，是水氣也。腎固主水，故以此知之。失治一時，即轉爲寒熱。

【一】正義唯，惟癸反。

【二】正義莒，密州縣。

【三】正義音牽。

【四】集解徐廣曰：「一作『黽』。」

齊王太后病，召臣意入診脈，曰：「風癉客脬，【一】難於大小溲，溺赤。」臣意飲以火齊湯，一飲即前後溲，再飲病已，溺如故。病得之流汗出滫〔二五〕。【二】滫者，去衣而汗晞也。所以知齊王太后病者，臣意診其脈，切其太陰之口，溼然風氣也。脈法曰

「沈之而大堅，【三】浮之而大緊者，【四】病主在腎」。腎切之而相反也，脈大而躁。大者，膀胱氣也；躁者，中有熱而溺赤。

【一】索隱 癉，病也，音亶。脬音普交反，字或作「胞」。正義 癉音單旱反〔二六〕。脬亦作「胞」，膀胱也。言風癉之病客居在膀胱。

【二】索隱 劉氏音巡。

【三】正義 沈，一作「深」。王叔和脈經云：「脈大而堅，病出於腎也。」

【四】正義 緊音吉忍反。素問云：「脈短實而數，有似切繩，名曰緊也。」

齊章武里曹山跗病，【一】臣意診其脈，曰：「肺消癉也，加以寒熱。」即告其人曰：「死不治。適其共養，此不當醫【二】治。」法曰「後三日而當狂，妄起行，欲走；後五日死」。即如期死。山跗病得之盛怒而以接內。所以知山跗之病者，臣意切其脈，肺氣熱也。脈法曰「不平不鼓，形弊」。【三】此五藏高之遠數以經病也，故切之時不平而代。【四】不平者，血不居其處；代者，時參擊並至，乍躁乍大也。此兩絡脈絕，故死不治。所以加寒熱者，言其人尸奪。尸奪者，形弊；形弊者，不當關灸、鑱石及飲毒藥也。臣意未往診時，齊太醫先診山跗病，灸其足少陽脈口，而飲之半夏丸，病者即泄注，腹中虛；又灸其少陰脈，是壞肝剛絕深，如是重損病者氣，以故加寒熱。所以後三日而當狂者，肝一絡連屬結絶乳下陽明，【五】故絡絶，開陽明脈，陽明脈傷，即當狂走。後五日死者，肝與心相去五分，故曰五日盡，盡即死矣。

【一】索隱 跗，方符反。

【二】索隱 適音釋。共音恭。案：謂山跗家適近所持財物共養我，我不敢當，以言其人不堪療也。

【三】集解 徐廣曰：「一作『散』。」正義 王叔和脈經云：「平謂春肝木王，其脈細而長；夏心火王，其脈洪大而散；六月脾土王，其脈大阿阿而緩；秋肺金王，其脈浮濇而短；冬腎水王，其脈沈而滑：名平脈也。」

【四】正義 素問云：「血氣易處曰不平，脈候動不定曰代。」

【五】正義 素問云：「乳下陽明，胃絡也。」

齊中尉潘滿如病少腹痛，【一】臣意診其脈，曰：「遺積瘕也。」【二】臣意即謂齊太僕臣饒、内史臣繇曰：「中尉不復自止於内，則三十日死。」後二十餘日，溲血死。病得之酒且内。所以知潘滿如病者，臣意切其脈深小弱，其卒然合【三】合也，是脾氣也。【四】右脈口氣至緊小，【五】見瘕氣也。以次相乘，故三十日死。三陰俱摶者，【六】如法；不俱摶者，決在急期；一摶一代者，近也。故其三陰摶，溲血如前止。【七】

【一】正義 少音式妙反。王叔和脈經云：「脈急，疝瘕少腹痛也。」

【二】索隱 劉氏音加雅反，舊音遐，鄒氏音嫁。 正義 龍魚河圖云：「犬狗魚鳥不熟食之，成瘕痛。」

【三】集解 徐廣曰：「一云『來然合』。」

【四】正義 卒音蔥忽反。卒，一本作「來」。素問云：「疾病之生，生於五藏。五藏之合，合於六府。肝合氣於膽，心合氣於小腸，脾合氣於胃，肺合氣於大腸，腎合氣於膀胱。三焦内主勞。」

【五】正義 上音結忍反。

【六】正義 如淳云：「音徒端反。」素問云：「左脈口曰少陰，少陰之前名厥陰，右脈口曰太陰，此三陰之脈也。」

【七】集解 徐廣曰：「前，一作『筋』也。」

陽虚侯相趙章病，召臣意。衆醫皆以爲寒中。臣意診其脈，曰迵風。【一】迵風者，飲食下嗌【二】而輒出不留。法曰「五日死」。而後十日乃死。病得之酒。所以知趙章之病者，臣意切其脈，脈來滑，是内風氣也。飲食下嗌而輒出不留者，法五日死，皆爲前分界法。【三】後十日乃死，所以過期者，其人嗜粥，故中藏實，中藏實，故過期。師言曰「安穀者過期，不安穀者不及期」。

【一】集解 迵音洞。言洞徹入四支。 索隱 下云「飲食下嗌輒出之」，是風疾洞徹五藏，故曰迵風。

【二】集解音益，謂喉下也。

【三】正義分，扶問反。

濟北王病，召臣意診其脈，曰：「風蹶胸滿。」即爲藥酒，盡三石，病已。得之汗出伏地。所以知濟北王病者，臣意切其脈時，風氣也，心脈濁。【一】病法「過入其陽，陽氣盡而陰氣入」。陰氣入張，則寒氣上而熱氣下，故胸滿。汗出伏地者，切其脈，氣陰。陰氣者，病必入中，出及瀺水也。【二】

【一】集解徐廣曰：「一作『黽』。」

【二】索隱瀺音士咸反。正義顧野王云：「手足液，身體汋。音常灼反。」

齊北宮司空命婦【一】出於【二】病，衆醫皆以爲風入中，病主在肺，【三】刺其足少陽脈。臣意診其脈，曰：「病氣疝，客於膀胱，難於前後溲，而溺赤。病見寒氣則遺溺，使人腹腫。」出於病得之欲溺不得，因以接内。所以知出於病者，切其脈大而實，其來難，是蹶陰之動也。【四】脈來難者，疝氣之客於膀胱也。腹之所以腫者，言蹶陰之絡結小腹也。蹶陰有過則脈結動，動則腹腫。臣意即灸其足蹶陰之脈，左右各一所，即不遺溺而溲清，小腹痛止。即更爲火齊湯以飲之，三日而疝氣散，即愈。

【一】集解徐廣曰：「一作『奴』。奴蓋女奴。」

【二】正義命婦名也。

【三】集解徐廣曰：「一作『肝』。」

【四】正義鄒云〔二七〕：「厥陰之脈也。」

故濟北王阿母【一】自言足熱而懣，臣意告曰：「熱蹶也。」則刺其足心各三所，案之無出血，病旋已。【二】病得之飲酒大醉。

【一】集解徐廣曰：「濟，一作『齊王』。」索隱案：是王之嬭母也。正義服虔云：「乳母也。」鄭云〔二八〕：「慈己者。」

【二】索隱言尋則已止也。正義謂旋轉之閒，病則已止也。

濟北王召臣意診脈諸女子侍者，至女子豎，豎無病。臣意告永巷長曰：「豎傷脾，不可勞，法當春嘔血死。」臣意言王曰：「才人女子豎何能？」王曰：「是好爲方，多伎能，爲所是案法新，【一】往年市之民所，四百七十萬，曹偶四人。」【二】王曰：「得毋有病乎？」臣意對曰：「豎病重，在死法中。」王召視之，其顏色不變，以爲不然，不賣諸侯所。至春，豎奉劍從王之廁，王去，豎後，王令人召之，即仆於廁，【三】嘔血死。病得之流汗。流汗者〔二九〕，法病內重，毛髮而色澤，脈不衰，此亦內關之病也〔三〇〕。

【一】集解徐廣曰：「所，一作『取』。」索隱謂於舊方技能生新意也。

【二】索隱案：當今之四千七百貫也。曹偶猶等輩也。

【三】索隱仆音赴，又音步北反。

齊中大夫病齲齒，【一】臣意灸其左大陽明脈〔三二〕，即爲苦參湯，日嗽三升，出入五六日，病已。得之風，及卧開口，食而不嗽。

【一】正義上丘羽反。釋名云：「齲，朽也。蟲齧之，缺朽也。」

菑川王美人懷子而不乳，【一】來召臣意。臣意往，飲以莨菪【二】藥一撮，以酒飲之，旋乳。【三】臣意復診其脈，而脈躁。躁者有餘病，即飲以消石一齊，出血，血如豆比五六枚。【四】

【一】索隱乳音人喻反。乳，生也。

【二】正義浪宕二音。

【三】索隱旋乳者，言迴旋即生也。

【四】索隱比音必利反。

齊丞相舍人奴從朝入宮，臣意見之食閨門外，望其色有病氣。臣意即告宦者平。

平好爲脈，學臣意所，臣意即示之舍人奴病，告之曰：「此傷脾氣也，當至春鬲塞不通，不能食飲，法至夏泄血死。」宦者平即往告相曰：「君之舍人奴有病，病重，死期有日。」相君曰：「卿何以知之？」曰：「君朝時入宫，君之舍人奴盡食閨門外，平與倉公立，即示平曰，病如是者死。」相即召舍人而謂之曰〔三二〕：「公奴有病不？」舍人曰：「奴無病，身無痛者。」至春果病，至四月，泄血死。所以知奴病者，脾氣周乘五藏，傷部而交，故傷脾之色也，望之殺然黄，【一】察之如死青之茲。衆醫不知，以爲大蟲，【二】不知傷脾。所以至春死病者，胃氣黄，黄者土氣也，土不勝木，故至春死。所以至夏死者，脈法曰：「病重而脈順清者曰内關。」内關之病，人不知其所痛，心急然無苦。若加以一病，死中春；一愈順，及一時。其所以四月死者，診其人時愈順。愈順者，人尚肥也。奴之病得之流汗數出，灸於火而以出見大風也。

【一】集解徐廣曰：「殺音蘇葛反。」正義殺，蘇亥反。

【二】索隱即蚘虫也。

菑川王病，召臣意診脈，曰：蹶上【一】爲重，頭痛身熱，使人煩懣。【二】臣意即以寒水拊其頭，【三】刺足陽明脈，左右各三所，病旋已。病得之沐髮未乾而卧。診如前，所以蹶，頭熱至肩。

【一】正義時掌反。蹶，逆氣上也。

【二】正義亡本反。非但有煩也。

【三】索隱拊音附，又音撫。

齊王黄姬兄黄長卿家有酒召客，召臣意。諸客坐，未上食。臣意望見王后弟宋建，告曰：「君有病，往四五日，君要脅痛不可俛仰，【一】又不得小溲。不亟治，病即入濡腎。及其未舍五藏，急治之。病方今客腎濡，【二】此所謂『腎痺』也。」宋建曰：「然。建故有要脊痛。往四五日，天雨，黄氏諸倩【三】見建家京下方石，【四】即弄之【三】，建亦欲效之，效之不能起，即復置之。暮，要脊痛，不得溺，至今不愈。」建病得之好持重。所以知建病者，臣意見其色，太陽色乾，腎部上及界要以下者枯四分所，故以往四五日知其發也。臣意即爲柔湯使服之，十八日所而病愈。

【一】正義上音免。

【二】正義濡，溺也。病方客在腎，欲溺，腎也。

【三】集解徐廣曰：「倩者，女壻也。」駰案：方言曰「東齊之間，壻謂之倩」。郭璞曰「言可假倩也」。正義倩音七姓反。

【四】集解徐廣曰：「京者，倉廩之屬也。」

濟北王侍者韓女病要背痛，寒熱，衆醫皆以爲寒熱也。臣意診脈，曰：「内寒，月事不下也。」即竄以藥，【一】旋下，病已。病得之欲男子而不可得也。所以知韓女之病者，診其脈時，切之，腎脈也，嗇而不屬。嗇而不屬者，其來難，堅，故曰月不下。肝脈弦，出左口，故曰欲男子不可得也。

【一】索隱謂以熏熏之，故云。竄音七亂反。

臨菑氾【一】里女子薄吾病甚，衆醫皆以爲寒熱篤，當死，不治。臣意診其脈，曰：「蟯瘕。」【二】蟯瘕爲病，腹大，上膚黄麤，循之戚戚然。臣意飲以芫華一撮，即出蟯可數升，病已，三十日如故。病蟯得之於寒溼，〔三四〕寒溼氣宛【三】篤不發，化爲蟲。臣意所以知薄吾病者，切其脈，循其尺，【四】其尺索刺麤，而毛美奉髮，【五】是蟲氣也。其色澤者，中藏無邪氣及重病。

【一】索隱氾音凡。
【二】集解徐廣曰：「蟯音饒。」索隱音饒櫝，舊音遶遐。正義人腹中短蟲。
【三】集解音鬱。索隱又如字。
【四】正義王叔和云：「寸，關，尺。寸謂三分，尺謂八分。寸口在關上，尺在關下。寸、關、尺共有一寸九分也。」

【五】集解徐廣曰：「奉，一作『奏』，又作『秦』〔三五〕。」索隱循音巡。案：謂手循其尺索也。刺音七賜反。麤音七胡反。言循其尺索，刺人手而麤，是婦人之病也。徐氏云奉一作「奏」，非其義也。又云一作「秦」，秦謂螓首，言髮如蝤蠐，事蓋近也。

齊淳于司馬病，臣意切其脈，告曰：「當病迵風。迵風之狀，飲食下嗌輒後之。【一】病得之飽食而疾走。」淳于司馬曰：「我之王家食馬肝，食飽甚，見酒來，即走去，驅疾至舍，即泄數十出。」臣意告曰：「爲火齊米汁飲之，七八日而當愈。」時醫秦信在旁，臣意去，信謂左右閣都尉【二】曰：「意以淳于司馬病爲何？」曰：「以爲迵風，可治。」信即笑曰：「是不知也。淳于司馬病，法當後九日死。」即後九日不死，其家復召臣意。臣意往問之，盡如意診。臣即爲一火齊米汁，使服之，七八日病已。所以知之者，診其脈時，切之，盡如法。其病順，故不死。

【一】集解徐廣曰：「如廁。」

【二】索隱案：閣者，姓也，爲都尉。一云閣即宮閣，都尉掌之，故曰閣都尉也。

齊中郎破石病，臣意診其脈，告曰：「肺傷，不治，當後十日丁亥溲血死。」即後十一日，溲血而死。破石之病，得之墮馬僵石上。所以知破石之病者，切其脈，得肺陰氣，其來散，數道至而不一也。色又乘之。所以知其墮馬者，切之得番陰脈。【一】番陰脈入虛裏，乘肺脈。肺脈散者，固色變也乘之。所以不中期死者，師言曰「病者安穀即過期，不安穀則不及期」。其人嗜黍，黍主肺，故過期。所以溲血者，診脈法曰「病養喜陰處者順死，養喜陽處者逆死」。其人喜自靜，不躁，又久安坐，伏几而寐，故血下泄。

【一】索隱 番音芳袁反。

齊王侍醫遂病，自練五石服之。臣意往過之，遂謂意曰：「不肖有病，幸診遂也。」臣意即診之，告曰：「公病中熱。論曰『中熱不溲者，不可服五石』。石之爲藥精悍，公服之不得數溲，亟勿服。色將發臃。」遂曰：「扁鵲曰『陰石以治陰病，陽石以治陽病』。夫藥石者有陰陽水火之齊，故中熱，即爲陰石柔齊治之；中寒，即爲陽石剛齊治之。」臣意曰：「公所論遠矣。扁鵲雖言若是，然必審診，起度量，立規矩，稱權衡，合色脈【一】表裏有餘不足順逆之法，參其人動靜與息相應，乃可以論。論曰『陽疾處內，陰形應外者，不加悍藥及鑱石』。夫悍藥入中，則邪氣辟矣，【二】而宛氣愈深。【三】診法曰『二陰應外，一陽接內者，不可以剛藥』。剛藥入則動陽，陰病益衰，陽病益箸，邪氣流行，爲重困於俞，【四】忿發爲疽。」意告之後百餘日，果爲疽發乳上，入缺盆，死。【五】此謂論之大體也，必有經紀。拙工有一不習，文理陰陽失矣。

【一】集解 徐廣曰：「合，一作『占』。」

【二】索隱辟音必亦反，猶聚也。
【三】索隱愈音庾。
【四】集解徐廣曰：「音始喻反。」
【五】索隱按：缺盆，人乳房上骨名也。

齊王故爲陽虛侯時，病甚，【一】衆醫皆以爲蹷。臣意診脈，以爲痺，根在右脅下，大如覆杯，令人喘，逆氣不能食。臣意即以火齊粥且飲，六日氣下；即令更服丸藥，出入六日，病已。病得之内。診之時不能識其經解，大識其病所在。

【一】集解徐廣曰：「齊悼惠王子也，名將廬，以文帝十六年爲齊王，即位十一年卒，謚孝王。」

臣意嘗診安陽武都里成開方，開方自言以爲不病，臣意謂之病苦沓風，【一】三歲四支不能自用，使人瘖，【二】瘖即死。今聞其四支不能用，瘖而未死也。病得之數飲酒以見大風氣。所以知成開方病者，診之，其脈法、奇咳言曰：「藏氣相反者死。」【三】切之，得腎反肺，【四】法曰「三歲死」也。

【一】索隱沓音徒合反，風病之名也。
【二】集解徐廣曰：「一作『脊』，音才亦反。」索隱瘖者，失音也，讀如音。又作「厝」。厝者，置也。言使人運置其手足也。

【三】集解徐廣曰：「反，一作『及』。」
【四】集解徐廣曰：「反，一作『及』。」

安陵阪里公乘項處病，【一】臣意診脈，曰牡疝。【二】牡疝在鬲下，上連肺。病得之內。臣意謂之：「慎毋爲勞力事，爲勞力事則必嘔血死。」處後蹴【三】踘，【四】要蹷寒，汗出多，即嘔血。臣意復診之，曰：「當旦日日夕死。」【五】即死。病得之內。所以知項處病者，切其脈得番陽。【六】番陽入虛裏，處旦日死。一番一絡者，【七】牡疝也。

【一】索隱案：公乘，官名也。項，姓；處，名。故上云倉公之師，元里公乘陽慶，亦然也。
【二】索隱上音母，下音色諫反。
【三】集解徐廣曰：「一作『蹹』。」
【四】正義上千六反，下九六反，謂打毬也。
【五】索隱案：旦日，明日也。言明日之夕死也。
【六】索隱脈病之名曰番陽者，以言陽脈之翻入虛裏也。
【七】集解徐廣曰：「絡，一作『結』。」

臣意曰：他所診期決死生及所治已病衆多，久頗忘之，不能盡識，不敢以對。

問臣意：「所診治病，病名多同而診異，或死或不死，何也？」對曰：「病名多相類，不可知，故古聖人爲之脈法，以起度量，立規矩，縣權衡，案繩墨，調陰陽，別人之脈各名之，與天地相應，參合於人，故乃別百病以異之，有數者能異之，【一】無數者同之。然脈法不可勝驗，診疾人以度異之，乃可別同名，命病主在所居。今臣意所診者，皆有診籍。所以別之者，臣意所受師方適成，師死，以故表籍所診，期決死生，觀所失所得者合脈法，以故至今知之。」

【一】索隱 數音色住反。謂術數之人乃可異其狀也。

問臣意曰：「所期病決死生，或不應期，何故？」對曰：「此皆飲食喜怒不節，或不當飲藥，或不當鍼灸，以故不中期死也。」

問臣意：「意方能知病死生，論藥用所宜，諸侯王大臣有嘗問意者不？及文王病時，【一】不求意診治，何故？」對曰：「趙王、膠西王、濟南王、吴王皆使人來召臣意，臣意不敢往。文王病時，臣意家貧，欲爲人治病，誠恐吏以除拘臣意也，【二】故移名數左右，【三】不脩家生，出行游國中，問善爲方數者事之久矣，【四】見事數師，【五】悉受其要事，盡其方書，意及解論之。身居陽虚侯國，因事侯。侯入朝，臣意從之長安，以故得診安陵項處等病也。」

【一】集解 徐廣曰：「齊文王也，以文帝十五年卒。」

【二】集解徐廣曰：「時諸侯得自拜除吏。」

【三】正義以名籍屬左右之人。

【四】索隱數音「術數」之「數」。

【五】正義上色庚反。

問臣意：「知文王所以得病不起之狀？」臣意對曰：「不見文王病，然竊聞文王病喘，頭痛，目不明。臣意心論之，以爲非病也。以爲肥而蓄精，身體不得摇，骨肉不相任，故喘，不當醫治。脈法曰『年二十脈氣當趨，年三十當疾步，年四十當安坐，年五十當安卧，年六十已上氣當大董』。【一】文王年未滿二十，方脈氣之趨也而徐之，不應天道四時。後聞醫灸之即篤，此論病之過也。臣意論之，以爲神氣爭而邪氣入，非年少所能復之也，以故死。所謂氣者，當調飲食，擇晏日，車步廣志，以適筋骨肉血脈，以瀉氣。故年二十，是謂『易貿』，【二】法不當砭灸，砭灸至氣逐。」

【一】集解徐廣曰：「董謂深藏之。一作『堇』。」索隱堇音謹。

【二】集解徐廣曰：「一作『賀』，又作『質』。」

問臣意：「師慶安受之？聞於齊諸侯不？」對曰：「不知慶所師受。慶家富，善爲醫，不肯爲人治病，當以此故不聞。慶又告臣意曰：『慎毋令我子孫知若學我方也。』」

問臣意：「師慶何見於意而愛意，欲悉教意方？」對曰：「臣意不聞師慶爲方善也。意所以知慶者，意少時好諸方事，臣意試其方，皆多驗，精良。臣意聞菑川唐里公孫光善爲古傳方，【一】臣意即往謁之。得見事之，受方化陰陽及傳語法，【二】臣意悉受書之。臣意欲盡受他精方，公孫光曰：『吾方盡矣，不爲愛公所。【三】吾身已衰，無所復事之。是吾年少所受妙方也，悉與公，毋以教人。』臣意曰：『得見事侍公前，悉得禁方，幸甚。意死不敢妄傳人。』居有閒，公孫光閒處，【四】臣意深論方，見言百世爲之精也。師光喜曰：『公必爲國工。吾有所善者皆疏，同產處臨菑，善爲方，吾不若，其方甚奇，非世之所聞也。吾年中時，【五】嘗欲受其方，楊中倩【六】不肯，曰「若非其人也」。胥與公往見之，【七】當知公喜方也。其人亦老矣，其家給富。』時者未往，會慶子男殷來獻馬，因師光奏馬王所，意以故得與殷善。光又屬意於殷曰：『意好數，【八】公必謹遇之，其人聖儒。』【九】即爲書以意屬陽慶，以故知慶。臣意事慶謹，以故愛意也。」

【一】索隱謂好能傳得古方也。正義謂全傳寫得古人之方書。

【二】集解徐廣曰：「法，一作『五』。」

【三】索隱言於意所，不愛惜方術也。

【四】正義上音閑，下昌汝反。

【五】索隱案：年中謂中年時也。中年亦壯年也，古人語自爾。

【六】索隱倩音七見反。人姓名也。

【七】集解徐廣曰：「胥猶言須也。」

【八】索隱數，色句反。謂好術數也。

【九】索隱言意儒德，慕聖人之道，故云聖儒也。

問臣意曰：「吏民嘗有事學意方，及畢盡得意方不？何縣里人？」對曰：「臨菑人宋邑。【一】邑學，臣意教以五診，【二】歲餘。濟北王遣太醫高期、王禹【三】學，臣意教以經脈高下及奇絡結，【四】當論俞【五】所居，及氣當上下出入邪正逆順〔三六〕，以宜鑱石，定砭灸處，歲餘。菑川王時遣太倉馬長馮信正方，臣意教以案法逆順，論藥法，定五味及和齊湯法。高永侯家丞杜信，喜脈，來學，臣意教以上下經脈、五診二歲餘。臨菑召里唐安來學，臣意教以五診、上下經脈、奇咳、四時應陰陽重，未成，除爲齊王侍醫。」

【一】集解徐廣曰：「一作『邑』。」

【二】正義謂診五藏之脈。

【三】集解徐廣曰：「一作『齲』。」

【四】正義素問云：「奇經八脈，往來舒時，一止而復來，名之曰結也。」

【五】正義式喻反。

問臣意：「診病決死生，能全無失乎？」臣意對曰：「意治病人，必先切其脈，乃治之。敗逆者不可治，其順者乃治之。心不精脈，所期死生視可治，時時失之，臣意不能全也。」

太史公曰：女無美惡，居宮見妒；士無賢不肖，入朝見疑。故扁鵲以其伎見殃，倉公乃匿迹自隱而當刑。緹縈通尺牘，父得以後寧。故老子曰「美好者不祥之器」，豈謂扁鵲等邪？若倉公者，可謂近之矣。

【索隱述贊】上池祕術，長桑所傳。始候趙簡，知夢鈞天。言占虢嗣，尸蹷起焉。倉公贖罪，陽慶推賢。效驗多狀，式具于篇。

正義胃大一尺五寸，徑五寸，長二尺六寸，橫尺〔三七〕，受水穀三斗五升，其中常留穀二斗，水一斗五升。凡人食，入於口而聚於胃中，穀熟，傳入小腸也。小腸大二寸半，徑八分分之少半，長三丈二尺，受穀二斗四升，水六升三合合之大半。小腸，謂受穀而傳入於大腸也〔三八〕。回腸大四寸，徑一寸半，長二丈二尺，受穀一斗，水七升半。廣腸大八寸，徑二寸半，長二尺八寸，受穀九升三合八分合之一。故腸胃凡長五丈八尺四寸，合受水穀八斗七升六合八分合之一，此腸胃長短受水穀之數也。甲乙經「腸胃凡長丈六尺四寸四分」，從口至腸而數之。此徑從胃至腸而數之，故短也。肝重四斤四兩，左三葉，右四葉，凡七葉，主藏魂。肝者，幹也。於五行爲木，其體狀有枝幹也。肝之神七人，老子名曰明堂宮，蘭臺府，從官三千六百人。又云肝神六：童子三，女子三。心重十二兩，中有七孔，三毛，盛精汁三合，主藏神。心，纖也，所識纖微也。其神九，太尉公名曰絳宮，太始、南極老人、員光之身，其從官三千六百人。又爲帝王，身之王也。脾重二斤三兩，扁廣三寸，長五寸，有散膏半斤，主裹血溫五藏〔三九〕，主藏意。脾，裨也。在助氣，主化穀。其神云光玉女子母，其從官三千六百人也。肺重三斤三兩，六葉兩耳，凡八葉，主藏魂魄。肺，孛也。言其氣孛，故短也，鬱也。其神八人，太和君名曰玉堂宮，尚書府。其從官三千六百人。又云肺神十四：童子七，女子七也。腎有兩枚，重一斤一兩，主藏志。腎，引也。腎屬水，主引水氣，灌注諸脈也。其神六人，司徒、司空、司命、司録、司隸校尉、尉卿也。膽在肝之短葉閒，重三兩三銖，盛精汁三合。膽，敢也。言人有膽氣而能果敢也。其神五人，太一道君居紫房宮中，其從官三千六百人也。胃重二斤十四兩，紆曲屈申，長二尺六寸，大一尺五寸，徑五寸，盛穀二斗，水一斗五升。胃，圍也。言圍受食物也〔四〇〕。其神十二人，五元之氣，諫議大夫也。小腸重二斤十四兩，長三丈二尺，廣二寸半，徑八分分之少半，迴積十六曲，盛穀二斗四升，水六升三合合之大半。腸，暢也。言通暢胃氣，牽去穢也。其神二人，元梁使者也。大腸重二斤十二兩，長二丈一尺，廣四寸，徑一寸半，當齊，右迴十六曲，盛穀一斗水七升半。大腸即迴腸也。其迴曲，因以名之。其神二人，元梁使者也。膀胱重九兩二銖，縱廣九寸，盛溺九升九合。膀，横也。胱，廣也。體短而又名胞。胞，虛空也，主以虛承水液。口廣二寸半。脣至齒長九分。齒已後至會厭，深三寸半，大容五合也。舌重十兩，長七寸，廣二寸半。舌，泄也。言可舒泄言語也。咽門重十兩，廣二寸半，至胃長一尺六寸。咽，嚥也。言咽物也。又謂之咽，主地氣。胃爲土，故云主地氣也。喉嚨重十二兩，廣二寸，長一尺二寸，九節。喉嚨，空虛也。言其中空虛，可以通氣息焉。心，肺之系也，呼吸之道路。喉嚨與咽並行，其實兩異，而人多惑也。肛門重十二兩，大八寸，徑二寸太半，長二尺八寸，受穀九升三合八分合之一。肛，釭也。言其處似車釭，故曰釭門。即廣腸之門，又名䐈腸也〔四一〕。

手三陽之脈，從手至頭長五尺，五六合三丈。一手有三陽，兩手爲六陽，故云五六三丈。手三陰之脈，從手至胸中長三尺五寸，三六一丈八尺，五六三尺，合二丈一尺。兩手各有三陰，合爲六陰，故云三六一丈八尺也。足三陽之脈，從足至頭長八尺，六八合四丈八尺。兩足各有三陽，故曰六八四丈八尺也。足三陰之脈，從足至胸長六尺五寸，六六三丈六尺，五六三尺，合三丈九尺。兩足各有三陰，故云六六三丈六尺也。按：足太陰、少陰皆至舌下，厥陰至於項上。今言至胸中者，蓋據其相接之次者也。人兩足蹻脈，從足至目長七尺五寸，二七一丈四尺，二五一尺，合一丈五尺。督脈任脈各長四尺五寸〔四二〕，二四八尺，二五一尺，合九尺。凡脈長一十六丈二尺也，此所謂十二經脈長短之數也。督脈起於胲頭，上於面，至口齒縫，計此不止長四尺五寸，當取其上極於風府而言之也。手足各十二脈，爲二十四，并督任兩蹻四脈，都合二十八脈，以應二十八宿。凡長十六丈二尺，營衞行周此數，則一度也。寸口，脈之大會，手太陰之動也〔四三〕。太陰者，脈之會也。肺，諸藏主，蓋主通陰陽〔四四〕，故十二經皆手太陰〔四五〕，所以決吉凶者。十二經有病，皆寸口，知其何經之動浮沈滑濇逆順，知其死生之兆也。人一呼脈行三寸，一吸脈行三寸，呼吸定息，脈行六寸。十二經，十五絡，二十七氣，皆候於寸口，隨呼吸上下。呼脈上行三寸，吸脈下行三寸，二十七氣皆逐上下行，無有息時。人一日一夜凡一萬三千五百息。脈行五十周於身，漏水下百刻。營衛行陽二十五度，行陰二十五度。度爲一周也，故五十度復會於手太陰。寸口者，五藏六府之所終始，故法於寸口也。人一息行六寸，百息六丈，千息六十丈，一萬三千五百息合爲八百一十丈。陽脈出行二十五度，陰脈入行二十五度，陰陽呼吸覆行周畢度數也。脈行身畢，即水下百刻亦畢。謂一日一夜刻盡〔四六〕，天明，日出東方，脈還得寸口，當更始也。故寸口者，五藏六府之所終始也。

肺氣通於鼻，鼻和則知臭香矣。肝氣通於目，目和則知白黑矣。脾氣通於口，口和則知穀味矣。心氣通於舌，舌和則知五味矣。腎氣通於耳，耳和則聞五音矣。五藏不和，則九竅不通；六府不和，則留爲癰也。

校勘記

〔一〕勃海郡　張文虎札記卷五：「扁鵲時未置勃海郡，史亦無此書法，當是後人竄改。」按：景祐本無「郡」字，御覽卷七二一引同。下文曰「臣齊勃海秦越人也，家在於鄭」。

〔二〕血脈治也　黄本、彭本、柯本、凌本、殿本此下有正義「下云色廢脈亂故形靜如死狀也」十三字。

〔三〕秦策　本書卷四三趙世家作「秦讖」。

〔四〕其聲動心　本書卷四三趙世家「心」上有「人」字。

〔五〕范魁之西　耿本、黄本、彭本、柯本、凌本、殿本此下有索隱「范魁地名未詳」六字。按：本書卷四三趙世家「嬴姓將大敗周人於范魁之西」索隱：「范魁，地名，不知所在，蓋趙地。」

〔六〕鄉邑　本書卷四三趙世家「嬴姓將大敗周人於范魁之西」正義作「都鄙」。按：本書卷一五六國年表趙成侯三年「伐衛，取都鄙七十三」。

〔七〕號是晉獻公時　「時」，黄本、彭本、柯本、凌本、殿本作「所滅」。

〔八〕上行外及心膂　釋名作「上行入心膂」。

〔九〕破陰絶陽色廢脈亂故形靜如死狀　「色」上原有「之」字，下原有「已」字。王念孫雜志史記第五：「『破陰絶陽』以下十字文不成義，此本作『破陰絶陽色廢脈亂故形靜如死狀』。上文『血脈治也』正義引此文云『色廢脈亂，故形靜如死狀』是其證也。今本『色』上有『之』字，乃涉上文兩『之』字而衍。其『已』字，即『色』字之誤而衍者耳。太平御覽方術部引此有『之』『已』二字，乃後人依誤本史記加之，其人事部脈類引此無『之』『已』二字。」今據删。

〔一〇〕以取外三陽五會　後漢書卷八〇下文苑傳下「秦越人還號太子結脈，世著其神」李賢注引史記無「外」字。

〔一一〕桓侯體病　王念孫雜志史記第五：「『體病』，當爲『體痛』。養生論曰：『桓侯以覺痛之日，爲受病之始。』文選爲石仲容與孫晧書注引此正作『體痛』。韓子喻老篇、新序雜事篇亦作『體痛』。」

〔一二〕公之車　漢書卷一九上百官公卿表上「公乘」顔師古注作「公家之車」。

〔一三〕文帝四年中　梁玉繩志疑卷三三：「（四年）當作『十三年』。」按：本書卷一〇孝文本紀除肉刑在文帝十三年，漢書卷四文帝紀、卷二三刑法志同。疑本作「十三」，訛爲「三」，後人改作「四」。

〔一四〕十二年　疑當作「十三年」。參見上條。

〔一五〕困急獨煢煢　「困急」，原作「因急」，據黄本、彭本、柯本、凌本、殿本改。

〔一六〕臣意年盡三年年三十九歲也　「三年」，疑當作「十三年」。高后八年，淳于意從陽慶學，從學三年，而陽慶死，上書之時，「慶已死十年所」，則上書應在文帝十三年，正當除肉刑之年。本書卷一〇孝文本紀、漢書卷四文帝紀、卷二三刑法志除肉刑皆在文帝十三年。顧炎武日知録卷二七以爲此句「當作『年盡十三年年三十九歲也』，脱『十』字」，是也。

〔一七〕三十六　景祐本、紹興本、耿本、彭本、柯本、凌本、殿本作「二十六」，疑是。參見上條。

〔一八〕二十六卷　漢書卷三〇藝文志作「二十三卷」。

〔一九〕胲軍中約也　「胲」，疑當作「該」。説文言部：「該，軍中約也。」集解云「咳音該」，故正義引許慎説解「該」字。

〔二〇〕境界　原作「鏡界」。張文虎札記卷五：「『鏡』當作『境』。」今據改。

〔二一〕得之心憂　「心」，原作「少」。張文虎札記卷五：「『少』疑『心』字之譌。下文云『診其脈，心氣也』，又云『病主在心』，又云『重陽逿心主』，又云『此悲心所生也，病得之憂也』，是其證。」今據改。

〔二一〕忔音疑乙反 「乙」，黄本、彭本、柯本、凌本、殿本作「乞」。

〔二二〕前溲 王念孫雜志史記第五：「『一飲得前溲』，『前』下當有『後』字，言一飲而前後溲始通，再飲則大溲也。大溲二字，兼前後言之，則上句原有『後』字明矣。太平御覽引此正作『一飲得前後溲』，下文『齊王太后病，臣意飲以火齊湯，一飲即前後溲』，事與此相類也。」按：王説誤。「大溲」，謂大便也。索隱：「前溲謂小便。後溲，大便也。」下文曰：「齊王太后病，召臣意入診脈，曰：『風癉客脬，難於大小溲，溺赤。』臣意飲以火齊湯，一飲即前後溲，再飲病已，溺如故。」「大小溲」與「前後溲」相對，大溲即後溲，小溲即前溲也。「一飲」三句，謂一飲得小溲，再飲得大溲，三飲而病癒也。册府卷八五八、通志卷一八一藝術傳一並無「後」字。

〔二三〕擥車轅 「擥」，徐鍇説文解字繫傳「掔」字條引史記作「掔」，與正義音注合。

〔二四〕流汗出滫 「滫」，紹興本、耿本、黄本、彭本、柯本、殿本作「滫」，景祐本、索隱本作「滫」，通志卷一八一藝術一同。王念孫雜志史記第五：「『滫』，當爲『滫』，讀與『脩』同。王風中谷有蓷篇『暵其脩矣』，毛傳曰：『脩，且乾也。』故下文曰『滫者去衣而汗晞』也。考説文、玉篇、廣韻皆無『滫』字。」

〔二五〕音單旱反 「反」，原作「也」。張文虎札記卷五：「『也』當爲『反』字之誤。」今據改。

〔二七〕鄒云　「云」字原無。張文虎札記卷五：「疑下脱『云』字。」今據補。

〔二八〕鄭云　「云」字原無。張文虎札記卷五：「此蓋引喪服傳注，『鄭』下疑脱『云』字。」今據補。

〔二九〕流汗者　「者」下原有「同」字。張文虎札記卷五：「『同』字疑衍。」今據删。

〔三〇〕内關　原作「關内」。王念孫雜志史記第五：「『關内』，當爲『内關』。上文『齊侍御史成自言病頭痛，臣意診其脈，曰：「此内關之病也。」』此文云：『此亦内關之病也。』『亦』字即承上文言之。内關猶内閉也。」今據改。

〔三一〕左大陽明脈　張文虎札記卷五：「疑『大陽明脈』四字有誤。」按：疑「大」當作「手」。本草綱目草之二「苦參」引史記作「左手陽明脈」。素問繆刺論：「齒齲，刺手陽明。」王冰注：「手陽明脈中，商陽、二間、三間、合谷、陽谿、徧歷、温留七穴，並主齒痛。」

〔三二〕召舍人　「人」下原有「奴」字。梁玉繩志疑卷三三：「『奴』字衍。」按：下文曰「公奴有病不」，又舍人曰「奴無病」，知此處「奴」字爲衍文。今據删。

〔三三〕即弄之　御覽卷七二一引史記作「取弄之」。

〔三四〕病蟯　王念孫雜志史記第五：「『病蟯』之『蟯』，因上文而誤衍也。凡篇内稱病得之於某事者，皆不言其病名，以病名已見於上文也。」

〔三五〕又作秦　「秦」，景祐本、紹興本作「拳」。

〔三六〕邪正逆順　「正」字原無。王念孫雜志史記第五：「『邪』下脱『正』字。太平御覽引此作『邪正逆順』。」今據補。按：册府卷八五八亦有「正」字。

〔三七〕橫尺　張文虎札記卷五：「『尺』字誤。靈樞、難經並作『屈』。」

〔三八〕小腸謂受穀而傳入於大腸也　此句原在「回腸」下，據黄本、彭本、柯本、凌本、殿本移。按：據文意，此當爲小腸之注文。

〔三九〕裹血　原作「裏血」。張文虎札記卷五疑「裏」當作「裹」。按：難經本義卷下作「裹血」，今據改。

〔四〇〕圍受食物也　「也」，原作「地」，據黄本、彭本、柯本、殿本改。

〔四一〕膭腸　「膭」，原作「瞋」，「腸」字原無。按：難經集注卷三：「廣腸者，膭腸也。」今據改補。

〔四二〕督脈任脈　「任脈」二字原無。張文虎舒藝室續筆：「脈度篇作『督脈、任脈各長四尺五寸』，難經同。此脱『任脈』二字。」今據補。

〔四三〕手太陰之動也　「動」下疑脱「脈」字。按：本書卷一〇七魏其武安侯列傳「肺腑」正義引八十一難作「手太陰之動脈也」，通鑑卷一七漢紀七武帝建元三年「蒙肺附爲東藩」胡三省注引史記正義同。

〔四四〕諸藏主蓋主通陰陽　本書卷一〇七魏其武安侯列傳「肺腑」正義引八十一難作「諸藏之主通陰陽」，通鑑卷一七漢紀七武帝建元三年「蒙肺附爲東藩」胡三省注引史記正義同。

〔四五〕故十二經皆手太陰　本書卷一〇七魏其武安侯列傳「肺腑」正義引八十一難呂廣注作「故十

二經脈皆會乎太陰」，通鑑卷一七漢紀七武帝建元三年「蒙肺附爲東藩」胡三省注引史記正義作「故十二經脈皆會于太陰」。

〔四六〕謂一日一夜刻盡　「一日一夜」，原作「一旦夜」，據黄本、柯本、殿本改。

史記卷一百六

吴王濞列傳第四十六

索隱五宗之國，俱享大邦，雖復逆亂萌心，取汙朝典，豈可謂非青社之國哉？然淮南猶有後不絶，衡山亦其罪蓋輕，比三卿之分晉，方暴秦之滅周，可不優乎！安得黜其王國，不上同五宗、三王列於系家？其吴濞請與楚元王同爲一篇，淮南宜與齊悼惠王爲一篇〔一〕。

吴王濞〔一〕者，高帝兄劉仲之子也。〔二〕高帝已定天下七年，立劉仲爲代王。而匈奴攻代，劉仲不能堅守，弃國亡，閒行〔三〕走雒陽，自歸天子。天子爲骨肉故，不忍致法，廢以爲郃陽侯。〔四〕高帝十一年秋，淮南王英布反，東并荆地，劫其國兵，西度淮，擊楚，高帝自將往誅之。劉仲子沛侯濞年二十，有氣力，以騎將從破布軍蘄西會甀，〔五〕布走。荆王劉賈爲布所殺，無後。上患吴、會稽輕悍，無壯王以填之，〔六〕諸子少，乃立濞於沛爲吴王，〔七〕王三郡五十三城。已拜受印，高帝召濞相之，謂曰：「若狀有反相。」心獨悔，業已拜，因拊其背，【八】告曰：「漢後五十年東南有亂者，豈若邪？【九】然天下同姓爲一家也，慎無反！」濞頓首曰：「不敢。」

【一】索隱案：「濞濞」字也，音披位反。

【二】集解徐廣曰：「仲名喜。」

【三】索隱謂獨行從他道逃走。閒音紀閑反。

【四】索隱地理志馮翊縣名，在郃水之陽。音合。正義郃陽故城在同州河西縣南三十里。

【五】索隱地名也。在蘄縣之西。會音古兑反。甀音錘。

【六】索隱填音鎮。

【七】集解徐廣曰：「十二年十月辛丑。」

【八】索隱拊音撫。

【九】集解徐廣曰：「漢元年至景帝三年反，五十有三年。」駰案：應劭曰「克期五十，占者所知。若秦始皇東巡以厭氣，後劉項起東南，疑當如此耳」。如淳曰「度其貯積足用爲難，又吳楚世不賓服」。索隱案：應氏之意，以後五十年東南有亂，本是占氣者所說，高祖素聞此說，自以前難未弭，恐後災更生，故說此言，更以戒濞。如淳之說，亦合事理。

會孝惠、高后時，天下初定，郡國諸侯各務自拊循其民。吳有豫章郡銅山，【一】濞則招

致天下亡命者盜鑄錢〔二〕，煑海水爲鹽，以故無賦，國用富饒。【二】

【一】集解韋昭曰：「今故鄣。」索隱案：鄣郡後改曰故鄣。或稱「豫章」爲衍字也。正義括地志云：「秦兼天下，以爲鄣郡，今湖州長城縣西南八十里故章城是也。」銅山，今宣州及潤州句容縣有，並屬章也。

【二】集解如淳曰：「鑄錢煑鹽，收其利以足國用，故無賦於民。」正義按：既盜鑄錢，何以收其利足國之用？吴國之民又何得無賦？如説非也。言吴國山既出銅，民多盜鑄錢，及煑海水爲鹽，以山海之利不賦之，故言無賦也。其民無賦，國用乃富饒也。

孝文時，吴太子入見，【一】得侍皇太子飲博。吴太子師傅皆楚人，輕悍，又素驕，博，爭道，不恭，皇太子引博局提吴太子，殺之。【二】於是遣其喪歸葬。至吴，吴王慍【三】曰：「天下同宗，死長安即葬長安，何必來葬爲！」復遣喪之長安葬。吴王由此稍失藩臣之禮，稱病不朝。京師知其以子故稱病不朝，驗問實不病，諸吴使來，輒繫責治之。吴王恐，爲謀滋甚。及後使人爲秋請，【四】上復責問吴使者，使者對曰：「王實不病，漢繫治使者數輩，以故遂稱病。且夫『察見淵中魚，不祥』。【五】今王始詐病，及覺，見責急，愈益閉，恐上誅之，計乃無聊。唯上弃之而與更始。」於是天子乃赦吴使者歸之，而賜吴王几杖，老，不朝。吴得釋其罪，謀亦益解。然其居國以銅鹽故，百姓無賦。【六】卒踐更，輒與平賈。【七】歲時存問茂材，賞賜閭里。佗郡國吏欲來捕亡人者，訟共禁弗予。【八】如此者四十餘年，【九】以故能使其衆。

【一】索隱姚氏案：楚漢春秋云「吴太子名賢，字德明」。

【二】索隱提音啼，又音底，又音弟。

【三】正義於問反，怨也。

【四】集解應劭曰：「冬當斷獄，秋先請擇其輕重也。」孟康曰：「律，春曰朝，秋曰請，如古諸侯朝聘也。」如淳曰：「濞不得行〔三〕，使人代己致請禮也。」索隱音淨。孟説是也。應劭所云斷獄先請，不知何憑。如淳云代己致請，亦是臆説。且文云「使人爲秋請」，謂使人爲此秋請之禮也。

【五】集解張晏曰：「喻人君不當見盡下之私。」索隱案：此語見韓子及文子。韋昭曰「知臣下陰私，使憂患生變，爲不祥。故當赦宥，使自新也」。

【六】索隱按：吴國有鑄錢煮鹽之利，故百姓不別徭賦也。

【七】集解漢書音義曰：「以當爲更卒，出錢三百文，謂之『過更』。自行爲卒，謂之『踐更』。吴王欲得民心，爲卒者顧其庸，隨時月與平賈，如漢桓、靈時有所興作，以少府錢借民比也。」索隱案：漢律，卒更有三，踐更、居更、過更也。此言踐更輒與平賈者，謂爲踐更合自出錢，今王欲得人心，乃與平賈，官讎之也。正義踐更，若今唱更、行更者也，言民自著卒。更有三品：有卒更，有踐更，有過更。古者正卒無常人，皆當迭爲之，是爲卒更〔四〕。貧者欲顧更錢者，次直者出錢顧之，月二千，是爲踐更。天下人皆直戍邊三月〔五〕，亦各爲更〔六〕，律所謂繇戍也。雖丞相子亦在戍邊之調，不可人人自行三月戍〔七〕，又行者出錢三百入官〔八〕，官給戍者，是爲過更。此漢初因秦法而行之，後改爲讁，乃戍邊一歲。

【八】集解徐廣曰：「訟音松。」駰按：如淳曰「訟，公也」。正義訟音容。言其相容禁止不與也。

【九】正義言四十餘年者，太史公盡言吴王一代行事也。漢書作「三十餘年」，而班固見其語在孝文之代，乃減十年，是班固不曉其理也。

鼂錯爲太子家令，得幸太子，數從容言吴過可削。數上書説孝文帝，文帝寬，不忍罰，以此吴日益横。及孝景帝即位，錯爲御史大夫，説上曰：「昔高帝初定天下，昆弟少，諸子弱，大封同姓，故王孽子悼惠王王齊七十餘城，庶弟元王王楚四十餘城，兄子濞王吴五十餘城：封三庶孽，分天下半。今吴王前有太子之郄，詐稱病不朝，於古法當誅，文帝弗忍，因賜几杖，德至厚。當改過自新，乃益驕溢，即山【一】鑄錢，煮海水爲鹽，誘天下亡人，謀作亂。今削之亦反，不削之亦反。削之，其反亟，禍小；不削，反遲，禍大。」三年冬，楚王朝，鼂錯因言楚王戊往年爲薄太后服，私姦服舍，【二】請誅之。詔赦，罰削東海郡。因削吴之豫章郡、會稽郡。及前二年趙王有罪，削其河閒郡。【三】膠西王卬以賣爵有姦，削其六縣。

【一】索隱案：即山，山名。又即者，就也。

【二】集解服虔曰：「服舍，在喪次，而私姦宮中也。」

【三】索隱案：漢書作「常山郡」也。

漢廷臣方議削吳。吳王濞恐削地無已，因以此發謀，欲舉事。念諸侯無足與計謀者，聞膠西王勇，好氣，喜兵，諸齊【一】皆憚畏，於是乃使中大夫應高誂【二】膠西王。無文書，口報曰：「吳王不肖，有宿夕之憂，不敢自外，使喻其驩心。」王曰：「何以教之？」高曰：「今者主上興於姦，飾於邪臣，好小善，聽讒賊，擅變更律令，侵奪諸侯之地，徵求滋多，誅罰良善，日以益甚。里語有之，『舐穅及米』。【三】吳與膠西，知名諸侯也，一時見察，恐不得安肆矣。吳王身有內病，不能朝請二十餘年，嘗患見疑，無以自白，今脅肩累足，猶懼不見釋。竊聞大王以爵事有適，【四】所聞諸侯削地，罪不至此，此恐不得削地而已。」王曰：「然，有之。子將柰何？」高曰：「同惡相助，同好相留，同情相成，同欲相趨，同利相死。今吳王自以爲與大王同憂，願因時循理，弃軀以除患害於天下，億亦可乎？」王瞿然駭曰：【五】「寡人何敢如是？今主上雖急，固有死耳，安得不戴？」高曰：「御史大夫鼂錯，熒惑天子，侵奪諸侯，蔽忠塞賢，朝廷疾怨，諸侯皆有倍畔之意，人事極矣。彗星出，蝗蟲數起，此萬世一時，而愁勞聖人之所以起也。【六】故吳王欲內以鼂錯爲討，外隨大王後車，彷徉天下，所鄉者降，所指者下，天下莫敢不服。大王誠幸而許之一言，則吳王率楚王略函谷關，守滎陽敖倉之粟，距漢兵。治次舍，須大王。大王有幸而臨之，則天下可并，兩主分割，不亦可乎？」王曰：「善。」高歸報吳王，吳王猶恐其不與，乃身自爲使，使於膠西，面結之。

【一】集解韋昭曰：「故爲齊分爲國者膠東、濟北之屬。」

【二】索隱音徒鳥反。

【三】索隱案：言舐糠盡則至米，謂削土盡則至滅國也。

【四】正義張革反。

【五】索隱劉氏瞿音九具反。又說文云「瞿，遠視貌〔九〕」。音九縛反。

【六】索隱案：所謂「殷憂以啓明聖」也。

膠西羣臣或聞王謀，諫曰：「承一帝，至樂也。今大王與吳西鄉，弟令事成，兩主分爭，患乃始結。諸侯之地不足爲漢郡什二，而爲畔逆以憂太后，非長策也。」【一】王弗聽。遂發使約齊、菑川、膠東、濟南、濟北，皆許諾，而曰「城陽景王有義，攻諸呂，勿與，事定分之耳」。【二】

【一】集解文穎曰：「王之太后也。」

【二】集解徐廣曰：「爾時城陽恭王喜，景王之子。」

諸侯既新削罰，振恐，多怨鼂錯。及削吴會稽、豫章郡書至，則吴王先起兵，膠西正月丙午誅漢吏二千石以下，膠東、菑川、濟南、楚、趙亦然，遂發兵西。齊王後悔，飲藥自殺，畔約。濟北王城壞未完，其郎中令劫守其王，不得發兵。膠西爲渠率，膠東、菑川、濟南共攻圍臨菑。趙王遂亦反，陰使匈奴與連兵。

七國之發也，吴王悉其士卒，下令國中曰：「寡人年六十二，【一】身自將。少子年十四，亦爲士卒先。諸年上與寡人比，下與少子等者，皆發。」發二十餘萬人。南使閩越、東越，東越亦發兵從。

【一】集解徐廣曰：「吴王封吴四十二年矣。」

孝景帝三年正月甲子，初起兵於廣陵。【一】西涉淮，因并楚兵。發使遺諸侯書曰：「吴王劉濞敬問膠西王、膠東王、菑川王、濟南王、趙王、楚王、淮南王、衡山王、廬江王、故長沙王子：【二】幸教寡人！以漢有賊臣，無功天下，侵奪諸侯地，使吏劾繫訊治，以僇辱之爲故，【三】不以諸侯人君禮遇劉氏骨肉，絶先帝功臣，進任姦宄，詿亂天下，【四】欲危社稷。陛下多病志失，不能省察。欲舉兵誅之，謹聞教。敝國雖狹，地方三千里；人雖少，精兵可具五十萬。寡人素事南越三十餘年，其王君皆不辭分其卒以隨寡人，又可得三十餘萬。寡人雖不肖，願以身從諸王。越直〔五〕長沙者，〔六〕因王子定長沙以北，〔七〕西走蜀、漢中。〔八〕告越、〔九〕楚王、淮南三王，與寡人西面；〔一〇〕齊諸王與趙王定河閒、河内，或入臨晉關，〔一一〕或與寡人會雒陽；燕王、趙王固與胡王有約，燕王北定代、雲中，摶胡衆〔一二〕入蕭關，〔一三〕走長安，匡正天子，以安高廟。願王勉之。楚元王子、淮南三王或不沐洗十餘年，怨入骨髓，欲一有所出之久矣，寡人未得諸王之意，未敢聽。今諸王苟能存亡繼絶，振弱伐暴，以安劉氏，社稷之所願也。敝國雖貧，寡人節衣食之用，積金錢，脩兵革，聚穀食，夜以繼日，三十餘年矣。凡爲此，願諸王勉用之。能斬捕大將者，賜金五千斤，封萬户；列將，三千斤，封五千户；裨將，二千斤，封二千户；二千石，千斤，封千户；千石，五百斤，封五百户：皆爲列侯。其以軍若城邑降者，卒萬人，邑萬户，如得大將；人户五千，如得列將；人户三千，如得裨將；人户千，如得二千石；其小吏皆以差次受爵金。佗封賜皆倍軍法。〔一四〕其有故爵邑者，更益勿因。願諸王明以令士大夫，弗敢欺也。寡人金錢在天下者往往而有，非必取於吴，諸王日夜用之弗能盡。有當賜者告寡人，寡人且往遺之。敬以聞。」

〔一〕集解徐廣曰：「荆王劉賈都吴，吴王移廣陵也。」

【二】集解徐廣曰：「吴芮之玄孫靖王著，以文帝七年卒，無嗣，國除。」駰案：如淳曰「吴芮後四世無子，國除。庶子二人爲列侯，不得嗣王，志將不滿，故誘與之反也」。

【三】集解漢書音義曰：「故，事也。」正義按：專以僇辱諸侯爲事。

【四】正義詿音挂。

【五】集解音值。

【六】索隱服虔云：「直音值。謂其境相接也。」

【七】集解如淳曰：「南越直長沙者，因王子定也。」索隱案：謂南越之地與長沙地相接。值者，因長沙王子以定長沙以北也。

【八】正義走音奏，向也。王子，長沙王子也。南越之地對長沙之南者，其民因王子卒而鎮定長沙以北，西向蜀及漢中，咸委王子定矣。

【九】集解如淳曰：「告東越使定之。」

【一〇】正義越，東越也。又告東越、楚、淮南三王，與吴王共西面擊之。三王謂淮南、衡山、廬江也。

【一一】正義今蒲津關。

【一二】索隱摶音專。專謂專統領胡兵也。

【一三】正義今名隴山關，在原州平涼縣界。

【一四】集解服虔曰：「封賜倍漢之常法。」

七國反書聞天子，天子乃遣太尉條侯周亞夫將三十六將軍，往擊吳楚；遣曲周侯酈寄擊趙；將軍欒布擊齊；大將軍竇嬰屯滎陽，監齊趙兵。

吳楚反書聞，兵未發，竇嬰未行，言故吳相袁盎。盎時家居，詔召入見。上方與鼂錯調兵笇軍食，上問袁盎曰：「君嘗爲吳相，知吳臣田祿伯爲人乎？今吳楚反，於公何如？」對曰：「不足憂也，今破矣。」上曰：「吳王即山鑄錢，煮海水爲鹽，誘天下豪桀，白頭舉事。若此，其計不百全，豈發乎？何以言其無能爲也？」袁盎對曰：「吳有銅鹽利則有之，安得豪桀而誘之！誠令吳得豪桀，亦且輔王爲義，不反矣。吳所誘皆無賴子弟、亡命、鑄錢姦人，故相率以反。」鼂錯曰：「袁盎策之善。」上問曰：「計安出？」盎對曰：「願屏左右。」上屏人，獨錯在。盎曰：「臣所言，人臣不得知也。」乃屏錯。錯趨避東廂，恨甚。上卒問盎，盎對曰：「吳楚相遺書，曰『高帝王子弟各有分地，今賊臣鼂錯擅適過諸侯，【一】削奪之地』。故以反爲名，西共誅鼂錯，復故地而罷。方今計獨斬鼂錯，發使赦吳楚七國，復其故削地，則兵可無血刃而俱罷。」於是上嘿然良久，曰：「顧誠何如，吾不愛一人以謝天下。」盎曰：「臣愚計無出此，願上孰計之。」乃拜盎爲太常，【二】吳王弟子德侯爲宗正。【三】盎裝治行。後十餘日，上使中尉召錯，紿載行東市。錯衣朝衣斬東市。則遣袁盎奉宗廟，宗正輔親戚，【四】使告吳如盎策。至吳，吳楚兵已攻梁壁矣。宗正以親故，先入見，諭吳王使拜受詔。吳王聞袁盎來，亦知其欲說己，笑而應曰：「我已爲東帝，尚何誰拜？」不肯見盎而留之軍中，欲劫使將。盎不肯，使人圍守，且殺之，盎得夜出，步亡去，走梁軍，遂歸報。

【一】索隱 適音直革反，又音宅。

【二】正義 令盎爲太常，以示奉宗廟之指意。

【三】集解 徐廣曰：「名通，其父名廣。」駰案：漢書曰「吳王弟子德侯廣爲宗正〔一〇〕」也。

【四】正義 以親戚之意輔漢訓諭。

條侯將乘六乘傳，【一】會兵滎陽。至雒陽，見劇孟，喜曰：「七國反，吾乘傳至此，不自意全。【二】又以爲諸侯已得劇孟，劇孟今無動。吾據滎陽〔一一〕，以東無足憂者。」至淮陽，問父絳侯故客鄧都尉曰：「策安出？」客曰：「吳兵銳甚，難與爭鋒。楚兵輕，【三】不能久。方今爲將軍計，莫若引兵東北壁昌邑，以梁委吳，吳必盡銳攻之。將軍深溝高壘，使輕兵絕淮泗口，塞吳饟道。彼吳梁相敝而糧食竭，乃以全彊制其罷極，破吳必矣。」條侯曰：「善。」從其策，遂堅壁昌邑南，【四】輕兵絕吳饟道。

【一】正義 上音乘，下竹戀反。

【二】正義 言不自意洛陽得全，及見劇孟。

【三】正義遣正反。

【四】正義在曹州城武縣東北四十二里也。

吴王之初發也，吴臣田禄伯爲大將軍。田禄伯曰：「兵屯聚而西，無佗奇道，難以就功。臣願得五萬人，别循江淮而上，收淮南、長沙，入武關，與大王會，此亦一奇也。」吴王太子諫曰：「王以反爲名，此兵難以藉人，藉人亦且反王，柰何？且擅兵而别，多佗利害，未可知也，【一】徒自損耳。」吴王即不許田禄伯。

【一】集解蘇林曰：「禄伯儻將兵降漢，自爲己利【二】，於吴爲生患也。」

吴少將桓將軍説王曰：「吴多步兵，步兵利險；漢多車騎，車騎利平地。願大王所過城邑不下，直弃去，疾西據雒陽武庫，食敖倉粟，阻山河之險以令諸侯，雖毋入關，天下固已定矣。即大王徐行，留下城邑，漢軍車騎至，馳入梁楚之郊，事敗矣。」吴王問諸老將，老將曰：「此少年推鋒之計可耳，安知大慮乎！」於是王不用桓將軍計。

吴王專并將其兵，未度淮，諸賓客皆得爲將、校尉、候、司馬，獨周丘不得用。周丘者，下邳人，亡命吴，酤酒無行，吴王濞薄之，弗任。周丘上謁，説王曰：「臣以無能，不得待罪行閒。臣非敢求有所將，願得王一漢節，必有以報王。」王乃予之。周丘得節，夜馳入下邳。下邳時聞吴反，皆城守。至傳舍，召令。令入户，使從者以罪斬令。遂召昆弟所善豪吏告曰：「吴反兵且至，至，屠下邳不過食頃。今先下，家室必完，能者封侯矣。」出乃相告，下邳皆下。周丘一夜得三萬人，使人報吴王，遂將其兵北略城邑。比至城陽，【一】兵十餘萬，破城陽中尉軍。聞吴王敗走，自度無與共成功，即引兵歸下邳。未至，疽發背死。

【一】正義地理志云城陽國，故齊，漢文帝二年別爲國，屬兖州。

二月中，吴王兵既破，敗走，於是天子制詔將軍曰：「蓋聞爲善者，天報之以福；爲非者，天報之以殃。高皇帝親表功德，建立諸侯，幽王、悼惠王絶無後，孝文皇帝哀憐加惠，王幽王子遂、悼惠王子卬等，令奉其先王宗廟，爲漢藩國，德配天地，明並日月。吴王濞倍德反義，誘受天下亡命辠人，亂天下幣，【一】稱病不朝二十餘年，有司數請濞罪，孝文皇帝寬之，欲其改行爲善。今乃與楚王戊、趙王遂、膠西王卬、濟南王辟光、菑川王賢、膠東王雄渠約從反，爲逆無道，起兵以危宗廟，賊殺大臣及漢使者，迫劫萬民，夭殺無罪，燒殘民家，掘其丘冢，甚爲暴虐。今卬等又重逆無道，燒宗廟，鹵御物，【二】朕甚痛之。朕素服避正殿，將軍其勸士大夫擊反虜。擊反虜者，深入多殺爲功，斬首捕虜比三百石以上者皆殺之，無有所置。【三】敢有議詔及不如詔者，皆要斬。」

【一】集解如淳曰：「幣，錢也。以私錢淆亂天下錢也。」

【二】集解如淳曰：「鹵，抄掠也。宗廟在郡縣之物，皆爲御物。」正義顏師古曰：「御物，宗廟之服器也。」

【三】正義置，放釋也。

初，吴王之度淮，與楚王遂西敗棘壁，【一】乘勝前，鋭甚。梁孝王恐，遣六將軍擊吴，又敗梁兩將，士卒皆還走梁。梁數使使報條侯求救，條侯不許。又使使惡條侯於上，上使人告條侯救梁，復守便宜不行。梁使韓安國及楚死事相弟張羽爲將軍，【二】乃得頗敗吴兵。吴兵欲西，梁城守堅，不敢西，即走條侯軍，會下邑。【三】欲戰，條侯壁，不肯戰。吴糧絶，卒飢，數挑戰，遂夜犇條侯壁，驚東南。條侯使備西北，果從西北入。吴大敗，士卒多飢死，乃畔散。於是吴王乃與其麾下壯士數千人夜亡去，度江走丹徒，保東越。【四】東越兵可萬餘人，乃使人收聚亡卒。漢使人以利啗東越，【五】東越即紿吴王，吴王出勞軍，即使人鏦殺吴王，【六】盛其頭，【七】馳傳以聞。吴王子子華、子駒亡走閩越。吴王之弃其軍亡也，軍遂潰，往往稍降太尉、梁軍。楚王戊軍敗，自殺。

【一】正義在宋州寧陵縣西南七十里。

【二】集解徐廣曰：「楚相張尚諫王而死。」正義按：羽，尚弟也。

【三】集解徐廣曰：「屬梁國。」正義宋州碭山縣，本漢下邑縣。

【四】正義東越傳云：「獨東甌受漢之購，殺吴王。」丹徒，潤州也。東甌即東越也。東越將兵從吴在丹徒也。

【五】集解韋昭曰：「啗音徒覽反。」

【六】集解孟康曰：「方言『戟謂之鏦』。」索隱鏦音七江反。謂以戈刺殺之。鄒氏又音舂。亦音「從容」之「從」，謂撞殺之也。

【七】集解吴地記曰：「吴王濞葬武進縣南，地名相唐。」索隱張勃云「吴王濞葬丹徒縣南〔一三〕，其地名相唐」。今注本云「武進縣」，恐錯也。正義括地志云：「漢吴王濞冢在潤州丹徒縣東練壁聚北，今入于江。吴録云丹徒有吴王冢，在縣北，其處名爲相唐。」

三王之圍齊臨菑也，三月不能下。漢兵至，膠西、膠東、菑川王各引兵歸。膠西王乃袒跣，席稾，飲水，謝太后。王太子德曰：「漢兵遠，臣觀之已罷，可襲，願收大王餘兵擊之，擊之不勝，乃逃入海，未晚也。」王曰：「吾士卒皆已壞，不可發用。」弗聽。漢將弓高侯穨當〔一〕遺王書曰：「奉詔誅不義，降者赦其罪，復故；不降者滅之。王何處，須以從事。」王肉袒叩頭漢軍壁，謁曰：「臣卬奉法不謹，驚駭百姓，乃苦將軍遠道至于窮國，敢請菹醢之罪。」弓高侯執金鼓見之，曰：「王苦軍事，願聞王發兵狀。」王頓首膝行對曰：「今者，鼂錯天子用事臣，變更高皇帝法令，侵奪諸侯地。卬等以爲不義，恐其敗亂天下，七國發兵，且以誅錯。今聞錯已誅，卬等謹以罷兵歸。」將軍曰：「王苟以錯不善，何不以聞？乃未有詔虎符〔四〕，擅發兵擊義國。以此觀之，意非欲誅錯也。」乃出詔書爲王讀之。讀之訖，曰：「王其自圖。」王曰：「如卬等死有餘罪。」遂自殺。太后、太子皆死。膠東、菑川、濟南王皆死，〔三〕國除，納于漢。酈將軍圍趙，十月而下之，趙王自殺。濟北王以劫故，得不誅，徙王菑川。

〔一〕集解徐廣曰：「姓韓。」

〔三〕集解徐廣曰：「一云『自殺』。」

初，吴王首反，并將楚兵，連齊趙。正月起兵，三月皆破，獨趙後下。復置元王少子平陸侯禮爲楚王，續元王後。徙汝南王非王吴故地，爲江都王。

太史公曰：吴王之王，由父省也。〔一〕能薄賦斂，使其衆，以擅山海利。逆亂之萌，自其子興。爭技發難，〔二〕卒亡其本。親越謀宗，竟以夷隕。鼂錯爲國遠慮，禍反近身。袁盎權説，初寵後辱。故古者諸侯地不過百里，山海不以封。「毋親夷狄，以疏其屬」，蓋謂吴邪？「毋爲權首，反受其咎」，豈盎、錯邪？

〔一〕集解言濞之王吴，由父代王被省封郃陽侯。省音所幸反。索隱省音所景反。省者，減也。

謂父仲從代王省封郃陽侯也。

【二】索隱 謂與太子爭博爲爭技也。

【索隱述贊】吳楚輕悍，王濞倍德。富因採山，釁成提局。憍矜貳志〔一五〕，連結七國。嬰命始監，錯誅未塞。天之悔禍，卒取奔北。

校勘記

〔一〕此條索隱原無，據耿本、黄本、彭本、索隱本、柯本、凌本、殿本、會注本補。「黜」，黄本誤作「出」。

〔二〕盜鑄錢　「盜」，原作「益」。王念孫雜志史記第五：「『益鑄錢』當依正義作『盜鑄錢』，字之誤也。文選吳都賦、蕪城賦注引此竝作『盜』，漢書亦作『盜』。」今據改。

〔三〕不得行　漢書卷三五荆燕吳傳「及後使人爲秋請」顔師古注引如淳作「不自行」，疑是。

〔四〕是爲卒更　漢書卷七昭帝紀「逋更賦」顔師古注引如淳説此上有「一月一更」四字，後漢書卷二明帝紀「亦復是歲更賦」李賢注引漢書音義同。

〔五〕戍邊三月　漢書卷七昭帝紀「逋更賦」顔師古注引如淳作「戍邊三日」，後漢書卷二明帝紀「亦復是歲更賦」、卷五安帝紀「除三年逋租」李賢注引漢書音義同。

〔六〕亦各爲更　「各」，疑當作「名」。按：漢書卷七昭帝紀「逋更賦」顏師古注引如淳作「名」，後漢書卷二明帝紀「亦復是歲更賦」李賢注引漢書音義同。

〔七〕自行三月戍　「三月」，漢書卷七昭帝紀「逋更賦」顏師古注引如淳作「三日」，後漢書卷二明帝紀「復是歲更賦」、卷五安帝紀「除三年逋租」李賢注引漢書音義同。

〔八〕又行者　漢書卷七昭帝紀顏師古注引作「不行者」，後漢書卷二明帝紀、卷五安帝紀李賢注引漢書音義略同，疑此誤。

〔九〕瞿遠視貌　疑「瞿」爲「矍」之譌，「遠視」爲「視遽」之譌倒。按：説文瞿部：「瞿，鷹隼之視也。」又曰：「矍，隹欲逸走也。一曰視遽皃。」後漢書卷四〇下班彪傳下「西都賓矍然失容」李賢注引説文：「矍，視遽之貌。」

〔一〇〕德侯廣　「廣」字疑衍。按：漢書卷三五吳王濞傳：「吳王弟子德侯爲宗正。」漢書卷一九下百官公卿表下：「（孝景三年）德侯劉通爲宗正，三年薨。」

〔一一〕吾據滎陽　凌本、殿本重「滎陽」二字，漢書卷三五吳王濞傳同。

〔一二〕自爲己利　「己利」，原作「利己」，據景祐本、紹興本、耿本、黄本、彭本、柯本、殿本乙正。按：漢書卷三五吳王濞傳「多它利害」顏師古注引蘇林亦作「己利」。

〔一三〕丹徒縣南　正義引吳録云「丹徒有吳王冢，在縣北」。按：本書卷六六伍子胥列傳「伍胥未至吳而疾，止中道，乞食」索隱：「張勃，晉人，吳鴻臚嚴之子也，作吳録。」知正義引吳録與索隱引張勃云云，實爲一人之説。一曰「縣北」，一曰「縣南」，未知孰是。

〔四〕乃未有詔　「乃」，原作「及」。王念孫雜志史記第五：「『及』，當爲『乃』，言王何不以聞而乃擅發兵也。」今據改。

〔五〕貳志　黄本、彭本、柯本、凌本、殿本作「攜貳」。

史記卷一百七

魏其武安侯列傳第四十七

魏其侯竇嬰者，孝文后從兄子也。父世觀津人。〔一〕喜賓客。孝文時，嬰爲吴相，病免。孝景初即位，爲詹事。〔二〕

〔一〕索隱案：地理志觀津縣屬信都。以言其累葉在觀津，故云「父世」也。正義觀津城在冀州武邑縣東南二十五里。

〔二〕正義百官表云「詹事，秦官，掌皇后、太子家」也。

梁孝王者，孝景弟也，其母竇太后愛之。梁孝王朝，因昆弟燕飲。是時上未立太子，酒酣，從容言曰：「千秋之後傳梁王。」太后驩。竇嬰引卮酒進上，曰：「天下者，高祖天下，父子相傳，此漢之約也，上何以得擅傳梁王！」太后由此憎竇嬰。竇嬰亦薄其官，因病免。太后除竇嬰門籍，不得入朝請。〔一〕

【一】集解律，諸侯春朝天子曰朝，秋曰請。正義才性反。

孝景三年，吳楚反，上察宗室諸竇【一】毋如竇嬰賢，乃召嬰。嬰入見，固辭謝病不足任。太后亦慙。於是上曰：「天下方有急，王孫寧可以讓邪？」【二】乃拜嬰爲大將軍，賜金千斤。嬰乃言袁盎、欒布諸名將賢士在家者進之。所賜金，陳之廊廡下，軍吏過，輒令財取爲用，【三】金無入家者。竇嬰守滎陽，監齊趙兵。【四】七國兵已盡破，封嬰爲魏其侯。諸游士賓客爭歸魏其侯。孝景時每朝議大事，條侯、魏其侯，諸列侯莫敢與亢禮。

【一】索隱案：謂宗室之中及諸竇之宗室也。又姚氏案：酷吏傳「周陽由，其父趙兼，以淮南王舅侯周陽，故因改氏。由以宗室任爲郎」。則似是與國有親戚屬籍者，亦得呼爲宗室也。

【二】集解漢書曰：「竇嬰字王孫。」

【三】集解蘇林曰：「令自裁度取爲用也。」

【四】正義監音甲衫反。吳王濞傳云「竇嬰屯滎陽，監齊趙兵」也。

孝景四年，立栗太子，【一】使魏其侯爲太子傅。孝景七年，栗太子廢，魏其數爭不能得。魏其謝病，屏居藍田南山之下數月，諸賓客辯士說之，莫能來。梁人高遂乃說魏其曰：「能富貴將軍者，上也；能親將軍者，太后也。今將軍傅太子，太子廢而不能爭；爭不能得，又弗能死。自引謝病，擁趙女，屏閒處【二】而不朝。相提而論，【三】是自明揚主上之過。有如兩宮螫將軍，【四】則妻子毋類矣。」【五】魏其侯然之，乃遂起，朝請如故。

【一】正義 栗姬之子，後廢之，故書母姓也。

【二】正義 上音閑，下昌汝反。

【三】集解 徐廣曰：「提音徒抵反。」索隱 提音弟，又音啼。相提猶相抵也。論音路頓反。

【四】集解 張晏曰：「兩宮，太后、景帝也。螫，怒也。毒蟲怒必螫人。又火各反。」索隱 螫音釋。謂怒也，毒蟲怒必螫人。又音火各反。漢書作「奭」，奭即螫也。正義 兩宮，太子、景帝也。

【五】索隱 謂見誅滅無遺類。

桃侯免相，【一】竇太后數言魏其侯。孝景帝曰：「太后豈以爲臣有愛，【二】不相魏其？魏其者，沾沾【三】自喜耳，多易。【四】難以爲相持重。」遂不用，用建陵侯衛綰爲丞相。

【一】集解 服虔曰：「劉舍也。」

【二】索隱 愛猶惜也。

【三】集解 徐廣曰：「沾，一作『怗』。又昌兼反，又當牒反。」

【四】集解 張晏曰：「沾沾，言自整頓也。多易，多輕易之行也。或曰沾音幨也。」索隱 沾音襜，又音當牒反。小顏音他兼反。注「一作怗」〔一〕，音如字，又天牒反。注「怗音憺」〔二〕，音尺占反〔三〕。

武安侯田蚡【一】者，孝景后同母弟也，生長陵。魏其已爲大將軍後，方盛，蚡爲諸郎，【二】未貴，往來侍酒魏其，跪起如子姓。及孝景晚節，【三】蚡益貴幸，爲太中大夫。蚡辯有口，學槃盂諸書，【四】王太后賢之。【五】孝景崩，即日太子立，稱制，所鎮撫多有田蚡賓客計筴。蚡、弟田勝，皆以太后弟孝景後三年【六】封：蚡爲武安侯，勝爲周陽侯。【七】

【一】索隱扶粉反。如「蚡鼠」之「蚡」，音墳。

【二】集解徐廣曰：「一云『諸卿』。時人相號長老老者爲『諸公』，年少者爲『諸卿』，如今人相號爲『士大夫』也。」

【三】索隱按：謂晚年也。

【四】集解應劭曰：「黄帝史孔甲所作銘也。凡二十六篇〔四〕，書槃盂中，所爲法戒。諸書，諸子文書也〔五〕。」孟康曰：「孔甲槃盂二十六篇，雜家書，兼儒、墨、名、法。」

【五】集解徐廣曰：「即蚡同母姊者。」

【六】集解徐廣曰：「孝景後三年即是孝武初嗣位之年也。」

【七】正義 絳州聞喜縣東二十里周陽故城也〔六〕。

武安侯新欲用事爲相，卑下賓客，進名士家居者貴之，欲以傾魏其諸將相。建元元年，丞相綰病免，上議置丞相、太尉。籍福説武安侯曰：「魏其貴久矣，天下士素歸之。今將軍初興，未如魏其，即上以將軍爲丞相，必讓魏其。魏其爲丞相，將軍必爲太尉。太尉、丞相尊等耳，又有讓賢名。」武安侯乃微言太后風上，於是乃以魏其侯爲丞相，武安侯爲太尉。籍福賀魏其侯，因弔曰：「君侯資性喜善疾惡，方今善人譽君侯，故至丞相；然君侯且疾惡，惡人衆，亦且毁君侯。君侯能兼容，則幸久；不能，今以毁去矣。」魏其不聽。

魏其、武安俱好儒術，推轂趙綰爲御史大夫，【一】王臧爲郎中令。迎魯申公，欲設明堂，令列侯就國，除關，【二】以禮爲服制，【三】以興太平。舉適諸竇【四】宗室毋節行者，除其屬籍。時諸外家爲列侯，列侯多尚公主，皆不欲就國，以故毁日至竇太后。太后好黄老之言，而魏其、武安、趙綰、王臧等務隆推儒術，貶道家言，是以竇太后滋不説魏其等。及建元二年，御史大夫趙綰請無奏事東宮。【五】竇太后大怒，乃罷逐趙綰、王臧等，而免丞相、太尉，以柏至侯許昌爲丞相，武彊侯莊青翟爲御史大夫。魏其、武安由此以侯家居。

【一】索隱 案：推轂謂自卑下之，如爲之推車轂也。

【二】索隱 謂除關門之稅也。

【三】索隱案：其時禮度踰侈，多不依禮，今令吉凶服制皆法於禮也。

【四】索隱適音直革反。

【五】集解韋昭曰：「欲奪其政也。」

武安侯雖不任職，以王太后故，親幸，數言事多效，天下吏士趨勢利者，皆去魏其歸武安。武安日益橫。建元六年，竇太后崩，丞相昌、御史大夫青翟坐喪事不辦，免。以武安侯蚡爲丞相，以大司農韓安國爲御史大夫。天下士郡諸侯愈益附武安。【一】

【一】索隱按：謂仕諸郡及仕諸侯王國者，猶言仕郡國也。

武安者，貌侵，【一】生貴甚。【二】又以爲諸侯王多長，【三】上初即位，富於春秋，蚡以肺腑爲京師相，【四】非痛折節以禮詘之，天下不肅。【五】當是時，丞相入奏事，坐語移日，所言皆聽。薦人或起家至二千石，權移主上。上乃曰：「君除吏已盡未？吾亦欲除吏。」嘗請考工地益宅，【六】上怒曰：「君何不遂取武庫！」是後乃退。嘗召客飲，坐其兄蓋侯【七】南鄉，自坐東鄉，以爲漢相尊，不可以兄故私橈。武安由此滋驕，治宅甲諸第。【八】田園極膏腴，而市買郡縣器物相屬於道。前堂羅鍾鼓，立曲旃；【九】後房婦女以百數。諸侯奉金玉狗馬玩好，不可勝數。

【一】集解韋昭曰：「侵音寢，短小也。又云醜惡也，刻确也。音核。」索隱案：服虔云「侵，短小也」。韋昭云「刻确也」。按：确音刻。又孔文祥「侵，醜惡也。音寢」。

【二】索隱按：小顏云「生貴謂自尊高示貴寵」，其說疏也。按：生謂蚡自生尊貴之勢特甚，故下云「又以諸侯王多長年，蚡以肺腑爲相，非痛折節以禮屈之，則天下不肅」者也。

【三】集解張晏曰：「多長年。」

【四】索隱腑音府〔七〕。肺音廢〔八〕。言如肝肺之相附。又云柹，木札；附，木皮也。詩云「如塗塗附」，以言如皮之附木也。正義顏師古曰：「舊解云肺附，如肝肺之相附著也。一說柹，斫木札也，喻其輕薄附著大材。」按：顏此說並是疏謬。又改「腑」爲「附」就其義，重謬矣。八十一難云：「寸口者，脈之大會，手太陰之動脈也。」呂廣云：「太陰者，肺之脈也。肺爲諸藏之主，通陰陽，故十二經脈皆會乎太陰，所以決吉凶者。十二經有病皆寸口，知其何經之動浮沈濇滑，春秋逆順，知其死生。」顧野王云：「肺腑，腹心也。」案：說田蚡爲相，若人之肺，知陰陽逆順，又爲帝之腹心親戚也。

【五】索隱案：痛，甚也。欲令士折節屈下於己；不然，天下不肅。或解以爲蚡欲折節下士，非也。案：下文不讓其兄蓋侯，知或說爲非也。

【六】集解漢書百官表曰少府有考工室。如淳曰：「官名也。」

【七】集解徐廣曰：「王后兄王信也。泰山有蓋縣，樂安有益縣也。」

【八】集解徐廣曰：「爲諸第之上也。」

【九】集解如淳曰：「旌旗之名。通帛曰旃。曲旃，僭也。」蘇林曰：「禮，大夫建旃。曲旃，柄上曲也。」索隱按：曲旃，旌旃柄上曲，僭禮也。通帛曰旃。説文云曲旃者，所以招士也。

魏其失竇太后，益疏不用，無勢，諸客稍稍自引而怠傲，唯灌將軍獨不失故。魏其日默默不得志，而獨厚遇灌將軍。

灌將軍夫者，潁陰人也。夫父張孟，嘗爲潁陰侯嬰舍人，得幸，因進之，至二千石，故蒙灌氏姓爲灌孟。吳楚反時，潁陰侯灌何爲將軍，【一】屬太尉，請灌孟爲校尉。夫以千人與父俱。【二】灌孟年老，潁陰侯彊請之，鬱鬱不得意，故戰常陷堅，遂死吳軍中。軍法，父子俱從軍，有死事，得與喪歸。灌夫不肯隨喪歸，奮曰：【三】「願取吳王若將軍頭，以報父之仇。」於是灌夫被甲持戟，募軍中壯士所善願從者數十人。及出壁門，莫敢前。獨二人及從奴十數騎馳入吳軍，至吳將麾下，【四】所殺傷數十人。不得前，復馳還，走入漢壁，皆亡其奴，獨與一騎歸。夫身中大創十餘，適有萬金良藥，故得無死。夫創少瘳，又復請將軍曰：「吾益知吳壁中曲折，請復往。」將軍壯義之，恐亡夫，乃言太尉，太尉乃固止之。吳已破，灌夫以此名聞天下。

【一】索隱案：何是嬰子，漢書作「嬰」，誤也。

【二】集解漢書音義曰：「官主千人，如候、司馬。」

【三】集解張晏曰：「自奮勵也。」

【四】正義謂大將之旗。

潁陰侯言之上，上以夫爲中郎將。數月，坐法去。後家居長安，長安中諸公莫弗稱之。孝景時，至代相。孝景崩，今上初即位，以爲淮陽天下交，勁兵處，故徙夫爲淮陽太守。建元元年，入爲太僕。二年，夫與長樂衛尉竇甫飲，輕重不得，【一】夫醉，搏甫。【二】甫，竇太后昆弟也。上恐太后誅夫，徙爲燕相。數歲，坐法去官，家居長安。

【一】集解晉灼曰：「飲酒輕重不得其平也。」

【二】索隱搏音博，謂擊也。

灌夫爲人剛直，使酒，不好面諛。貴戚諸有勢在己之右，不欲加禮，必陵之；諸士在己之左，愈貧賤，尤益敬，與鈞。稠人廣衆，薦寵下輩。士亦以此多之。

夫不喜文學，好任俠，已然諾。【一】諸所與交通，無非豪桀大猾。家累數千萬，食客日數十百人。陂池田園，宗族賓客爲權利，橫於潁川。潁川兒乃歌之曰：「潁水清，灌氏寧；潁水濁，灌氏族。」

【一】索隱已音以。謂已許諾，必使副其前言也。

灌夫家居雖富，然失勢，卿相侍中賓客益衰。及魏其侯失勢，亦欲倚灌夫引繩批根生平慕之後弃之者。【一】灌夫亦倚魏其而通列侯宗室爲名高。兩人相爲引重，【二】其游如父子然。相得驩甚，無厭，恨相知晚也。

【一】集解蘇林曰：「二人相倚，引繩直之意批根賓客也。弃之者〔九〕，不與交通。」孟康曰：「根，根括〔一〇〕。引繩以持彈。」索隱案：劉氏云「二人相倚，事如合繩共相依引也」。批音步結反。批者，排也。漢書作「排」。排根者，蘇林云「賓客去之者不與通也」。孟康云「音根格〔一一〕，謂引繩排彈其根格〔一二〕」，平生慕嬰交而弃者令不得通也。小顏根音痕，格音下各反。駟謂引繩，排彈繩根括以退之者也〔一三〕。持彈，案漢書本作「抨彈」，音普耕反。

【二】集解張晏曰：「相薦達爲聲勢。」

灌夫有服，過丞相。丞相從容曰：「吾欲與仲孺過魏其侯，【一】會仲孺有服。」【二】灌夫曰：「將軍乃肯幸臨況魏其侯，夫安敢以服爲解！請語魏其侯帳具，將軍旦日蚤臨。」武安許諾。灌夫具語魏其侯如所謂武安侯。魏其與其夫人益市牛酒，夜灑埽，早帳具至旦。平明，令門下候伺。至日中，丞相不來。魏其謂灌夫曰：「丞相豈忘之哉？」灌夫不懌，曰：「夫以服請，宜往。」【三】乃駕，自往迎丞相。丞相特前戲許灌夫，殊無意往。及夫至門，丞相尚臥。於是夫入見，曰：「將軍昨日幸許過魏其，魏其夫妻治具，自旦至今，未敢嘗食。」武安鄂【四】謝曰：「吾昨日醉，忽忘與仲孺言。」乃駕往，又徐行，灌夫愈益怒。及飲酒酣，夫起舞屬丞相，【五】丞相不起，夫從坐上語侵之。魏其乃扶灌夫去，謝丞相。丞相卒飲至夜，極驩而去。

【一】集解漢書曰：「灌夫字仲孺。」

【二】索隱案：服謂朞功之服也。故應璩書曰「仲孺不辭同生之服」是也。

【三】集解徐廣曰：「一云『以服請，不宜往』。」索隱案：徐廣云「以服請，不宜往」，其說非也。正言夫請不以服爲解，蚡不宜忘，故駕自往迎也。

【四】集解徐廣曰：「一作『悟』。」

【五】索隱屬音之欲反。屬猶委也，付也。小顏云「若今之舞訖相勸也」。

丞相嘗使籍福請魏其城南田。魏其大望曰：「老僕雖弃，將軍雖貴，寧可以勢奪乎！」不許。灌夫聞，怒，罵籍福。籍福惡兩人有郄，乃謾自好謝丞相曰：「魏其老且死，易忍，且待之。」已而武安聞魏其、灌夫實怒不予田，亦怒曰：「魏其子嘗殺人，蚡活之。蚡事魏其無所不可，何愛數頃田？且灌夫何與也？吾不敢復求田。」武安由此大怨灌夫、魏其。

元光四年春，〔一〕丞相言灌夫家在潁川，橫甚，民苦之。請案。上曰：「此丞相事，何請。」灌夫亦持丞相陰事，爲姦利，受淮南王金與語言。賓客居閒，遂止，俱解。

〔一〕集解徐廣曰：「疑此當是三年也。其説在後。」

夏，丞相取燕王女爲夫人，〔一〕有太后詔，召列侯宗室皆往賀。魏其侯過灌夫，欲與俱。夫謝曰：「夫數以酒失得過丞相，丞相今者又與夫有郄。」魏其曰：「事已解。」彊與俱。飲酒酣，武安起爲壽，〔二〕坐皆避席伏。已魏其侯爲壽，獨故人避席耳，餘半膝席。〔三〕灌夫不悅。起行酒，至武安，武安膝席曰：「不能滿觴。」夫怒，因嘻笑曰：「將軍貴人也，屬之！」〔四〕時武安不肯。行酒次至臨汝侯，〔五〕臨汝侯方與程不識耳語，又不避席。夫無所發怒，乃罵臨汝侯曰：「生平毀程不識不直一錢，今日長者爲壽，乃效女兒呫囁耳語！」〔六〕武安謂灌夫曰：「程李俱東西宮衞尉，〔七〕今衆辱程將軍，仲孺獨不爲李將軍地乎？」〔八〕灌夫曰：「今日斬頭陷匈，〔九〕何知程李乎！」坐乃起更衣，稍稍去。魏其侯去，麾灌夫出。武安遂怒曰：「此吾驕灌夫罪。」乃令騎留灌夫。灌夫欲出不得。籍福起爲謝，案灌夫項令謝。夫愈怒，不肯謝。武安乃麾騎縛夫置傳舍，召長史曰：「今日召宗室，有詔。」劾灌夫罵坐不敬，繫居室。〔一〇〕遂按其前事，遣吏分曹逐捕諸灌氏支屬，皆得棄市罪。魏其侯大媿，爲資使賓客請，莫能解。【一二】武安吏皆爲耳目，諸灌氏皆亡匿，夫繫，遂不得告言武安陰事。

【一】索隱 案：蚡娶燕王劉澤子康王嘉之女也。

【二】集解 如淳曰：「上酒爲稱壽，非大行酒。」

【三】集解 蘇林曰：「下席而膝半在席上。」如淳曰：「以膝跪席上也。」

【四】集解 徐廣曰：「屬，一作『畢』。」 索隱 案：漢書作「畢」。畢，盡也。

【五】集解 徐廣曰：「灌嬰孫，名賢也。」 索隱 案：漢書云臨汝侯灌賢，則賢是嬰之孫，臨汝是改封也。

【六】集解 韋昭曰：「呫囁，附耳小語聲。」 索隱 女兒猶云兒女也。漢書作「女曹兒」。曹，輩也，猶言兒女輩。呫，鄒氏音蚩輒反。囁音女輒反。説文「附耳小語也」【一四】。

【七】集解 漢書音義曰：「李廣爲東宮，程不識爲西宮。」

【八】集解 如淳曰：「李將軍，李廣也。猶今人言爲除地也。」 索隱 案：小顏云「言今既毁程，令李何地自安處也」。

【九】索隱 韋昭云：「言不避死亡也。」漢書作「穴匈」。

【一〇】集解 如淳曰：「百官表『居室爲保宫』，今守宫也。」

【一一】集解 如淳曰：「爲出資費，使人爲夫言。」

魏其鋭身爲救灌夫。夫人諫魏其曰：「灌將軍得罪丞相，與太后家忤，寧可救邪？」魏其侯曰：「侯自我得之，自我捐之，無所恨。且終不令灌仲孺獨死，嬰獨生。」乃匿其家，【一】竊出上書。立召入，具言灌夫醉飽事，不足誅。上然之，賜魏其食，曰：「東朝廷辯之。」【二】

【一】集解晉灼曰：「恐其夫人復諫止也。」

【二】集解如淳曰：「東朝，太后朝。」

魏其之東朝，盛推灌夫之善，言其醉飽得過，乃丞相以他事誣罪之。武安又盛毁灌夫所爲横恣，罪逆不道。魏其度不可柰何，因言丞相短。武安曰：「天下幸而安樂無事，蚡得爲肺腑，所好音樂狗馬田宅。蚡所愛倡優巧匠之屬，不如魏其、灌夫日夜招聚天下豪桀壯士與論議，腹誹而心謗，不仰視天而俯畫地，【五】辟倪兩宫閒，【二】幸天下有變，而欲有大功。【三】臣乃不知魏其等所爲。」於是上問朝臣：「兩人孰是？」御史大夫韓安國曰：「魏其言灌夫父死事，身荷戟馳入不測之吴軍，身被數十創，名冠三軍，此天下壯士，非有大惡，爭杯酒，不足引他過以誅也。魏其言是也。丞相亦言灌夫通姦猾，侵細民，家累巨萬，横恣潁川，淩轢宗室，侵犯骨肉，此所謂『枝大於本，脛大於股，不折必披』，【四】丞相言亦是。唯明主裁之。」主爵都尉汲黯是魏其。内史鄭當時是魏其，後不敢堅對。餘皆莫敢對。上怒内史曰：「公平生數言魏其、武安長短，今日廷論，局趣效轅下駒，【五】吾并斬若屬矣。」即罷起入，上食太后。太后亦已使人候伺，具以告太后。太后怒，不食，曰：「今我在也，而人皆藉吾弟，【六】令我百歲後，皆魚肉之矣。且帝寧能爲石人邪！【七】此特帝在，即録録，設百歲後，【八】是屬寧有可信者乎？」上謝曰：「俱宗室外家，【九】故廷辯之。不然，此一獄吏所決耳。」是時郎中令石建爲上分別言兩人事。

【一】集解張晏曰：「視天，占三光也。畫地，知分野所在也。畫地諭欲作反事。」

【二】集解徐廣曰：「辟音芳細反。倪音詣。」張晏曰：「占太后與帝吉凶之期。」索隱辟普係反。倪，五係反。埤倉云：「睥睨，邪視也。」

【三】集解張晏曰：「幸爲反者〔一六〕，當得爲大將立功也〔一七〕。」瓚曰：「天下有變謂天子崩。因變難之際得立大功。」

【四】索隱案：包愷音疋彼反。正義鋪被反。披，分析也。

【五】集解張晏曰：「俛頭於車轅下，隨母而已。」瓚曰：「小馬在轅下。」正義應劭云：「駒馬加著轅〔一八〕。局趣，纖小之貌〔一九〕。」按：應説爲長也。

【六】索隱案：晉灼云「藉，蹈也。以言蹂藉之」。

【七】索隱謂帝不如石人得長存也。正義顏師古云：「言徒有人形耳，不知好惡。」按：今俗云人不辨事，罵云杌杌若木人也。

【八】索隱案：設者，脱也。

【九】正義嬰，景帝從舅。蚡，太后同母弟。

武安已罷朝，出止車門，召韓御史大夫載，怒曰：「與長孺共一老秃翁，何爲首鼠兩端？」【一】韓御史良久謂丞相曰：「君何不自喜？【二】夫魏其毁君，君當免冠解印綬歸，曰『臣以肺腑幸得待罪，固非其任，魏其言皆是』。如此，上必多君有讓，不廢君。魏其必内愧，杜門齰舌自殺。【三】今人毁君，君亦毁人，〔二〇〕譬如賈豎女子爭言，何其無大體也！」武安謝罪曰：「爭時急，不知出此。」

【一】集解漢書音義曰：「秃老翁，言嬰無官位扳援也。首鼠，一前一卻也。」索隱案：謂共治一老秃翁，指竇嬰也。服虔云「首鼠，一前一卻也」。

【二】集解蘇林曰：「何不自解釋爲喜樂邪？」索隱案：小顏云「何不自謙遜爲可喜之事」。音許既反。

【三】索隱案：説文云「齰，齧也」。音側革反。

於是上使御史簿責魏其所言灌夫頗不讎，【一】欺謾。劾繫都司空。【二】孝景時，魏其常受遺詔，曰「事有不便，以便宜論上」。及繫，灌夫罪至族，事日急，諸公莫敢復明言於上。魏其乃使昆弟子上書言之，幸得復召見。書奏上，而案尚書大行無遺詔。【三】詔書獨藏魏其家，家丞封。【四】乃劾魏其矯先帝詔，罪當弃市。五年十月，【五】悉論灌夫及家屬。魏其良久乃聞，聞即恚，病痱，【六】不食欲死。或聞上無意殺魏其，魏其復食，治病，議定不死矣。乃有蜚語爲惡言聞上，【七】故以十二月晦【八】論弃市渭城。【九】

【一】正義 讎音市周反，對也。言簿責魏其所言灌夫實潁川事，故魏其不對爲欺謾者也。

【二】索隱 案：百官表云宗正屬官。主詔獄也。正義 如淳云：「律，司空主水及罪人。」

【三】集解 如淳曰：「大行，主諸侯官也。」索隱 案：尚書無此景帝崩時大行遺詔，乃魏其家臣印封之。如淳説非也。正義 天子崩曰大行也。按：尚書之中，景帝崩時無遺詔賜魏其也。百官表云諸受尚書事也。

【四】集解 漢書音義曰：「以家臣印封遺詔。」

【五】集解 徐廣曰：「疑非五年，亦非十月。」索隱 徐氏云「疑非」者，案武紀四年三月蚡薨，竇嬰死在前，今云五年，故疑非也。正義 漢書云元光「四年冬，魏其侯嬰有罪，弃市。春三月乙卯，丞相蚡薨」。按：五年者，誤也。

【六】索隱 痱音肥，又音扶味反，風病也。

【七】集解 張晏曰：「蚡僞作飛揚誹謗之語。」

【八】集解 徐廣曰：「疑非十二月也。」駰案：張晏曰「月晦者，春垂至也」。索隱 張晏云著日月者〔一二〕，見春垂至，恐遇赦贖也。

【九】正義故咸陽也。

其春，武安侯病，【一】專呼服謝罪。【二】使巫視鬼者視之，見魏其、灌夫共守，欲殺之。竟死。子恬嗣。【三】元朔三年，武安侯坐衣襜褕【四】入宮，不敬。【五】

【一】正義其春，即四年春也。元光四年十月，灌夫弃市。十二月末，魏其弃市。至三月乙卯，田蚡薨。則三人死同在一年明矣。漢以十月爲歲首故也。秦楚之際表云十月〔二二〕，十一月，十二月，端月，二月，三月，至九爲終。周建子爲正月，十一月爲正月，十二月爲二月，正月爲三月，二月爲四月，至十月爲歲終。漢初至武帝太初以前，並依秦法，以後改用夏正月，至今不改。然夫子作春秋依夏正。

【二】集解漢書音義曰：「言蚡號呼謝服罪也。」

【三】集解徐廣曰：「蚡疾，見魏其、灌夫鬼殺之，則其死共在一春内邪〔二三〕？武帝本紀『四年三月乙卯，田蚡薨』，嬰死在蚡薨之前，何復云五年十二月邪？疑十二月當爲二月也。」案侯表，蚡事武帝九年而卒，元光四年侯恬之元年，建元元年訖元光三年而九年。大臣表蚡以元光四年卒，亦云嬰四年弃市，未詳此正安在。然蚡薨在嬰死後分明。

【四】正義爾雅云「衣蔽前謂之襜」。郭璞云「蔽膝也」。說文、字林並謂之短衣。

【五】集解徐廣曰：「表云坐衣不敬，國除。」索隱襜，尺占反。褕音踰。謂非正朝衣，若婦人服也。表云恬坐衣不敬，國除。

淮南王安謀反覺，治。王前朝，〔一〕武安侯爲太尉，時迎王至霸上，謂王曰：「上未有太子，大王最賢，高祖孫，即宮車晏駕，非大王立當誰哉！」淮南王大喜，厚遺金財物。上自魏其時不直武安，特爲太后故耳。〔二〕及聞淮南王金事，上曰：「使武安侯在者，族矣。」

〔一〕集解徐廣曰：「建元二年。」

〔二〕索隱案：武帝以魏其、灌夫事爲枉，於武安侯爲不直，特爲太后故耳。

太史公曰：魏其、武安皆以外戚重，灌夫用一時決筴而名顯。魏其之舉以吴楚，武安之貴在日月之際。然魏其誠不知時變，灌夫無術而不遜，兩人相翼，乃成禍亂。武安負貴而好權，杯酒責望，陷彼兩賢。嗚呼哀哉！遷怒及人，命亦不延。衆庶不載，竟被惡言。嗚呼哀哉！禍所從來矣！

【索隱述贊】竇嬰、田蚡，勢利相雄。咸倚外戚，或恃軍功。灌夫自喜，引重其中。意氣杯酒，睚眦兩宮。事竟不直，冤哉二公！

校勘記

〔一〕注一作怗　此四字原無，據索隱本補。又，此下原有「蟾」字，據索隱本删。

〔二〕注怗音憺　此四字原無，據索隱本補。又，此下原有「蟾」字，據索隱本删。

〔三〕沾音襜又音當牒反小顏音他兼反注一作怗音如字又天牒反注怗音憺音尺占反　黄本、彭本、柯本、凌本、殿本作「小顏沾音他兼反憺音尺占反」。

〔四〕二十六篇　原作「二十九篇」，據景祐本、紹興本、耿本、黄本、彭本、柯本、凌本、殿本改。按：漢書卷三〇藝文志：「孔甲盤盂二十六篇。」

〔五〕諸子文書　漢書卷五二田蚡傳「學盤盂諸書」顏師古注引應劭作「諸子之書」。

〔六〕聞喜縣東二十里　「二十里」，本書卷一二二酷吏列傳「姓周陽氏」正義作「二十九里」，卷一〇孝文本紀「趙兼爲周陽侯」、卷四九外戚世家「勝爲周陽侯」正義引括地志並同。

〔七〕腑音府　「府」，耿本作「附」，疑是。按：漢書卷五二田蚡傳「蚡以肺附爲相」顏師古注：「舊解云肺附，如肝肺之相附著也。」耿本、黄本、彭本、柯本、凌本、殿本本書卷一九惠景閒侯者年表「諸侯子弟若肺腑」索隱：「腑，音附。」

〔八〕肺音廢　「廢」，疑當作「柿」。若作「廢」，則下文「柿木札」云云突兀難解。按：耿本、黄本、彭本、柯本、凌本、殿本本書卷一九惠景閒侯者年表「諸侯子弟若肺腑」索隱：「肺，音柿。」

〔九〕引繩直之意批根賓客也弃之者　漢書卷五二灌夫傳「亦欲倚夫引繩排根生平慕之後棄者」顏

師古注引蘇林無「之意」、「也」三字。殿本史記考證以爲此三字衍。

〔一〇〕根括　索隱引孟康作「根格」，漢書卷五二灌夫傳「亦欲倚夫引繩排根生平慕之後棄者」顏師古注引同。

〔一一〕音根格　「音」疑爲「者」之譌，上脱「根」字。按：漢書卷五二灌夫傳顏師古注引孟康作「根者根格」。上文集解引孟康云「根，根括」。

〔一二〕排彈　漢書卷五二灌夫傳顏師古注引孟康作「彈排」。

〔一三〕騆謂引繩排彈繩根括以退之者也　耿本、黄本、彭本、柯本、凌本、殿本作「謂人生平慕嬰夫後見其失職而頗弛慢如此者共排退之不復與交也譬如相對挽繩而根括之也」。

〔一四〕説文附耳小語也　耿本、黄本、彭本、柯本、凌本、殿本無。

〔一五〕不仰視天　漢書卷五二竇嬰傳無「不」字。

〔一六〕幸爲反者　「爲」，漢書卷五二竇嬰傳「幸天下有變，而欲有大功」顏師古注引張晏作「有」。

〔一七〕當得爲大將立功　漢書卷五二竇嬰傳顏師古注引張晏作「當爲將立大功」。

〔一八〕駒馬加著轅　册府卷九一八總録部引作「駒馬駕著轅下」，漢書卷五二竇嬰傳「局趣效轅下駒」顏師古注引應劭作「駒者駕著轅下」。疑此有脱誤。

〔一九〕纖小之貌　漢書卷五二竇嬰傳「局趣效轅下駒」顏師古注引應劭作「蹴小之貌也」，疑是。

〔二〇〕君亦毁人　張文虎札記卷五：「（人）宋本、中統、游、毛作『之』。」按：景祐本、紹興本作

「之」，漢書卷五二竇嬰傳同。

〔三〕張晏云著日月者　「張晏云」三字原無，據索隱本補。按：漢書卷五二竇嬰傳「故以十二月晦論棄市渭城」顏師古注引張晏曰：「著日月者，見春垂至，恐遇赦贖之。」

〔三〕秦楚之際表云十月　「十月」二字原無。張文虎札記卷五：「（秦楚之際表云）下當脱『十月』二字。」今據補。

〔三〕則其死　「死」，原作「春」，據殿本、會注本改。

史記卷一百八

韓長孺列傳第四十八

御史大夫韓安國者，梁成安人也，【一】後徙睢陽。【二】嘗受韓子、雜家說於騶田生所。【三】事梁孝王，爲中大夫。吳楚反時，孝王使安國及張羽爲將，扞【四】吳兵於東界。張羽力戰，安國持重，以故吳不能過梁。吳楚已破，安國、張羽名由此顯。

【一】集解徐廣曰：「在汝潁之閒也。」索隱按：徐廣云「在汝潁之閒」。漢書地理志縣名，屬陳留。正義括地志云：「成安故城在汝州梁縣東二十三里。」地理志云成安屬潁川郡。陳留郡又有成安縣，亦屬梁，未知孰是也。

【二】正義今宋州宋城。

【三】索隱案：安國學韓子及雜家說於騶縣田生之所。

【四】索隱上音醬，下音汗。

梁孝王，景帝母弟，竇太后愛之，令得自請置相、二千石，出入游戲，僭於天子。天子聞之，心弗善也。太后知帝不善，乃怒梁使者，弗見，案責王所爲。韓安國爲梁使，見大長公主〔一〕而泣曰：「何梁王爲人子之孝、爲人臣之忠，而太后曾弗省也？〔二〕夫前日吳、楚、齊、趙七國反時，自關以東皆合從西鄉，惟梁最親，爲艱難。梁王念太后、帝在中，〔三〕而諸侯擾亂，一言泣數行下，跪送臣等六人將兵擊卻吳楚，吳楚以故兵不敢西，而卒破亡，梁王之力也。今太后以小節苛禮〔四〕責望梁王。梁王父兄皆帝王，所見者大，故出稱蹕，入言警，車旗皆帝所賜也，即欲以侘鄙縣，〔五〕驅馳國中，以夸諸侯，令天下盡知太后、帝愛之也。今梁使來，輒案責之。梁王恐，日夜涕泣思慕，不知所爲。何梁王之爲子孝、爲臣忠，而太后弗恤也？」大長公主具以告太后，太后喜曰：「爲言之帝。」言之，帝心乃解，而免冠謝太后曰：「兄弟不能相教，乃爲太后遺憂。」悉見梁使，厚賜之。其後梁王益親驩。太后、長公主更賜安國可直千餘金。名由此顯，結於漢。

〔一〕集解徐廣曰：「景帝姊。」索隱案：即館陶公主。正義如淳云：「景帝妹也〔一〕。」

〔二〕索隱省音仙井反。省者，察也。

〔三〕正義謂關中也。又云京師在天下之中。

〔四〕索隱案：謂苛細小禮以責之。

【五】集解徐廣曰：「侘，一作『絎』也。」駰案：侘音丑亞反，誇也。索隱侂音丑亞反，字如「奼」。侂者，誇也。漢書作「嫮」，音火亞反。絎音寒孟反。

其後安國坐法抵罪，蒙【一】獄吏田甲辱安國。安國曰：「死灰獨不復然乎？」田甲曰：「然即溺之。」居無何，梁内史缺，漢使使者拜安國爲梁内史，起徒中爲二千石。田甲亡走。安國曰：「甲不就官，我滅而宗。」甲因肉袒謝。安國笑曰：「可溺矣！公等足與治乎？」【二】卒善遇之。

【一】集解蒙，縣名。索隱抵音丁禮反。蒙，縣名，屬梁國也。

【二】索隱案：謂不足與繩治之〔二〕。治音持也。

梁内史之缺也，孝王新得齊人公孫詭，説之，欲請以爲内史。竇太后聞，乃詔王以安國爲内史。

公孫詭、羊勝説孝王求爲帝太子及益地事，恐漢大臣不聽，乃陰使人刺漢用事謀臣。及殺故吴相袁盎，景帝遂聞詭、勝等計畫，乃遣使捕詭、勝，必得。漢使十輩至梁，相以下舉國大索，月餘不得。内史安國聞詭、勝匿孝王所，安國入見王而泣曰：「主辱臣死。【一】大王無良臣，故事紛紛至此。今詭、勝不得，請辭賜死。」王曰：「何至此？」安國泣數行下，曰：「大王自度於皇帝，孰與太上皇之與高皇帝及皇帝之與臨江王親？」孝王曰：「弗如也。」安國曰：「夫太上、臨江親父子之閒，然而高帝曰『提三尺劍取天下者朕也』，故太上皇終不得制事，居于櫟陽。臨江王，適長太子也，以一言過，廢王臨江；〔二〕用宮垣事，卒自殺中尉府。何者？治天下終不以私亂公。語曰：『雖有親父，安知其不爲虎？雖有親兄，安知其不爲狼？』今大王列在諸侯，悦一邪臣〔三〕浮説，犯上禁，橈明法。天子以太后故，不忍致法於王。太后日夜涕泣，幸大王自改，而大王終不覺寤。有如太后宮車即晏駕，大王尚誰攀乎？」語未卒，孝王泣數行下，謝安國曰：「吾今出詭、勝。」詭、勝自殺。漢使還報，梁事皆得釋，安國之力也。於是景帝、太后益重安國。孝王卒，共王即位，安國坐法失官，居家。

【一】索隱此語見國語。

【二】集解如淳曰：「景帝嘗屬諸姬，太子母栗姬言不遜，由是廢太子，栗姬憂死。」

【三】索隱悦，漢書作「訹」。説文云「訹，誘也」。

建元中，武安侯田蚡爲漢太尉，親貴用事，安國以五百金物遺蚡。蚡言安國太后，天子亦素聞其賢，即召以爲北地都尉，遷爲大司農。閩越、東越相攻，安國及大行王恢將兵〔一〕。未至越，越殺其王降，漢兵亦罷。建元六年，武安侯爲丞相，安國爲御史大夫。

匈奴來請和親，天子下議〔四〕。大行王恢，燕人也，數爲邊吏，習知胡事。議曰：「漢與匈奴和親，率不過數歲即復倍約。不如勿許，興兵擊之。」安國曰：「千里而戰，兵不獲利。今匈奴負戎馬之足，懷禽獸之心，遷徙鳥舉，難得而制也。得其地不足以爲廣，有其衆不足以爲彊，自上古不屬爲人。〔一〕漢數千里爭利，則人馬罷，虜以全制其敝。且彊弩之極，矢不能穿魯縞；〔二〕衝風之末，力不能漂鴻毛。非初不勁，末力衰也。擊之不便，不如和親。」羣臣議者多附安國，於是上許和親。

【一】索隱案：晉灼云「不内屬於漢爲人」。

【二】集解許慎曰：「魯之縞尤薄。」

其明年，則元光元年，鴈門馬邑豪聶翁壹〔一〕因大行王恢言上曰：「匈奴初和親，親信邊，可誘以利。」陰使聶翁壹爲閒，亡入匈奴，謂單于曰：「吾能斬馬邑令丞吏，以城降，財物可盡得。」單于愛信之，以爲然，許聶翁壹。聶翁壹乃還，詐斬死罪囚，縣其頭馬邑城，示單于使者爲信。曰：「馬邑長吏已死，可急來。」於是單于穿塞將十餘萬騎，入武州塞。〔二〕

【一】集解張晏曰：「豪猶帥也。」索隱聶，姓也；翁壹，名也。漢書云「聶壹」。

【二】集解徐廣曰：「在鴈門。」索隱地理志縣名，屬鴈門。又崔浩云「今平城直西百里有武州城」是也。

當是時，漢伏兵車騎材官三十餘萬，匿馬邑旁谷中。衞尉李廣爲驍騎將軍，【一】太僕公孫賀爲輕車將軍，【二】大行王恢爲將屯將軍，【三】太中大夫李息爲材官將軍。【四】御史大夫韓安國爲護軍將軍，諸將皆屬護軍。約單于入馬邑而漢兵縱發。王恢、李息、李廣別從代主擊其輜重。【五】於是單于入漢長城武州塞。未至馬邑百餘里，行掠鹵，徒見畜牧於野，不見一人。單于怪之，攻烽燧，得武州尉史。欲刺問尉史。尉史曰：「漢兵數十萬伏馬邑下。」單于顧謂左右曰：「幾爲漢所賣！」【六】乃引兵還。出塞，曰：「吾得尉史，乃天也。」命尉史爲「天王」。塞下傳言單于已引去。漢兵追至塞，度弗及，即罷。王恢等兵三萬，聞單于不與漢合，度往擊輜重，必與單于精兵戰，漢兵勢必敗，則以便宜罷兵，皆無功。

【一】集解漢書曰：「北貉、燕人來致驍騎。」應劭曰：「驍，健也。」張晏曰：「驍，勇也，若六博之梟矣。」

【二】正義司馬續漢書云：「輕車，古之戰車。」

【三】正義李奇云：「監主諸屯。」

【四】正義臣瓚云：「材官，騎射之官。」

【五】正義釋名云：「輜，廁也。所載衣服雜廁其中。」

【六】正義幾音祈。

天子怒王恢不出擊單于輜重，擅引兵罷也。恢曰：「始約虜入馬邑城，兵與單于接，而臣擊其輜重，可得利。今單于聞，不至而還，臣以三萬人衆不敵，禔取辱耳。【一】臣固知還而斬，然得完陛下士三萬人。」於是下恢廷尉。廷尉當恢逗橈，當斬。【二】恢私行千金丞相蚡。蚡不敢言上，而言於太后曰：「王恢首造馬邑事，今不成而誅恢，是爲匈奴報仇也。」上朝太后，太后以丞相言告上。上曰：「首爲馬邑事者，恢也，故發天下兵數十萬，從其言，爲此。且縱單于不可得，恢所部擊其輜重，猶頗可得，以慰士大夫心。今不誅恢，無以謝天下。」於是恢聞之，乃自殺。

【一】集解徐廣曰：「禔，一作『祇』也。」

【二】集解漢書音義曰：「逗，曲行避敵也；橈，顧望。軍法語也。」索隱案：劭云「逗，曲行而避敵，音豆」。又音住，住謂留止也。橈，屈弱也，女孝反。一云橈，顧望也〔五〕。

安國爲人多大略，智足以當世取合，而出於忠厚焉。【一】貪嗜於財，然所推舉皆廉士賢於己者也〔六〕。於梁舉壺遂、臧固、郅他，【二】皆天下名士，士亦以此稱慕之，唯天子以爲國器。安國爲御史大夫四歲餘，丞相田蚡死，安國行丞相事，奉引墮車，蹇。【三】天子議置相，欲用安國，使使視之，蹇甚，乃更以平棘侯薛澤爲丞相。安國病免數月，蹇愈，上復以安國爲中尉。歲餘，徙爲衞尉。

【一】索隱案：出者，去也。言安國爲人無忠厚之行。

【二】索隱上音質，下徒河反。謂三人姓名也，壺遂也，臧固也，郅他也。若漢書則云「至他」，言至於他處，亦舉名士也。

【三】集解如淳曰：「爲天子導引，而墮車跛足。」

車騎將軍衞青擊匈奴，【一】出上谷，破胡蘢城。【二】將軍李廣爲匈奴所得，復失之；公孫敖大亡卒：皆當斬，贖爲庶人。明年，匈奴大入邊，殺遼西太守，及入鴈門，所殺略數千人。車騎將軍衞青擊之，出鴈門。衞尉安國爲材官將軍，屯於漁陽。【三】安國捕生虜，言匈奴遠去。即上書言方田作時，請且罷軍屯。罷軍屯月餘，匈奴大入上谷、漁陽。安國壁乃有七百餘人，出與戰，不勝，復入壁。匈奴虜略千餘人及畜産而去。天子聞之，怒，使使責讓安國。徙安國益東，屯右北平。【四】是時匈奴虜言當入東方。

【一】集解徐廣曰：「元光六年也。」

【二】集解蘢音龍。索隱音龍。

【三】正義幽州縣。

【四】正義幽州漁陽縣東南七十七里北平城，即漢右北平也。

安國始爲御史大夫及護軍，後稍斥疏，下遷；而新幸壯將軍衛青等有功，益貴。安國既疏遠，默默也；將屯又爲匈奴所欺，失亡多，甚自愧。幸得罷歸，乃益東徙屯，意忽忽不樂。數月，病歐血死。安國以元朔二年中卒。

太史公曰：余與壺遂定律曆，觀韓長孺之義，壺遂之深中隱厚。【一】世之言梁多長者，不虛哉！壺遂官至詹事，天子方倚以爲漢相，會遂卒。不然，壺遂之内廉行脩，斯鞠躬君子也。

【一】集解徐廣曰：「一云『廉正忠厚』。」

【索隱述贊】安國忠厚，初爲梁將。因事坐法，免徒起相。死灰更然，生虜失防。推賢見重，賄金貽謗。雪泣悟主，臣節可亮。

校勘記

〔一〕景帝姊　「妹」，疑當作「姊」。按：漢書卷五二韓安國傳「見大長公主而泣」顏師古注引如淳作「姊」，與集解合。本書卷一一一衞將軍驃騎列傳「堂邑大長公主女也」集解引徐廣曰：「堂邑安侯陳嬰之孫夷侯午，尚景帝姊長公主。」

〔二〕繩治　「治」，原作「持」。張文虎札記卷五：「當作『治』。」按：漢書卷五二韓安國傳「公等足與治乎」顏師古注：「一曰，不足繩治也。」今據改。

〔三〕大行王恢將兵　「兵」字原無，據景祐本、紹興本、耿本、殿本補。按：漢書卷五二韓安國傳有「兵」字。

〔四〕天子下議　張文虎札記卷五：「吴校本『下』下有『其』字。」按：漢書卷五二韓安國傳作「上下其議」。

〔五〕卬云逗曲行而避敵音豆又音住住謂留止也橈屈弱也女孝反一云橈顧望也　耿本、黄本、彭本、柯本、凌本、殿本作「案如淳云軍法行而逗留畏橈者要斬逗音豆又音住逗留也橈屈弱也」。「卬」，索隱本作「應劭」。按：漢書卷五二韓安國傳「廷尉當恢逗橈」顏師古注：「應劭曰：『逗，曲行避敵也；橈，顧望也。軍法語也。』蘇林曰：『逗，音豆。』如淳曰：『軍法，行而逗留畏懦者要斬。』師古曰：『逗，謂留止也。橈，屈弱也。逗，又音住。』」

〔六〕然所推舉　「然」字原無，據景祐本、紹興本、耿本補。按：漢書卷五二韓安國傳有「然」字。

史記卷一百九

李將軍列傳第四十九

李將軍廣者，隴西成紀人也。【一】其先曰李信，秦時爲將，逐得燕太子丹者也。故槐里，徙成紀。廣家世世受射。【二】孝文帝十四年，匈奴大入蕭關，而廣以良家子【三】從軍擊胡，用善騎射，殺首虜多，爲漢中郎。廣從弟李蔡亦爲郎，皆爲武騎常侍，【四】秩八百石。嘗從行，有所衝陷折關及格猛獸，而文帝曰：「惜乎，子不遇時！如令子當高帝時，萬户侯豈足道哉！」

【一】正義成紀，秦州縣。

【二】索隱案：小顏云「世受射法」。

【三】索隱案：如淳云「非醫、巫、商賈、百工也」。

【四】索隱案：謂爲郎而補武騎常侍。

及孝景初立，廣爲隴西都尉，徙爲騎郎將。【一】吴楚軍時，廣爲驍騎都尉，從太尉亞夫擊吴楚軍，取旗，顯功名昌邑下。以梁王授廣將軍印，還，賞不行。【二】徙爲上谷太守，匈奴日以合戰。典屬國公孫昆邪【三】爲上泣曰：「李廣才氣，天下無雙，自負其能，數與虜敵戰，恐亡之。」於是乃徙爲上郡太守。後廣轉爲邊郡太守，徙上郡。嘗爲隴西、北地、鴈門、代郡、雲中太守，皆以力戰爲名。

【一】集解張晏曰：「爲武騎郎將。」索隱小顔云：「爲騎郎將謂主騎郎也。」

【二】集解文穎曰：「廣爲漢將，私受梁印，故不以賞也。」

【三】集解昆音魂。索隱案：典屬國，官名。公孫，姓也；昆邪，名。服虔云「中國人」。包愷云「昆音魂」也。

匈奴大入上郡，天子使中貴人從廣【一】勒習兵擊匈奴。中貴人將騎數十縱，【二】見匈奴三人，與戰。三人還射，【三】傷中貴人，殺其騎且盡。中貴人走廣。廣曰：「是必射雕者也。」【四】廣乃遂從百騎往馳三人。三人亡馬步行，行數十里。廣令其騎張左右翼，而廣身自射彼三人者，殺其二人，生得一人，果匈奴射雕者也。已縛之上馬，望匈奴有數千騎，見廣，以爲誘騎，皆驚，上山陳。廣之百騎皆大恐，欲馳還走。廣曰：「吾去大軍數十里，今如此以百騎走，匈奴追射我立盡。今我留，匈奴必以我爲大軍之誘〔一〕，必不敢擊我。」廣令諸騎曰：「前！」前未到匈奴陳二里所，止，令曰：「皆下馬解鞍！」其騎曰：「虜多且近，即有急，柰何？」廣曰：「彼虜以我爲走，今皆解鞍以示不走，用堅其意。」於是胡騎遂不敢擊。有白馬將【五】出護其兵，李廣上馬，與十餘騎犇射殺胡白馬將，而復還至其騎中，解鞍，令士皆縱馬卧。是時會暮，胡兵終怪之，不敢擊。夜半時，胡兵亦以爲漢有伏軍於旁欲夜取之，胡皆引兵而去。平旦，李廣乃歸其大軍。大軍不知廣所之，故弗從。

【一】集解漢書音義曰：「内官之幸貴者。」索隱案：董巴輿服志云「黄門丞至密近，使聽察天下，謂之中貴人使者」。崔浩云「在中而貴幸，非德望，故名不見也〔二〕」。

【二】集解徐廣曰：「放縱馳騁。」

【三】正義射音石。還謂轉也。

【四】集解文穎曰：「鵰，鳥也，故使善射者射也。」索隱案：服虔云「鵰，鶚也」。說文云「似鷲，黑色，多子」。一名鷲〔三〕，以其毛作矢羽〔四〕。韋昭云「鶚，一名鶥也〔五〕」。

【五】正義其將乘白馬，而出監護也。

居久之，孝景崩，武帝立，左右以爲廣名將也，於是廣以上郡太守爲未央衞尉，而程不識亦爲長樂衞尉。程不識故與李廣俱以邊太守將軍屯。及出擊胡，而廣行無部伍行陳，【一】就善水草屯，舍止，人人自便，【二】不擊刀斗以自衞，【三】莫府【四】省約文書籍事，然亦遠斥候，【五】未嘗遇害。程不識正部曲行伍營陳，擊刀斗，士吏治軍簿至明，軍不得休息，然亦未嘗遇害。不識曰：「李廣軍極簡易，然虜卒犯之，無以禁也；而其士卒亦佚樂，咸樂爲之死。我軍雖煩擾，然虜亦不得犯我。」是時漢邊郡李廣、程不識皆爲名將，然匈奴畏李廣之略，士卒亦多樂從李廣而苦程不識。程不識孝景時以數直諫爲太中大夫。爲人廉，謹於文法。

【一】索隱案：百官志云「將軍領軍皆有部曲。大將軍營五部，部校尉一人，部下有曲，曲有軍候一人」也。

【二】索隱音去聲。

【三】集解孟康曰：「以銅作鐎器，受一斗，晝炊飯食，夜擊持行〔六〕，名曰刀斗。」索隱刀音貂。案：荀悦云「刀斗，小鈴，如宮中傳夜鈴也」。蘇林云「形如銷，以銅作之，無緣，受一斗，故云刀斗」。銷即鈴也。埤倉云「鐎，温器，有柄斗，似銚無緣。音焦〔七〕」。

【四】索隱案：大顏云「凡將軍謂之莫府者，蓋兵行舍於帷帳〔八〕，故稱幕府〔九〕。古字通用，遂作『莫』耳」。小爾雅訓莫爲大，非也。

【五】索隱案：許慎注淮南子云「斥，度也。候，視也，望也」。

後漢以馬邑城誘單于，使大軍伏馬邑旁谷，而廣爲驍騎將軍，領屬護軍將軍。是時單于覺之，去，漢軍皆無功。其後四歲，廣以衛尉爲將軍，出鴈門擊匈奴。匈奴兵多，破敗廣軍，生得廣。單于素聞廣賢，令曰：「得李廣必生致之。」胡騎得廣，廣時傷病，置廣兩馬間，絡而盛卧廣。行十餘里，廣詳死，睨其旁有一胡兒騎善馬，廣暫騰而上胡兒馬，因推墮兒，〔一〕取其弓，鞭馬南馳數十里，復得其餘軍，因引而入塞。匈奴捕者騎數百追之，廣行取胡兒弓，射殺追騎，以故得脱。於是至漢，漢下廣吏。吏當廣所失亡多，爲虜所生得，當斬，贖爲庶人。

〔一〕集解徐廣曰：「一云『抱兒鞭馬南馳』也。」

頃之，家居數歲。廣家與故潁陰侯孫〔一〕屏野居藍田南山中射獵。嘗夜從一騎出，從人田間飲。還至霸陵亭，霸陵尉〔二〕醉，呵止廣。廣騎曰：「故李將軍。」尉曰：「今將軍尚不得夜行，何乃故也！」止廣宿亭下。居無何，匈奴入殺遼西太守，敗韓將軍，〔三〕後韓將軍徙右北平〔一〇〕。於是天子乃召拜廣爲右北平太守。廣即請霸陵尉與俱，至軍而斬之。

〔一〕集解灌嬰之孫〔一二〕，名强。索隱案：灌嬰之孫，名强。

〔二〕索隱案：百官志云「尉，大縣二人，主盜賊。凡有賊發，則推索尋案之」也。

〔三〕集解蘇林曰韓安國。

廣居右北平，匈奴聞之，號曰「漢之飛將軍」，避之，數歲不敢入右北平。

廣出獵，見草中石，以爲虎而射之，中石没鏃，【一】視之，石也。因復更射之，終不能復入石矣。廣所居郡聞有虎，嘗自射之。及居右北平，射虎，虎騰傷廣，廣亦竟射殺之。

【一】集解徐廣曰：「一作『没羽』。」

廣廉，得賞賜輒分其麾下，飲食與士共之。終廣之身，爲二千石四十餘年，家無餘財，終不言家産事。廣爲人長，猨臂，【一】其善射亦天性也，雖其子孫他人學者，莫能及廣。廣訥口少言，與人居則畫地爲軍陳，射闊狹以飲。【二】專以射爲戲，竟死。【三】廣之將兵，乏絶之處，見水，士卒不盡飲，廣不近水，士卒不盡食，廣不嘗食。寬緩不苛，士以此愛樂爲用。其射，見敵急，非在數十步之内，度不中不發，發即應弦而倒。用此，其將兵數困辱，其射猛獸亦爲所傷云。

【一】集解如淳曰：「臂如猨，通肩。」

【二】集解如淳曰：「射戲求疏密，【二】持酒以飲不勝者。」正義飲音於禁反。

【三】索隱謂終竟廣身至死，以爲恒也。

居頃之，石建卒，於是上召廣代建爲郎中令。元朔六年，廣復爲後將軍，從大將軍軍出定襄，擊匈奴。諸將多中首虜率，以功爲侯者，【一】而廣軍無功。後二歲，廣以郎中令將四千騎出右北平，博望侯張騫將萬騎與廣俱，異道。行可數百里，匈奴左賢王將四萬騎圍廣，廣軍士皆恐，廣乃使其子敢往馳之。敢獨與數十騎馳，直貫胡騎，出其左右而還，告廣曰：「胡虜易與耳。」軍士乃安。廣爲圜陳外嚮，胡急擊之，矢下如雨。漢兵死者過半，漢矢且盡。廣乃令士持滿毋發，而廣身自以大黃〔二〕射其裨將，殺數人，胡虜益解。會日暮，吏士皆無人色，而廣意氣自如，益治軍。軍中自是服其勇也。明日，復力戰，而博望侯軍亦至，匈奴軍乃解去。漢軍罷，弗能追。是時廣軍幾沒，罷歸。漢法，博望侯留遲後期，當死，贖爲庶人。廣軍功自如，無賞。

〔一〕集解如淳曰：「中猶充也。充本法得首若干封侯。」

〔二〕集解徐廣曰：「南都賦曰『黃閒機張』，善弩之名。」駰案：鄭德曰「黃肩弩，淵中黃朱之」。孟康曰「太公六韜曰『陷堅敗强敵，用大黃連弩』」。韋昭曰「角弩色黃而體大也」。索隱案：大黃，黃閒，弩名也。故韋昭曰「角弩也，色黃體大」是也。

初，廣之從弟李蔡與廣俱事孝文帝。景帝時，蔡積功勞至二千石。孝武帝時，至代相。以元朔五年爲輕車將軍，從大將軍擊右賢王，有功中率，〔一〕封爲樂安侯。元狩二年中，代公孫弘爲丞相。蔡爲人在下中，〔二〕名聲出廣下甚遠，然廣不得爵邑，官不過九卿，而蔡爲列侯，位至三公。諸廣之軍吏及士卒或取封侯。廣嘗與望氣王朔燕語，曰：「自漢擊匈奴而廣未嘗不在其中，而諸部校尉以下，才能不及中人，然以擊胡軍功取侯者數十人，而廣不爲後人，【三】然無尺寸之功以得封邑者，何也？豈吾相不當侯邪？且固命也？」朔曰：「將軍自念，豈嘗有所恨乎？」廣曰：「吾嘗爲隴西守，羌嘗反，吾誘而降，降者八百餘人，吾詐而同日殺之。至今大恨獨此耳。」朔曰：「禍莫大於殺已降，此乃將軍所以不得侯者也。」

【一】索隱中音丁仲反。率音律，亦音雙箄反。小顏云「率謂軍功封賞之科，著在法令」，故云中率。

【二】索隱案：以九品而論，在下之中，當第八。

【三】索隱案：謂不在人後。

後二歲，大將軍、驃騎將軍大出擊匈奴，廣數自請行。天子以爲老，弗許；良久乃許之，以爲前將軍。是歲，元狩四年也。

廣既從大將軍青擊匈奴，既出塞，青捕虜知單于所居，乃自以精兵走之，而令廣并於右將軍軍，【一】出東道。東道少回遠，而大軍行水草少，其勢不屯行。【二】廣自請曰：「臣部爲前將軍，今大將軍乃徙令臣出東道，且臣結髮而與匈奴戰，今乃一得當單于，【三】臣願居前，先死單于。」大將軍青亦陰受上誡，以爲李廣老，數奇，【四】毋令當單于，恐不得所欲。而是時公孫敖新失侯，爲中將軍從大將軍，大將軍亦欲使敖與俱當單于，故徙前將軍廣。廣時知之，固自辭於大將軍。大將軍不聽，令長史封書與廣之莫府，曰：「急詣部，如書。」【五】廣不謝大將軍而起行，意甚慍怒而就部，引兵與右將軍食其【六】合軍出東道。軍亡導，或失道，【七】後大將軍。大將軍與單于接戰，單于遁走，弗能得而還。南絕幕，【八】遇前將軍、右將軍。廣已見大將軍，還入軍。大將軍使長史持糒醪遺廣，因問廣、食其失道狀，青欲上書報天子軍曲折〔一三〕。【九】廣未對，大將軍使長史急責廣之幕府對簿。廣曰：「諸校尉無罪，乃我自失道。吾今自上簿至莫府。」

【一】集解徐廣曰：「主爵趙食其爲右將軍。」

【二】集解張晏曰：「以水草少，不可羣輩。」

【三】索隱今得當單于。案：廣言自少時結髮而與匈奴戰，唯今者得與單于相當遇也。

【四】集解如淳曰：「數爲匈奴所敗，奇爲不偶也。」索隱案：服虔云「作事數不偶也」。音朔。小顏音所具反。奇，蕭該音居宜反。

【五】正義令廣如其文牒，急引兵從東道也。

【六】索隱音異基。案：趙將軍名也。或亦依字讀。

【七】索隱謂無人導引，軍故失道也。

【八】正義絕，度也。南歸度沙幕。

【九】正義言委曲而行迴折，使軍後大將軍也。

廣謂其麾下曰：「廣結髮與匈奴大小七十餘戰，今幸從大將軍出接單于兵，而大將軍又徙廣部行回遠，而又迷失道，豈非天哉！且廣年六十餘矣，終不能復對刀筆之吏。」遂引刀自剄。廣軍士大夫一軍皆哭。百姓聞之，知與不知，無老壯皆爲垂涕。而右將軍獨下吏，當死，贖爲庶人。

廣子三人，曰當户、椒、敢，爲郎。天子與韓嫣【一】戲，嫣少不遜，當户擊嫣，嫣走。於是天子以爲勇。當户早死，拜椒爲代郡太守，皆先廣死。當户有遺腹子名陵。廣死軍時，敢從驃騎將軍。廣死明年，李蔡以丞相坐侵孝景園壖地，【二】當下吏治，蔡亦自殺，不對獄，國除。李敢以校尉從驃騎將軍擊胡左賢王，力戰，奪左賢王鼓旗，斬首多，賜爵關内侯，食邑二百户，代廣爲郎中令。頃之，怨大將軍青之恨其父，【三】乃擊傷大將軍，大將軍匿諱之。居無何，敢從上雍，【四】至甘泉宮獵。驃騎將軍去病與青有親，射殺敢。去病時方貴幸，上諱云鹿觸殺之。居歲餘，去病死。【五】而敢有女爲太子中人，愛幸，敢男禹有寵於太子，然好利，李氏陵遲衰微矣。

【一】索隱或音偃，又音許乾反。

【二】索隱 壖音人絹反，又音乃段反，又音而宣反。案：壖地，神道之地也。黄圖云「陽陵闕門西出，神道四通。茂陵神道廣四十三丈」也。正義 漢書云：「詔賜冢地陽陵，當得二十畝，蔡盜取三頃，頗賣得四十餘萬，又盜取神道外壖地一畝，葬其中。當下獄，自殺。」

【三】索隱 小顔云：「令其父恨而死。」

【四】索隱 劉氏音尚。大顔云「雍地形高，故云上」。

【五】集解 徐廣曰：「元狩六年。」

李陵既壯〔一四〕，選爲建章監，監諸騎。善射，愛士卒。天子以爲李氏世將，而使將八百騎。嘗深入匈奴二千餘里，過居延【一】視地形，無所見虜而還。拜爲騎都尉，將丹陽楚人五千人，教射酒泉、張掖以屯衞胡。

【一】集解 徐廣曰：「屬張掖。」正義 括地志云：「居延海在甘州張掖縣東北六十四里〔一五〕。地理志云『居延澤，古文以爲流沙』。甘州在京西北二千四百六十里。」

數歲，天漢二年秋，貳師將軍李廣利將三萬騎擊匈奴右賢王於祁連天山，【一】而使陵將其射士步兵五千人出居延北可千餘里，欲以分匈奴兵，毋令專走貳師也。陵既至期還，而單于以兵八萬圍擊陵軍。陵軍五千人，兵矢既盡，士死者過半，而所殺傷匈奴亦萬餘人。且引且戰，連鬬八日，還未到居延百餘里，匈奴遮狹絶道，陵食乏而救兵不到，虜急擊招降陵。陵曰：「無面目報陛下。」遂降匈奴。其兵盡没，餘亡散得歸漢者四百餘人。

【一】集解徐廣曰：「出燉煌至天山。」索隱案：晉灼云「在西域，近蒲類海〔一六〕」。又西河舊事云「白山冬夏有雪，匈奴謂之天山也」。正義括地志云：「祁連山在甘州張掖縣西南二百里。天山，一名白山，今名初羅漫山〔一七〕，在伊吾縣北百二十里。伊州在京西北四千四百一十六里。」

單于既得陵，素聞其家聲，及戰又壯，乃以其女妻陵而貴之。漢聞，族陵母妻子。自是之後，李氏名敗，而隴西之士居門下者皆用爲恥焉。

太史公曰：傳曰「其身正，不令而行；其身不正，雖令不從」。其李將軍之謂也？余睹李將軍悛悛【一】如鄙人，口不能道辭。及死之日，天下知與不知，皆爲盡哀。彼其忠實心誠信於士大夫也。諺曰「桃李不言，下自成蹊」。【二】此言雖小，可以諭大也。

【一】索隱音七旬反。漢書作「恂恂」，音詢。

【二】索隱案：姚氏云「桃李本不能言，但以華實感物，故人不期而往，其下自成蹊徑也。以喻廣雖不能出辭，能有所感，而忠心信物故也」。

【索隱述贊】猨臂善射，實負其能。解鞍却敵，圓陣摧鋒。邊郡屢守，大軍再從。失道見斥，數奇不封。惜哉名將，天下無雙！

校勘記

〔一〕大軍之誘　原作「大軍誘之」。王念孫雜志史記第五：「當作『大軍之誘』，言匈奴必以我爲大軍之誘敵者，不敢擊我也。上文曰『匈奴數千騎見廣，以爲誘騎』是也，若云『大軍誘之』則非其指矣。漢書李廣傳正作『大軍之誘』。」今據乙正。

〔二〕名不見　耿本、黄本、彭本、柯本、凌本、殿本作「云中貴」。

〔三〕鶚也説文云似鶩黑色多子一名鶩　耿本、黄本、彭本、柯本、凌本、殿本作「大鶩鳥也一名鶩黑色多子」。按：説文鳥部：「鶂，鶂鳥，黑色，多子。」

〔四〕以其毛作矢羽　「以」，耿本、黄本、彭本、柯本、凌本、殿本作「可以」。

〔五〕鶚一名鵰也　耿本、黄本、彭本、柯本、凌本、殿本作「鵰一名鶚也」。

〔六〕夜擊持行　「行」，漢書卷五四李廣傳「不擊刁斗自衛」顔師古注引孟康作「行夜」。按：黄本於「行」字旁補一「夜」字。

〔七〕音焦　「焦」，耿本、黄本、彭本、柯本、凌本、殿本作「譙」。

〔八〕蓋兵行舍於帷帳　耿本、黄本、彭本、柯本、凌本、殿本作「蓋兵門合施帷帳」。

〔九〕幕府　原作「莫府」。張文虎札記卷五：「此『莫』字當作『幕』。」按：漢書卷五四李廣傳作「莫府」，顏師古注：「莫府者，以軍幕爲義，古字通單用耳。軍旅無常居止，故以帳幕言之。廉頗、李牧市租皆入幕府。」今據改。

〔一〇〕後韓將軍徙右北平　景祐本、紹興本、耿本、黄本、柯本、凌本作「韓將軍後徙右北平」。「平」下會注本有「死」字，漢書卷五四李廣傳同。

〔一一〕灌嬰之孫　此上原有「孫」字。張文虎札記卷五：「注中上『孫』字疑衍。」今據删。

〔一二〕射戲　「射」，漢書卷五四李廣傳「專以射爲戲」顏師古注引如淳作「爲」。

〔一三〕軍曲折　王念孫雜志史記第五：「『軍』上當有『失』字。廣、食其軍與大將軍軍相失，故曰『失軍』。報失軍曲折者，報失軍之委曲情狀也。漢書作『失軍曲折』，師古曰：『曲折，猶言委曲』是也。正義謂『委曲而行迴折』，失其指矣。」

〔一四〕李陵既壯　梁玉繩志疑卷三三：「此下皆後人妄續也，無論天漢閒事史所不載，而史公因陵被禍，必不書之，其詳別見于報任安書，蓋有深意焉。且所續與漢傳不合，如族陵家在陵降歲餘之後，匈奴妻陵又在族陵家之後，而此言單于得陵即以女妻之，漢聞其妻單于女族陵母妻子，並誤也。」

〔一五〕六十四里　本書卷一五帝本紀「西至于流沙」正義引括地志作「千六十四里」，疑是。

〔一六〕蒲類海　「海」，耿本、黄本、彭本、柯本、凌本、殿本無，疑此衍。按：漢書卷六武帝紀「與右賢王戰于天山」顏師古注引晉灼曰：「在西域，近蒲類國。」

〔一七〕初羅漫山　元王幼學通鑑綱目集覽卷九引括地志作「析羅漫山」，百衲本舊唐書卷四〇地理志三同，疑是。按：林梅村漢唐西域與中國文明認爲此山名乃吐火羅語之音譯，唐時譯作「祁羅漫山」或「析羅漫山」，「初羅漫之『初』當係『祁』字之誤；折羅漫之『折』當係『析』字之誤。」通鑑卷二一漢紀天漢元年「擊右賢王於天山」胡三省注引括地志、新唐書卷四〇地理志四作「折羅漫山」，「折」疑爲「析」之形譌。

史記卷一百十

匈奴列傳第五十

正義 此卷或有本次平津侯後，第五十二〔一〕。今第五十者，先生舊本如此，劉伯莊音亦然。若先諸傳而次四夷，則司馬、汲鄭不合在後也。

匈奴，其先祖夏后氏之苗裔也，曰淳維。〔一〕唐虞以上有山戎、〔二〕獫狁、葷粥，〔三〕居于北蠻，隨畜牧而轉移。其畜之所多則馬、牛、羊，其奇畜則橐駞、〔四〕驢贏、〔五〕駃騠、〔六〕騊駼、〔七〕驒騱。〔八〕逐水草遷徙，毋城郭常處耕田之業，然亦各有分地。〔九〕毋文書，以言語爲約束。兒能騎羊，引弓射鳥鼠；少長〔一〇〕則射狐兔：用爲食。士力能毌弓，〔一一〕盡爲甲騎。其俗，寬則隨畜，因射獵禽獸爲生業，急則人習戰攻以侵伐，其天性也。其長兵則弓矢，短兵則刀鋋。〔一二〕利則進，不利則退，不羞遁走。苟利所在，不知禮義。自君王以下，咸食畜肉，衣其皮革，被旃裘。壯者食肥美，老者食其餘。貴壯健，賤老弱。父死，妻

其後母，兄弟死，皆取其妻妻之。其俗有名不諱，而無姓字。【一三】

【一】集解漢書音義曰：「匈奴始祖名。」索隱張晏曰「淳維以殷時奔北邊」。又樂產括地譜云〔二〕「夏桀無道，湯放之鳴條，三年而死。其子獯粥妻桀之衆妾，避居北野，隨畜移徙，中國謂之匈奴」。其言夏后苗裔，或當然也。故應劭風俗通云「殷時曰獯粥，改曰匈奴」。又服虔云〔三〕「堯時曰葷粥，周曰獫狁，秦曰匈奴」。韋昭云「漢曰匈奴，葷粥其別名」。則淳維是其始祖，蓋與獯粥是一也。

【二】正義左傳莊三十年「齊人伐山戎」，杜預云山戎、北戎、無終三名也。括地志云「幽州漁陽縣，本北戎無終子國」。

【三】集解晉灼云：「堯時曰葷粥，周曰獫狁，秦曰匈奴。」

【四】索隱橐他。韋昭曰：「背肉似橐，故云橐也。」包愷音託。他，或作「駞」。正義畜，許又反。

【五】索隱案：古今注云「驢牡馬牝，生驘」。正義驘音力戈反。

【六】集解徐廣曰：「北狄駿馬。」索隱説文云「駃騠，馬父驘子也」〔四〕。廣志音決蹄也。發蒙記「刳其母腹而生」。列女傳云「生七日超其母」。

【七】集解徐廣曰：「似馬而青。」索隱案：郭璞注爾雅云：騊駼馬青色。音淘塗。又字林云野馬。山海經云「北海有獸〔五〕，其狀如馬，其名騊駼」也。

【八】集解徐廣曰：「音顛。巨虛之屬。」索隱驒奚。韋昭驒音顛。説文「野馬屬」。徐廣云「巨虛之類」。一云青驪白鱗，文如鼉魚。鄒誕生本「奚」字作「騱」。

【九】索隱上音扶冀反。

【一〇】索隱上音式紹反，下音陟兩反。少長謂年稍長。

【一一】索隱上音彎，如字亦通也。

【一二】集解韋昭曰：「鋌形似矛，鐵柄。音時年反。」索隱音蟬。埤蒼云「鋌，小矛鐵矜」。古今字詁云「矡，通作『矜』」。

【一三】集解漢書曰：「單于姓攣鞮氏。」索隱攣音六緣反。鞮音丁啼反。

夏道衰，而公劉失其稷官，【一】變于西戎，邑于豳。其後三百有餘歲，戎狄攻大王亶父，【二】亶父亡走岐下，而豳人悉從亶父而邑焉，作周。【三】其後百有餘歲，周西伯昌伐畎夷氏。【四】後十有餘年，武王伐紂而營雒邑，復居于酆、鄗，放逐戎夷涇、洛之北，【五】以時入貢，命曰「荒服」。其後二百有餘年，周道衰，【六】而穆王伐犬戎，得四白狼、四白鹿以歸。自是之後，荒服不至。於是周遂作甫刑之辟。穆王之後二百有餘年，周幽王用寵姬褒姒之故，與申侯有郤。【七】申侯怒而與犬戎共攻殺周幽王于驪山之下，【八】遂取周之焦穫，【九】而居于涇渭之閒，侵暴中國。秦襄公救周，於是周平王去酆、鄗而東徙雒邑。當是之時，秦襄公伐戎至岐，始列爲諸侯。【一〇】是後六十有五年，而山戎【一一】越燕而伐齊，齊釐公與戰于齊郊。【一二】其後四十四年，而山戎伐燕。燕告急于齊，齊桓公北伐山戎，山戎走。其後二十有餘年，而戎狄至洛邑，伐周襄王，襄王奔于鄭之氾邑。【一三】初，周襄王欲伐鄭，故娶戎狄女爲后，與戎狄兵共伐鄭。已而黜狄后，狄后怨，而襄王後母曰惠后，有子子帶，欲立之，於是惠后與狄后、子帶爲内應，開戎狄，戎狄以故得入，破逐周襄王，而立子帶爲天子。於是戎狄或居于陸渾，【一四】東至於衛，侵盜暴虐中國。中國疾之，故詩人歌之曰「戎狄是應」，「薄伐獫狁，至於大原」，【一五】「出輿彭彭，城彼朔方」。【一六】周襄王既居外四年，乃使使告急于晉。晉文公初立，欲修霸業，乃興師伐逐戎翟，誅子帶，迎内周襄王，居于雒邑。

【一】集解徐廣曰：「后稷之曾孫。」正義周本紀云「不窋失其官」。此云公劉，未詳也。

【二】集解徐廣曰：「公劉九世孫。」

【三】索隱按：謂始作周國也。

【四】索隱韋昭云：「春秋以爲犬戎。」按：畎音犬。大顏云〔六〕即昆夷也。山海經云「黄帝生苗龍，苗龍生融吾，融吾生弄明，弄明生白犬。白犬有二牡〔七〕，是爲犬戎」。説文云「赤狄本犬種」，故字從犬〔八〕。又山海經云「有人面獸身〔九〕，名曰犬夷」。賈逵云「犬夷，戎之別種也」。

【五】索隱晉灼曰：「洛水在馮翊懷德縣，東南入渭。」又案：水經云出上郡雕陰泰昌山，過華陰入渭，即漆沮水也。

【六】索隱案：周紀云「懿王時，王室衰，詩人作怨刺之詩」，不能復雅也。

【七】正義故申城在鄧州南陽縣北三十里，周宣王舅所封。

【八】集解韋昭曰：「戎後來居此山，故號曰驪戎。」

【九】正義括地志云：「焦穫亦名瓠口，亦曰瓠中〔一〇〕，在雍州涇陽縣城北十數里。周有焦穫也。」

【一〇】正義今岐州。高誘云「秦襄公救周有功，受周故地酆、鄗，列爲諸侯」也。

【一一】索隱服虔云：「山戎蓋今鮮卑。」按：胡廣云「鮮卑，東胡别種」。又應奉云「秦築長城，徒役之士亡出塞外，依鮮卑山，因以爲號」。

【一二】索隱蠭音僖。名諸兒也〔一一〕。

【一三】索隱蘇林「氾音凡。今潁川襄城是」。按：春秋地名云「氾邑，襄王所居，故云襄城」也。

【一四】集解徐廣曰：「一爲『陸邑』。」索隱春秋左氏「秦晉遷陸渾之戎于伊川」。杜預以爲「允姓之戎居陸渾，在秦晉之閒〔一二〕，二國誘而徙之伊川，遂從戎號」，今陸渾縣是也。

【一五】集解毛詩傳曰：「言逐出之而已。」

【一六】集解毛詩傳曰：「彭彭，四馬貌。朔方，北方。」正義玁狁既去，北方安靜，乃築城守之。

當是之時，秦晉爲彊國。晉文公攘戎翟，居于河西圁、洛之閒，〔一〕號曰赤翟、〔二〕白翟。〔三〕秦穆公得由余，西戎八國服於秦，故自隴以西有緜諸、〔四〕緄戎、〔五〕翟、豲之戎，〔六〕岐、梁山、涇、漆之北有義渠、〔七〕大荔、〔八〕烏氏、〔九〕朐衍之戎。〔一〇〕而晉北有林胡、〔一一〕樓煩之戎，〔一二〕燕北有東胡、山戎。〔一三〕各分散居谿谷，自有君長，往往而聚者百有餘戎，然莫能相一。

〔一〕集解徐廣曰：「圁在西河，音銀。洛在上郡、馮翊閒。」索隱西河圁、洛。晉灼音嚚。三蒼作「圜」。地理志云圜水出上郡白土縣西，東流入河。韋昭云「圜當爲『圁』」。續郡國志及太康地志並作「圁」字也。正義括地志云：「白土故城在鹽州白池東北三百九十里。」又云：「近延州、綏州、銀州，本春秋時白狄所居，七國屬魏，後入秦，秦置三十六郡。」洛，漆沮也。

〔二〕索隱案：左氏傳云「晉師滅赤狄潞氏」。杜氏以「潞，赤狄之別種也」，今上黨潞縣。又春秋地名云「今曰赤涉胡」。

〔三〕索隱左氏「晉師敗狄于箕，郤缺獲白狄子」。杜氏以爲「白狄之別種〔一三〕，故西河郡有白部胡」。又國語云「桓公西征攘白狄之地，遂至于西河」也。正義括地志云：「潞州本赤狄地。延、銀、綏三州白翟地。」按：文言「圁、潞之閒號赤狄〔一四〕」，未詳。

〔四〕索隱地理志天水有緜諸道。正義括地志云：「緜諸城，秦州秦嶺縣北五十六里。漢緜諸道，屬天水郡。」

【五】正義上音昆。字當作「混」。顏師古云：「混夷也。」韋昭云：「春秋以爲犬戎。」

【六】集解徐廣曰：「在天水。豲音丸。」索隱地理志天水豲道。應劭以〔一五〕「豲，戎邑。音桓」。正義括地志云：「豲道故城在渭州襄武縣東南三十七里。古之豲戎邑。漢豲道，屬天水郡。」

【七】索隱韋昭云：「義渠本西戎國，有王，秦滅之。今在北地郡。」正義括地志云：「寧州、慶州，西戎，即劉拘邑城〔一六〕，時爲義渠戎國，秦爲北地郡也。」

【八】集解徐廣曰：「後更名臨晉，在馮翊。」索隱按：秦本紀厲共公伐大荔，取其王城。後更名臨晉。故地理志云臨晉故大荔國也。正義括地志云：「同州馮翊縣及朝邑縣，本漢臨晉縣地，古大荔戎國。今朝邑縣東三十步故王城，即大荔王城。」荔，力計反。

【九】集解徐廣曰：「在安定。」正義氏音支。括地志云：「烏氏故城在涇州安定縣東三十里。周之故地，後入戎，秦惠王取之，置烏氏縣也。」

【一〇】集解徐廣曰：「在北地。朐音詡。」索隱案：地理志朐衍，縣名，在北地。徐廣音詡。鄭氏音吁。正義括地志云：「鹽州，古戎狄居之，即朐衍戎之地，秦北地郡也。」

【一一】索隱如淳云：「林胡即儋林，爲李牧所滅也。」正義括地志云：「朔州，春秋時北地也。如淳云即澹林也，爲李牧滅。」

【一二】索隱地理志樓煩，縣名，屬鴈門。應劭云「故樓煩胡地」。正義括地志云：「嵐州，樓煩胡地也。風俗通云「故樓煩胡地」也。」

【一三】集解漢書音義曰：「烏丸，或云鮮卑。」索隱服虔云：「東胡，烏丸之先，後爲鮮卑。在匈奴東，故曰東胡。」案：續漢書曰「漢初，匈奴冒頓滅其國，餘類保烏桓山，以爲號。俗隨水草，居無常處。以父之名字爲姓。父子男女悉髡頭爲輕便也」。

自是之後百有餘年，晉悼公使魏絳和戎翟，戎翟朝晉。後百有餘年，趙襄子踰句注【一】而破并代以臨胡貉。【二】其後既與韓魏共滅智伯，分晉地而有之，則趙有代、句注之北，魏有河西、上郡，以與戎界邊。其後義渠之戎築城郭以自守，而秦稍蠶食，至於惠王，遂拔義渠二十五城。惠王擊魏，魏盡入西河及上郡于秦。秦昭王時，義渠戎王與宣太后【三】亂，有二子。宣太后詐而殺義渠戎王於甘泉，遂起兵伐殘義渠。於是秦有隴西、北地、上郡，築長城以拒胡。而趙武靈王亦變俗胡服，習騎射，北破林胡、樓煩；築長城，【四】自代並【五】陰山【六】下，至高闕爲塞，【七】而置雲中、鴈門、代郡。其後燕有賢將秦開，爲質於胡，胡甚信之。歸而襲破走東胡，東胡卻千餘里。與荆軻刺秦王秦舞陽者，開之孫也。燕亦築長城，自造陽【八】至襄平。【九】置上谷、漁陽、右北平、遼西、遼東郡以拒胡。當是之時，冠帶戰國七，而三國邊於匈奴。【一〇】其後趙將李牧時，匈奴不敢入趙邊。後秦滅六國，而始皇帝使蒙恬將十萬之衆北擊胡【一七】，悉收河南地。因河爲塞，【一二】築四十四縣城臨河，徙適【一二】戍以充之。而通直道，【一三】自九原至雲陽，【一四】因邊山險塹谿谷可繕者治之，起臨洮至遼東萬餘里。【一五】又度河據陽山北假中。【一六】

【一】集解音鉤。山名，在鴈門。索隱服虔云：「句音拘。」韋昭云：「山名，在陰館。」

【二】索隱案：貉即濊也，音亡格反。

【三】集解昭王母也。索隱服虔云「昭王之母」也。

【四】正義括地志云：「趙武靈王長城在朔州善陽縣北。案水經云白道長城北山上有長垣〔一八〕，若積毀焉〔一九〕，沿谿亘嶺，東西無極，蓋趙武靈王所築也。」

【五】集解音傍，白浪反。

【六】索隱徐廣云：「五原西安陽縣北有陰山。陰山在河南，陽山在河北〔二〇〕。並音傍，白浪反。」正義括地志云：「陰山在朔州北塞外突厥界。」

【七】集解徐廣曰：「在朔方。」正義地理志云朔方臨戎縣北有連山〔二一〕，險於長城，其山中斷，兩峯俱峻，土俗名爲高闕也。

【八】集解韋昭曰：「地名，在上谷。」正義按：上谷郡，今嬀州。

【九】索隱韋昭云：「今遼東所理也。」

【一〇】索隱案：三國，燕、趙、秦也。

【一一】索隱案：太康地記「秦塞自五原北九百里，謂之造陽。東行終利貢山南，漢陽西也」。漢，一作「漁」。

【二二】集解音丁革反。　索隱丁革反。

【二三】索隱蘇林云：「去長安八千里，正南北相直道也。」

【二四】索隱韋昭云：「九原，縣名，屬五原也。」　正義括地志云：「勝州連谷縣，本秦九原郡，漢武帝更名五原。雲陽，雍縣，秦之林光宮，即漢之甘泉宮在焉。」又云：「秦故道在慶州華池縣西四十五里子午山上。自九原至雲陽，千八百里。」

【二五】索隱韋昭云：「臨洮，隴西縣。」　正義括地志云：「秦隴西郡臨洮縣，即今岷州城。本秦長城首，起岷州西十二里，延袤萬餘里，東入遼水。」

【二六】集解北假，北方田官。主以田假與貧人，故云北假。　索隱應劭云：「北假在北地陽山北。」韋昭云：「北假，地名。」又按：漢書元紀云「北假田官」。蘇林以爲北方田官也。主以田假與貧人，故曰北假也。　正義括地志云：「漢五原郡河目縣故城在北假中。北假，地名也，在河北，今屬勝州銀城縣。漢書王莽傳云『五原北假，膏壤殖穀』也。」

當是之時，東胡彊而月氏盛。【一】匈奴單于【二】曰頭曼，【三】頭曼不勝秦，北徙。十餘年而蒙恬死，諸侯畔秦，中國擾亂，諸秦所徙適戍邊者皆復去，於是匈奴得寬，復稍度河南，與中國界於故塞。

【一】正義氏音支。括地志云：「涼、甘、肅、延、沙等州地〔二三〕，本月氏國。」

【二】集解漢書音義曰：「單于者，廣大之貌，言其象天單于然。」索隱注「單于，廣大之貌」〔二三〕。案：漢書「單于姓攣鞮氏，其國稱之曰『撐黎孤塗單于』。而匈奴謂天爲『撐黎』，謂子爲『孤塗』。單于者，廣大之貌也。」言其象天，故曰「撐黎孤塗單于」。又玄晏春秋云「士安讀漢書，不詳此言，有胡奴在側，言之曰：『此胡所謂天子。』與古書所說符會也」。

【三】集解韋昭曰：「音瞞。」索隱音莫官反。韋昭音瞞。

單于有太子名冒頓。【一】後有所愛閼氏，【二】生少子，而單于欲廢冒頓而立少子，乃使冒頓質於月氏。冒頓既質於月氏，而頭曼急擊月氏。月氏欲殺冒頓，冒頓盜其善馬，騎之亡歸。頭曼以爲壯，令將萬騎。冒頓乃作爲鳴鏑，【三】習勒其騎射，令曰：「鳴鏑所射而不悉射者，斬之。」行獵鳥獸，有不射鳴鏑所射者，輒斬之。已而冒頓以鳴鏑自射其善馬，左右或不敢射者，冒頓立斬不射善馬者。居頃之，復以鳴鏑自射其愛妻，左右或頗恐，不敢射，冒頓又復斬之。居頃之，冒頓出獵，以鳴鏑射單于善馬，左右皆射之。於是冒頓知其左右皆可用。從其父單于頭曼獵，以鳴鏑射頭曼，其左右亦皆隨鳴鏑而射殺單于頭曼，遂盡誅其後母與弟及大臣不聽從者。冒頓自立爲單于。

【一】索隱冒音墨，又如字。

【二】索隱舊音於連、於曷反二音。匈奴皇后號也。習鑿齒與燕王書曰：「山下有紅藍，足下先知不？北方人採取其花染緋黃〔二四〕，接取其上英鮮者作烟肢，婦人將用爲顏色。吾少時再三過見烟肢，今日始視紅藍，後當爲足下致其種。匈奴名妻作『閼支』，言其可愛如烟肢也。閼音煙。想足下先亦不作此讀漢書也。」

【三】集解漢書音義曰：「鏑，箭也，如今鳴箭也。」韋昭曰：「矢鏑飛則鳴。」索隱應劭云：「髐箭也。」韋昭云：「矢鏑飛則鳴。」

冒頓既立，【一】是時東胡彊盛，聞冒頓殺父自立，乃使使謂冒頓，欲得頭曼時有千里馬。冒頓問羣臣，羣臣皆曰：「千里馬，匈奴寶馬也，勿與。」冒頓曰：「柰何與人鄰國而愛一馬乎？」遂與之千里馬。居頃之，東胡以爲冒頓畏之，乃使使謂冒頓，欲得單于一閼氏。冒頓復問左右，左右皆怒曰：「東胡無道，乃求閼氏！請擊之。」冒頓曰：「柰何與人鄰國愛一女子乎？」遂取所愛閼氏予東胡。東胡王愈益驕，西侵。與匈奴閒，中有弃地，莫居，千餘里，各居其邊爲甌脱。【二】東胡使使謂冒頓曰：「匈奴所與我界甌脱外弃地，匈奴非能至也，吾欲有之。」冒頓問羣臣，羣臣或曰：「此弃地，予之亦可，勿予亦可。」於是冒頓大怒曰：「地者，國之本也，柰何予之！」諸言予之者，皆斬之。冒頓上馬，令國中有後者斬，遂東襲擊東胡。東胡初輕冒頓，不爲備。及冒頓以兵至，擊，大破滅東胡王，而虜其民人及畜產。既歸，西擊走月氏，南并樓煩、白羊河南王。【三】悉復收秦所使蒙恬所奪匈奴地者〔二五〕，與漢關故河南塞，至朝那、膚施，【四】遂侵燕、代。是時漢兵與項羽相距〔二六〕，中國罷於兵革，以故冒頓得自彊，控弦之士三十餘萬。

【一】集解徐廣曰：「秦二世元年壬辰歲立。」

【二】集解韋昭曰：「界上屯守處。」索隱服虔云「作土室以伺漢人」。又纂文曰「甌脱，土穴也」。又云是地名，故下云「生得甌脱王」。韋昭云「界上屯守處也」。甌音一侯反。脱音徒活反。正義按：境上斥候之室爲甌脱也。

【三】索隱如淳云：「白羊王居河南。」

【四】集解徐廣曰：「在上郡。」正義漢朝那故城在原州百泉縣西七十里，屬安定郡。膚施，縣，秦因不改〔二七〕，今延州膚施縣是。

自淳維以至頭曼千有餘歲，時大時小，別散分離，尚矣，其世傳不可得而次云。然至冒頓而匈奴最彊大，盡服從北夷，而南與中國爲敵國，其世傳國官號乃可得而記云。

置左右賢王，左右谷蠡王，【一】左右大將，左右大都尉，左右大當户，左右骨都侯。【二】匈奴謂賢曰「屠耆」，【三】故常以太子爲左屠耆王。自如左右賢王以下至當户，大者萬騎，小者數千，凡二十四長，立號曰「萬騎」。諸大臣皆世官。呼衍氏，蘭氏，【四】其後有須卜氏，【五】此三姓其貴種也。諸左方王將居東方，直上谷【六】以往者，東接穢貉、朝鮮；右方王將居西方，直上郡〔七〕以西，接月氏、氐、羌〔二八〕；〔八〕而單于之庭直代、雲中；〔九〕各有分地，逐水草移徙。而左右賢王、左右谷蠡王最爲大國〔二九〕，左右骨都侯輔政。諸二十四長亦各自置千長、百長、什長、〔一〇〕裨小王、相封〔三〇〕、〔一一〕都尉、當户、且渠之屬。〔一二〕

〔一〕集解服虔曰：「谷音鹿。蠡音離。」索隱服虔音鹿離。蠡，又音黎。

〔二〕集解骨都，異姓大臣。索隱按：後漢書云骨都侯，異姓大臣。

〔三〕集解徐廣曰：「屠，一作『諸』。」

〔四〕正義顏師古云：「呼衍，即今鮮卑姓呼延者也。蘭姓今亦有之。」

〔五〕集解呼衍氏、須卜氏常與單于婚姻。須卜氏主獄訟。索隱按：後漢書云「呼衍氏、須卜氏常與單于婚姻。須卜氏主獄訟」也。正義後漢書云：「呼衍氏、須卜氏常與單于婚姻。」

〔六〕索隱案：姚氏云「古字例以『直』爲『值』。值者，當也」。正義上谷郡，今嬀州也。言匈奴東方南出，直當嬀州也。

〔七〕正義上郡故城在涇州上縣東南五十里〔三一〕。言匈奴西方南直當綏州也。

〔八〕索隱西接氐、羌。案：風俗通云「二氐〔三二〕，本西南夷種。地理志武都有白馬氐」。又魚豢魏略云「漢置武都郡，排其種人，分竄山谷，或號青氐，或號白氐」。纂文云「氐亦羊稱」。說文云「羌，西方牧羊人」。續漢書云「羌，三苗姜姓之別，舜徙于三危，今河關之西南羌是也」。

〔九〕索隱案：謂匈奴所都處爲「庭」。樂産云「單于無城郭，不知何以國之。穹廬前地若庭，故云庭」。【正義】代郡城，北狄代國，秦漢代縣城也，在蔚州羌胡縣北百五十里〔三三〕。雲中故城，趙雲中城，秦雲中郡，在勝州榆林縣東北四十里。言匈奴之南直當代、雲中也。

【一〇】【索隱】案：續漢書百官志云〔三四〕「里有魁，人有什伍。里魁掌一里百家〔三五〕，什主十家，伍長五家〔三六〕，以相檢察」。故賈誼過秦論以爲「俛起什百之中」是也。

【一一】【集解】徐廣曰：「一作『將』。」

【一二】【正義】且，子餘反。顏師古云：「今之沮渠姓，蓋本因此官。」

歲正月，諸長小會單于庭，祠。五月，大會蘢城，【一】祭其先、天地、鬼神。秋，馬肥，大會蹛林，【二】課校人畜【三】計。其法：拔刃尺者死，坐盜者沒入其家；有罪，小者軋，【四】大者死。獄久者不過十日，一國之囚不過數人。而單于朝出營，拜日之始生，夕拜月。其坐，長左而北鄉。【五】日上戊己。其送死，有棺槨金銀衣裘，而無封樹喪服；【六】近幸臣妾從死者，多至數千百人。【七】舉事而候星月，月盛壯則攻戰，月虧則退兵。其攻戰，斬首虜賜一卮酒，而所得鹵獲因以予之，得人以爲奴婢。故其戰，人人自爲趣利，善爲誘兵以冒敵。故其見敵則逐利，如鳥之集；其困敗，則瓦解雲散矣。戰而扶輿死者，盡得死者家財。

【一】【索隱】漢書作「龍城」，亦作「蘢」字。崔浩云「西方胡皆事龍神，故名大會處爲龍城」。後漢書云「匈奴俗，歲有三龍祠，祭天神」。

【二】集解漢書音義曰：「匈奴秋社八月中皆會祭處。蹛音帶。」索隱服虔云：「音帶。匈奴秋社八月中皆會祭處。」鄭氏云：「地名也。」晉灼云「李陵與蘇武書云『相競趨蹛林』」，則服虔說是也。又韋昭音多藍反。姚氏案：李牧傳「大破匈奴，滅襜襤」，此字與韋昭音頗同，然林襤聲相近，或以「林」爲「襤」也。正義顏師古云：「蹛者，遶林木而祭也。鮮卑之俗，自古相傳，秋祭無林木者，尚豎柳枝，衆騎馳遶三周乃止，此其遺法也。」

【三】正義許又反。

【四】集解漢書音義曰：「刃刻其面。」索隱服虔云：「刀割面也〔三七〕。」音烏八反。鄧展云：「歷也。」如淳云：「撾抶也〔三八〕。」三蒼云：「軋，輾也。」說文云：「輾，轢也。」正義顏師古云：「軋者謂輾轢其骨節，若今之厭踝者也。」

【五】正義其座北向，長者在左，以左爲尊也。

【六】集解張華曰：「匈奴名冢曰逗落。」

【七】正義漢書作「數十百人」。顏師古云：「或數十人，或百人。」

後北服渾庾、屈射、【一】丁零、【二】鬲昆、薪犂之國。【三】於是匈奴貴人大臣皆服，以冒頓單于爲賢。

【一】索隱國名。射音亦，又音石。

【二】索隱按：魏略云「丁零在康居北，去匈奴庭接習水七千里〔三九〕」。又云「匈奴北有渾窳國」。

【三】正義已上五國在匈奴北。

是時漢初定中國，徙韓王信於代，都馬邑。匈奴大攻圍馬邑，韓王信降匈奴。匈奴得信，因引兵南踰句注，攻太原，至晉陽下。高帝自將兵往擊之。會冬大寒雨雪，卒之墮指者十二三，於是冒頓詳敗走，誘漢兵。漢兵逐擊冒頓，冒頓匿其精兵，見其羸弱，於是漢悉兵，多步兵，三十二萬，北逐之。高帝先至平城，【一】步兵未盡到，冒頓縱精兵四十萬騎圍高帝於白登，【二】七日，漢兵中外不得相救餉。匈奴騎，其西方盡白馬，東方盡青駹馬，【三】北方盡烏驪馬〔四〇〕，【四】南方盡騂馬。【五】高帝乃使使閒厚遺閼氏，閼氏乃謂冒頓曰：「兩主不相困。今得漢地，而單于終非能居之也。且漢王亦有神，單于察之。」冒頓與韓王信之將王黄、趙利期，而黄、利兵又不來，疑其與漢有謀，亦取閼氏之言，乃解圍之一角。於是高帝令士皆持滿傅【六】矢外鄉，從解角直出，竟與大軍合，而冒頓遂引兵而去。漢亦引兵而罷，使劉敬結和親之約。

【一】集解徐廣曰：「在鴈門。」

【二】正義白登臺在白登山上，朔州定襄縣東三十里。定襄縣，漢平城縣也。

【三】索隱駹音武江反。案：青駹馬，色青〔四一〕。正義鄭玄云：「駹，不純也。」說文云駹，面顙皆白。爾雅云黑馬面白也。

【四】索隱說文云驪黑色。

【五】索隱案：詩傳云「赤黃曰騂」。

【六】索隱音附。

是後韓王信爲匈奴將，及趙利、王黃等數倍約，侵盜代、雲中。居無幾何，陳豨反，又與韓信合謀擊代。漢使樊噲往擊之，復拔代、鴈門、雲中郡縣，不出塞。是時匈奴以漢將衆往降，故冒頓常往來侵盜代地。於是漢患之，高帝乃使劉敬奉宗室女公主爲單于閼氏，歲奉匈奴絮繒酒米食物各有數，約爲昆弟以和親，冒頓乃少止。後燕王盧綰反，率其黨數千人降匈奴，往來苦上谷以東。

高祖崩，孝惠、呂太后時，漢初定，故匈奴以驕。冒頓乃爲書遺高后，妄言。高后欲擊之，【一】諸將曰：「以高帝賢武，然尚困於平城。」於是高后乃止，【二】復與匈奴和親。

【一】索隱案：漢書云「高后時，冒頓寖驕，乃使使遺高后書曰：『孤僨之君，生於沮澤之中，長於平野牛馬之域，數至邊境，願遊中國。陛下獨立，孤僨獨居，兩主不樂，無以自娛，願以所有，易其所無。』高后怒，欲擊之」。

【二】索隱案漢書，季布諫，高后乃止。

至孝文帝初立，復修和親之事。其三年五月，匈奴右賢王入居河南地，侵盜上郡葆塞蠻夷，殺略人民。於是孝文帝詔丞相灌嬰發車騎八萬五千，詣高奴，【一】擊右賢王。右賢王走出塞。文帝幸太原。是時濟北王反，文帝歸，罷丞相擊胡之兵。

【一】正義延州城本漢高奴縣舊都。

其明年，單于遺漢書曰：「天所立匈奴大單于敬問皇帝無恙。前時皇帝言和親事，稱書意，合歡。漢邊吏侵侮右賢王，右賢王不請，聽後義盧侯難氏【一】等計，與漢吏相距，絕二主之約，離兄弟之親。皇帝讓書再至，發使以書報，不來，漢使不至，漢以其故不和，鄰國不附。今以小吏之敗約故，罰右賢王，使之西求月氏擊之。以天之福，吏卒良，馬彊力，以夷滅月氏，盡斬殺降下之。定樓蘭、【二】烏孫、呼揭【三】及其旁二十六國，皆以爲匈奴。【四】諸引弓之民，并爲一家。北州已定，願寢兵休士卒養馬，除前事，復故約，以安邊民，以應始古，使少者得成其長，老者安其處，世世平樂。未得皇帝之志也，故使郎中係雩淺奉書，【五】請獻橐他一匹、騎馬二匹、駕二駟。【六】皇帝即不欲匈奴近塞，則且詔吏民遠舍。使者至，即遣之。」以六月中來至薪望之地。【七】書至，漢議擊與和親孰便。公卿皆曰：「單于新破月氏，乘勝，不可擊。且得匈奴地，澤鹵，【八】非可居也。和親甚便。」漢許之。

【一】集解徐廣曰：「音支。」索隱匈奴將名也。氏音支。

【二】集解徐廣曰：「一云『樓湟』。」正義漢書云鄯善國名樓蘭，去長安一千六百里也〔四二〕。

【三】集解音桀。索隱音傑，又音丘列反。正義揭音桀，又其例反〔四三〕。二國皆在瓜州西北。烏孫，戰國時居瓜州。

【四】索隱案：謂皆入匈奴一國。

【五】集解雩音火胡反。索隱係，胡計反。雩，火胡反〔四四〕。

【六】正義顏師古云：「駕，可駕車也。二駟，八匹馬也。」

【七】集解漢書音義曰：「塞下地名。」索隱望薪之地。服虔云：「漢界上塞下地名，今匈奴使至於此也。」

【八】正義上音烏。

孝文皇帝前六年，漢遺匈奴書曰：「皇帝敬問匈奴大單于無恙。使郎中係雩淺遺朕書曰：『右賢王不請，聽後義盧侯難氏等計，絕二主之約，離兄弟之親，漢以故不和，鄰國不附。今以小吏敗約故，罰右賢王使西擊月氏，盡定之。願寢兵休士卒養馬，除前事，復故約，以安邊民，使少者得成其長，老者安其處，世世平樂。』朕甚嘉之，此古聖主之意也。漢與匈奴約爲兄弟，所以遺單于甚厚。倍約離兄弟之親者，常在匈奴。然右賢王事已在赦前，單于勿深誅。單于若稱書意，明告諸吏，使無負約，有信，敬如單于書。使者言單于自將伐國有功，甚苦兵事。服繡袷綺衣、〔一〕繡袷長襦、〔二〕錦袷袍各一，比余一，〔三〕黄金飾具帶一，〔四〕黄金胥紕一，〔五〕繡十匹，錦三十匹，赤綈、〔六〕緑繒各四十匹，使中大夫意、謁者令肩遺單于。」

〔一〕索隱案：小顏云「服者，天子所服也，以繡爲表，綺爲裏」。以賜冒頓。字林云「袷，衣無絮也。音公洽反」。

〔二〕集解徐廣曰：「一本無『袷』字。」

〔三〕集解徐廣曰：「或作『疏比』也。」索隱案：漢書作「比疎一」。比音鼻。小顏云「辮髮之飾也，以金爲之」。廣雅云「比，櫛也」。蒼頡篇云「靡者爲比，麤者爲梳」。按蘇林說，今亦謂之「梳比」，或亦帶飾者也。

〔四〕集解漢書音義曰：「要中大帶。」索隱按：謂要中大帶。

〔五〕集解徐廣曰：「或作『犀毗』，而無『一』字。」索隱漢書見作「犀毗」，或無下「一」字。此作「胥」者，「胥」「犀」聲相近(四五)，或誤。張晏云「鮮卑郭落帶，瑞獸名也，東胡好服之」。按：戰國策云「趙武靈王賜周紹具帶黄金師比」。延篤云「胡革帶鉤也」。則此帶鉤亦名「師比」，則「胥」「犀」與「師」並相近，而說各異耳。班固與竇憲牋云「賜犀比金頭帶」是也。

〔六〕正義音啼。索隱案：說文云：「綈，厚繒也。」

後頃之，冒頓死，子稽粥立，【一】號曰老上單于。

【一】索隱稽音雞。粥音育。

老上稽粥單于初立，【一】孝文皇帝復遣宗室女公主爲單于閼氏，使宦者燕人中行說【二】傅公主。說不欲行，漢彊使之。說曰：「必我行也，爲漢患者。」中行說既至，因降單于，單于甚親幸之。

【一】集解徐廣曰：「一云『稽粥第二單于』，自後皆以弟別之。」

【二】正義行音胡郎反。中行，姓；說，名也。

初，匈奴好漢繒絮食物，中行說曰：「匈奴人衆不能當漢之一郡，然所以彊者，以衣食異，無仰於漢也。今單于變俗，好漢物，漢物不過什二，則匈奴盡歸於漢矣。【一】其得漢繒絮，以馳草棘中，衣袴皆裂敝，以示不如旃裘之完善也；得漢食物，皆去之，以示不如湩酪【二】之便美也。」於是說教單于左右疏記，以計課其人衆畜物。【三】

【一】集解韋昭曰：「言漢物什中之二入匈奴，匈奴則動心歸漢矣。」

【二】集解湩，乳汁也，音都奉反。索隱重駱。音湩酪二音。按：三蒼云「湩，乳汁也」。字林云「竹用反」。穆天子傳云「牛馬之湩，臣菟人所具」。

【三】正義上許又反。

漢遺單于書，牘以尺一寸，辭曰「皇帝敬問匈奴大單于無恙」，所遺物及言語云云。中行説令單于遺漢書以尺二寸牘，及印封皆令廣大長，倨傲其辭曰「天地所生日月所置匈奴大單于敬問漢皇帝無恙」，所以遺物言語亦云云。

漢使或言曰：「匈奴俗賤老。」中行説窮漢使曰：「而漢俗屯戍從軍當發者，其老親豈有不自脱温厚肥美以齎送飲食行戍乎？」漢使曰：「然。」中行説曰：「匈奴明以戰攻爲事，其老弱不能鬭，故以其肥美飲食壯健者，蓋以自爲守衛，如此父子各得久相保，何以言匈奴輕老也？」漢使曰：「匈奴父子乃同穹廬而卧。【一】父死，妻其後母；兄弟死，盡取其妻妻之。無冠帶之飾，闕庭之禮。」中行説曰：「匈奴之俗，人食畜肉，飲其汁，衣其皮；畜食草飲水，隨時轉移。故其急則人習騎射，寬則人樂無事，其約束輕，易行也。君臣簡易，一國之政猶一身也。父子兄弟死，取其妻妻之，惡種姓之失也。故匈奴雖亂，必立宗種。今中國雖詳【二】不取其父兄之妻，親屬益疏則相殺，至乃易姓，皆從此類。且禮義之敝，上下交怨望，而室屋之極，生力必屈。【三】夫力耕桑以求衣食，築城郭以自備，故其民急則不習戰功〔四六〕，緩則罷於作業。嗟土室之人，顧無多辭令，喋喋【四】而佔佔，【五】冠固何當？」【六】

【一】集解漢書音義曰：「穹廬，旃帳。」

【二】索隱漢書作「陽」，此亦音羊。

【三】索隱以言棟宇室屋之作，人盡極以營其生〔四七〕，至於氣力屈竭也。屈音其勿反。

【四】集解音諜。利口也。

【五】集解音昌占反。衣裳貌。

【六】集解言雖復著冠，固何當所益。索隱鄧展曰：「喋音牒。佔，囁耳語。」服虔曰：「口舌喋喋。」如淳曰：「言汝漢人多居室中，固自宜著冠，且不足貴也。」小顏云：「喋喋，利口也。佔佔，衣裳貌。喋音昌涉反，佔音占。言漢人且當思念〔四八〕，無爲喋喋佔佔耳。雖自謂著冠，何所當益也。」

自是之後，漢使欲辯論者，中行說輒曰：「漢使無多言，顧漢所輸匈奴繒絮米糵，令其量中，必善美而已矣，何以爲言乎？且所給備善則已；不備，苦惡，【一】則候秋孰，以騎馳蹂而稼穡耳。」【二】日夜教單于候利害處。

【一】集解韋昭曰：「苦，麄也，音若『靡鹽』之『鹽』。」

【二】集解徐廣曰：「蹂音而九反。」

漢孝文皇帝十四年，匈奴單于十四萬騎入朝那、蕭關，殺北地都尉卬，【一】虜人民畜產甚多，遂至彭陽。【二】使奇兵入燒回中宮，【三】候騎【四】至雍甘泉。【五】於是文帝以中尉周舍、郎中令張武爲將軍，發車千乘，騎十萬，軍長安旁以備胡寇。而拜昌侯盧卿【六】爲上郡將軍，甯侯魏遬爲北地將軍，隆慮侯周竈爲隴西將軍，東陽侯張相如爲大將軍，成侯董赤【七】爲前將軍，大發車騎往擊胡。【八】單于留塞內月餘乃去，漢逐出塞即還，不能有所殺。匈奴日已驕，歲入邊，殺略人民畜產甚多，雲中、遼東最甚，至代郡萬餘人。漢患之，乃使使遺匈奴書。單于亦使當户報謝，復言和親事。

【一】集解徐廣曰：「姓孫。其子單，封爲缾侯。白丁反。」索隱卬音五郎反。徐廣云：「姓孫，其後子單封爲瓶侯。音白丁反。」

【二】集解徐廣曰：「在安定。」索隱出彭陽。韋昭云：「安定縣。」正義「城」字誤也。括地志云：「彭城故城在涇州臨城縣東二十里〔四九〕。」案：彭城在嬀州，與北地郡甚遠，明非彭城也。

【三】索隱服虔云「在北地，武帝作宮」。始皇本紀二十七年，「登雞頭山〔五〇〕，過回中」。武帝元封四年，通回中道。正義括地志云：「秦回中宮在岐州雍縣西四十里，」即匈奴所燒者也。

【四】索隱崔浩云：「候，邏騎。」

【五】正義括地志云：「雲陽也。秦之林光宮，漢之甘泉，在雍州雲陽西北八十里。秦始皇作甘泉宮，去長安三百里，望見長安。秦皇帝以來祭天圜丘處〔五一〕。」

【六】索隱案：表「盧」作「旅」，古今字耳〔五二〕。

【七】正義音赫。

【八】集解徐廣曰：「内史欒布亦爲將軍。」

孝文帝後二年，使使遺匈奴書曰：「皇帝敬問匈奴大單于無恙。使當户、且居【一】雕渠難、【二】郎中韓遼遺朕馬二匹，已至，敬受。先帝制：長城以北引弓之國，受命單于；長城以内冠帶之室，朕亦制之。使萬民耕織射獵衣食，父子無離，臣主相安，俱無暴逆。今聞渫惡民貪降其進取之利，倍義絶約，忘萬民之命，離兩主之驩，然其事已在前矣。書曰：『二國已和親，兩主驩説，寢兵休卒養馬，世世昌樂，闟然更始。』【三】朕甚嘉之。聖人者日新，改作更始，使老者得息，幼者得長，各保其首領而終其天年。朕與單于俱由此道，順天恤民，世世相傳，施之無窮，天下莫不咸便。漢與匈奴鄰敵之國，〔五三〕匈奴處北地，寒，殺氣早降，故詔吏遺單于秫糵金帛絲絮佗物歲有數。今天下大安，萬民熙熙，朕與單于爲之父母。朕追念前事，薄物細故，謀臣計失，皆不足以離兄弟之驩。朕聞天不頗覆，地不偏載。朕與單于皆捐往細故，俱蹈大道，墮壞前惡，以圖長久，使兩國之民若一家，子元元萬民，下及魚鼈，上及飛鳥，跂行喙息【四】蠕動之類，【五】莫不就安利而辟危殆。故來者不止，天之道也。俱去前事：朕釋逃虜民，單于無言章尼等。【六】朕聞古之帝王，約分明而無食言。單于留志，天下大安，和親之後，漢過不先。單于其察之。」

【一】索隱漢書作「且渠」，匈奴官號。

【二】索隱按：樂彥云「當户、且渠各自一官。雕渠難爲此官也」。正義雕渠難者，其姓名也。且，子余反。

【三】集解徐廣曰：「闟音搶，安定意也。」

【四】索隱案：跂音岐，又音企。言蟲豸之類〔五四〕，或企踵而行，或以喙而息，皆得其安也。

【五】索隱按：三蒼云「蠕蠕，動貌，音輭」。淮南子云「昆蟲蠕動」。

【六】索隱案：文帝云我今日並釋放彼國逃亡虜，遣之歸本國，汝單于無得更以言詞訴於章尼等，責其逃也。

單于既約和親，於是制詔御史曰：「匈奴大單于遺朕書，言和親已定，亡人不足以益衆廣地，匈奴無入塞，漢無出塞，犯今約者殺之〔五五〕，可以久親，後無咎，俱便。朕已許之。其布告天下，使明知之。」

後四歲，老上稽粥單于死，子軍臣立爲單于。既立，【一】孝文皇帝復與匈奴和親。而中行説復事之。

【一】集解徐廣曰：「後元三年立。」

軍臣單于立四歲〔五六〕，【二】匈奴復絶和親，大入上郡、雲中各三萬騎，所殺略甚衆而去。

於是漢使三將軍軍屯北地，代屯句注，趙屯飛狐口，緣邊亦各堅守以備胡寇。又置三將軍，軍長安西細柳、渭北棘門、霸上以備胡。胡騎入代句注邊，烽火通於甘泉、長安。數月，漢兵至邊，匈奴亦去遠塞，漢兵亦罷。後歲餘，孝文帝崩，孝景帝立，而趙王遂乃陰使人於匈奴。吴楚反，欲與趙合謀入邊。漢圍破趙，匈奴亦止。自是之後，孝景帝復與匈奴和親，通關市，給遺匈奴，遣公主，如故約。終孝景時，時小入盜邊，無大寇。

【一】集解徐廣曰：「孝文後元七年崩，而二年答單于書，其閒五年。而此云『後四年』，又『立四歲』，數不容爾也。孝文後六年冬，匈奴入上郡、雲中也。」

今帝即位，明和親約束，厚遇，通關市，饒給之。匈奴自單于以下皆親漢，往來長城下。

漢使馬邑下人聶翁壹【一】奸蘭出物【二】與匈奴交，【三】詳爲賣馬邑城以誘單于。單于信之，而貪馬邑財物，乃以十萬騎入武州塞。【四】漢伏兵三十餘萬馬邑旁，御史大夫韓安國爲護軍，護四將軍以伏單于。單于既入漢塞，未至馬邑百餘里，見畜布野而無人牧者，怪之，乃攻亭。是時鴈門尉史【五】行徼，見寇，葆此亭，知漢兵謀，單于得，欲殺之，【六】尉史乃告單于漢兵所居。單于大驚曰：「吾固疑之。」乃引兵還。出曰：「吾得尉史，天也，天使若言。」以尉史爲「天王」。漢兵約單于入馬邑而縱，單于不至，以故漢兵無所得。漢將軍王恢部出代擊胡輜重，聞單于還，兵多，不敢出。漢以恢本造兵謀而不進，斬恢。【七】自是之後，匈奴絶和親，攻當路塞，【八】往往入盜於漢邊，不可勝數。然匈奴貪，尚樂關市，嗜漢財物，漢亦尚關市不絶以中之〔五七〕。【九】

【一】索隱按：衛青傳唯稱「聶壹」。顧氏云「壹，名也。老，故稱翁」，義或然也。

【二】集解奸音干。干蘭，犯禁私出物也。索隱上音干。干蘭謂犯禁私出物也。

【三】集解漢書音義曰：「私出塞與匈奴交市。」

【四】索隱蘇林云在鴈門也。

【五】索隱如淳云：「律，近塞郡皆置尉，百里一人，士史、尉史各二人也。」

【六】集解徐廣曰：「一云『乃下，具告單于』。」

【七】集解韓長孺傳曰恢自殺。

【八】索隱蘇林云：「直當道之塞。」

【九】正義如淳云：「得具以利中傷之。」

自馬邑軍後五年之秋，漢使四將軍各萬騎擊胡關市下。將軍衛青出上谷，至蘢城，得胡首虜七百人。公孫賀出雲中，無所得。公孫敖出代郡，爲胡所敗七千餘人。李廣出鴈門，爲胡所敗，而匈奴生得廣，廣後得亡歸。漢囚敖、廣，敖、廣贖爲庶人。其冬，匈奴數入盜邊，漁陽尤甚。漢使將軍韓安國屯漁陽備胡。其明年秋，匈奴二萬騎入漢，殺遼西太守，略二千餘人。胡又入敗漁陽太守軍千餘人，圍漢將軍安國，安國時千餘騎亦且盡，會燕救至，匈奴乃去。匈奴又入鴈門，殺略千餘人。於是漢使將軍衞青將三萬騎出鴈門，李息出代郡，擊胡，得首虜數千人。其明年，衞青復出雲中以西至隴西，擊胡之樓煩、白羊王於河南，得胡首虜數千，牛羊百餘萬。於是漢遂取河南地，築朔方，復繕故秦時蒙恬所爲塞，因河爲固。漢亦弃上谷之什辟縣造陽地以予胡〔五八〕。【一】是歲，漢之元朔二年也。

【一】集解什音斗。漢書音義曰：「言縣斗辟曲近胡〔五九〕。」索隱按：孟康云「縣斗辟，曲近胡」也。什音斗。辟音僻。造陽即斗辟縣中地〔六〇〕。正義按：曲幽辟縣入匈奴界者造陽地弃與胡也。

其後冬，匈奴軍臣單于死。軍臣單于弟左谷蠡王伊稚斜【一】自立爲單于，攻破軍臣單于太子於單。【二】於單亡降漢，漢封於單爲涉安侯，數月而死。

【一】索隱伊穉斜。穉音持利反。斜音士嗟反，鄒誕生音直牙反。蓋穉斜，胡人語，近得其實。

【二】索隱音丹。

伊稚斜單于既立，其夏，匈奴數萬騎入殺代郡太守恭友，略千餘人。其秋，匈奴又入鴈門，殺略千餘人。其明年，匈奴又復入代郡、定襄、【一】上郡，各三萬騎，殺略數千人。匈奴右賢王怨漢奪之河南地而築朔方，數爲寇，盜邊，及入河南，侵擾朔方，殺略吏民甚衆。

【一】正義括地志云：「定襄故城在朔州善陽縣北三百八十里。地理志『定襄郡，高帝置』也。」

其明年春，漢以衞青爲大將軍，將六將軍、十餘萬人，出朔方高闕擊胡。右賢王以爲漢兵不能至，飲酒醉，漢兵出塞六七百里，夜圍右賢王。右賢王大驚，脱身逃走，諸精騎往往隨後去。漢得右賢王衆男女萬五千人，裨小王十餘人。其秋，匈奴萬騎入殺代郡都尉朱英，略千餘人。

其明年春，漢復遣大將軍衞青將六將軍、兵十餘萬騎，乃再出定襄數百里擊匈奴（六二），得首虜前後凡萬九千餘級，而漢亦亡兩將軍，軍三千餘騎。【一】右將軍建得以身脱，【二】而前將軍翕侯趙信兵不利，降匈奴。趙信者，故胡小王，降漢，漢封爲翕侯，以前將軍與右將軍并軍分行，【三】獨遇單于兵，故盡没。單于既得翕侯，以爲自次王，【四】用其姊妻之，與謀漢。信教單于益北絶幕，【五】以誘罷漢兵，徼極而取之，【六】無近塞。單于從其計。其明年，胡騎萬人入上谷，殺數百人。

【一】集解徐廣曰：「合有三千耳。」

【二】正義建，蘇武父也。

【三】正義與大軍别行也。

【四】正義自次者，尊重次於單于。

【五】集解應劭曰：「幕，沙幕，匈奴之南界。」瓚曰：「沙土曰幕，直度曰絶。」

【六】索隱按：徼，要也。謂要其疲極而取之。正義徼音古堯反。徼，要也。要漢兵疲極則取之，無近塞居止。

其明年春，漢使驃騎將軍去病將萬騎出隴西，過焉支山【一】千餘里，擊匈奴，得胡首虜騎萬八千餘級〔六二〕，破得休屠王祭天金人。【二】其夏，驃騎將軍復與合騎侯數萬騎出隴西、北地二千里，擊匈奴。過居延，【三】攻祁連山，【四】得胡首虜三萬餘人，裨小王以下七十餘人。是時匈奴亦來入代郡、鴈門，殺略數百人。漢使博望侯及李將軍廣出右北平，擊匈奴左賢王。左賢王圍李將軍，卒可四千人，且盡，殺虜亦過當。會博望侯軍救至，李將軍得脱。漢失亡數千人，合騎侯後驃騎將軍期，及與博望侯皆當死，贖爲庶人。

【一】正義焉音烟。括地志云：「焉支山一名删丹山，在甘州删丹縣東南五十里。」西河故事云〔六三〕『匈奴失祁連、焉支二山，乃歌曰：「亡我祁連山，使我六畜不蕃息；失我焉支山，使我婦女無顔色。」其慜惜乃如此』。」

【二】集解漢書音義曰：「匈奴祭天處本在雲陽甘泉山下，秦奪其地，後徙之休屠王右地，故休屠有祭天金人象，祭天人也〔六四〕。」索隱韋昭云：「作金人以爲祭天主。」崔浩云：「胡祭以金人爲主，今浮圖金人是也。」又漢書音義稱「金人祭天，本在雲陽甘泉山下，秦奪其地，徙之於休屠王右地，故休屠有祭天金人象，祭天人也」。事恐不然。案：得休屠金人，後置之於甘泉也。　正義括地志云：「徑路神祠在雍州雲陽縣西北九十里甘泉山下〔六五〕，本匈奴祭天處，秦奪其地，後徙休屠右地。」按：金人即今佛像，是其遺法，立以爲祭天主也。

【三】索隱韋昭曰：「張掖縣。」

【四】索隱按：西河舊事云「山在張掖、酒泉二界上，東西二百餘里，南北百里，有松柏五木，美水草，冬温夏涼，宜畜牧。匈奴失二山，乃歌云：『亡我祁連山，使我六畜不蕃息；失我燕支山，使我嫁婦無顏色〔六六〕』」。祁連一名天山，亦曰白山也。

其秋，單于怒渾邪王、休屠王居西方爲漢所殺虜數萬人，欲召誅之。渾邪王與休屠王恐，謀降漢，【一】漢使驃騎將軍往迎之。渾邪王殺休屠王，并將其衆降漢。凡四萬餘人，號十萬。於是漢已得渾邪王，則隴西、北地、河西益少胡寇，徙關東貧民處所奪匈奴河南新秦中【二】以實之，而減北地以西戍卒半。其明年，匈奴入右北平、定襄各數萬騎，殺略千餘人而去。

【一】集解徐廣曰：「元狩二年也。」

【二】索隱如淳云「在長安以北，朔方以南」。漢書食貨志云「徙貧人充朔方以南新秦中」是也。

正義服虔云：「地名，在北地，廣六七百里，長安北，朔方南。史記以爲秦始皇遣蒙恬斥逐北胡，得肥饒之地七百里，徙內郡人民皆往充實之，號曰新秦中也。」

其明年春，漢謀曰「翕侯信爲單于計，居幕北，以爲漢兵不能至」。乃粟馬，發十萬騎，負私從馬凡十四萬匹〔六七〕，【一】糧重不與焉。令大將軍青、驃騎將軍去病中分軍，大將軍出定襄，驃騎將軍出代，咸約絕幕擊匈奴。單于聞之，遠其輜重，以精兵待於幕北。與漢大將軍接戰一日，會暮，大風起，漢兵縱左右翼圍單于。單于自度戰不能如漢兵，單于遂獨身與壯騎數百潰漢圍西北遁走。漢兵夜追不得。行斬捕匈奴首虜萬九千級，北至闐顏山趙信城【二】而還。

【一】正義謂負擔衣糧，私募從者，凡十四萬匹。

【二】集解如淳曰：「信前降匈奴，匈奴築城居之。」

單于之遁走，其兵往往與漢兵相亂而隨單于。單于久不與其大衆相得，其右谷蠡王以爲單于死，乃自立爲單于。真單于復得其衆，而右谷蠡王乃去其單于號，復爲右谷蠡王。漢驃騎將軍之出代二千餘里，與左賢王接戰，漢兵得胡首虜凡七萬餘級，左賢王將皆遁走。驃騎封於狼居胥山，禪姑衍，臨翰海【一】而還。

【一】集解如淳曰：「翰海，北海名。」正義按：翰海自一大海名，羣鳥解羽伏乳於此，因名也。

是後匈奴遠遁，而幕南無王庭。漢度河自朔方以西至令居，【一】往往通渠置田官，吏卒五六萬人，稍蠶食，地接匈奴以北。【二】

【一】集解徐廣曰：「在金城。」索隱徐廣云在金城。地理志云張掖令居縣。姚氏令音連。小顏云音零。

【二】正義匈奴舊以幕爲王庭。今遠徙幕北，更蠶食之，漢境連接匈奴舊地以北也。

初，漢兩將軍大出圍單于，所殺虜八九萬，而漢士卒物故【一】亦數萬，漢馬死者十餘萬。匈奴雖病，遠去，而漢亦馬少，無以復往。匈奴用趙信之計，遣使於漢，好辭請和親。天子下其議，或言和親，或言遂臣之。丞相長史任敞曰：「匈奴新破，困，宜可使爲外臣，朝請於邊。」漢使任敞於單于。單于聞敞計，大怒，留之不遣。先是漢亦有所降匈奴使者，單于亦輒留漢使相當。漢方復收士馬，會驃騎將軍去病死，於是漢久不北擊胡。

【一】索隱漢士物故。案：釋名云「漢以來謂死爲『物故』，物就朽故也」。又魏臺訪議高堂崇對曰「聞之先師：物，無也；故，事也。言無復所能於事者也」。

數歲，伊稚斜單于立十三年死，子烏維立爲單于。是歲，漢元鼎三年也。烏維單于立，而漢天子始出巡郡縣。其後漢方南誅兩越，【一】不擊匈奴，匈奴亦不侵入邊。

【一】正義南越、東越。

烏維單于立三年，漢已滅南越，遣故太僕賀將萬五千騎出九原二千餘里，至浮苴井【一】而還，不見匈奴一人。漢又遣故從驃侯趙破奴萬餘騎出令居數千里，至匈河水【二】而還，亦不見匈奴一人。

【一】索隱苴音子餘反。臣瓚云：「去九原二千里，見漢輿地圖。」

【二】索隱臣瓚云：「水名，去令居千里。」

是時天子巡邊，至朔方，勒兵十八萬騎以見武節，而使郭吉風告單于。郭吉既至匈奴，匈奴主客【一】問所使，郭吉禮卑言好，曰：「吾見單于而口言。」單于見吉，吉曰：「南越王頭已懸於漢北闕。今單于即能前與漢戰〔六八〕，天子自將兵待邊；單于即不能，即南面而臣於漢。何徒遠走，亡匿於幕北寒苦無水草之地，毋爲也。」語卒，而單于大怒，立斬主客見者，而留郭吉不歸，遷之北海上。【二】而單于終不肯爲寇於漢邊，休養息士馬，習射獵，數使使於漢，好辭甘言求請和親。

【一】集解韋昭曰：「主使來客官也。」正義官名，若鴻臚卿。

【二】正義北海即上海也，蘇武亦遷也。

漢使王烏等窺匈奴。匈奴法，漢使非去節而以墨黥其面者不得入穹廬。王烏，北地人，習胡俗，去其節，黥面，得入穹廬。單于愛之，詳許甘言，爲遣其太子入漢爲質，【一】以求和親。

【一】正義音致。

漢使楊信於匈奴。是時漢東拔穢貉、朝鮮以爲郡，【一】而西置酒泉郡【二】以鬲絶胡與羌通之路。漢又西通月氏、大夏，【三】又以公主妻烏孫王，以分匈奴西方之援國。又北益廣田至胘靁爲塞，【四】而匈奴終不敢以爲言。是歲，翕侯信死，漢用事者以匈奴爲已弱，可臣從也。楊信爲人剛直屈彊，素非貴臣，單于不親。單于欲召入，不肯去節，單于乃坐穹廬外見楊信。楊信既見單于，説曰：「即欲和親，以單于太子爲質於漢。」單于曰：「非故約。故約，漢常遣翁主，給繒絮食物有品，以和親，而匈奴亦不擾邊。今乃欲反古，令吾太子爲質，無幾矣。」【五】匈奴俗，見漢使非中貴人，其儒先，【六】以爲欲説，折其辯；其少年，以爲欲刺，折其氣。每漢使入匈奴，匈奴輒報償。漢留匈奴使，匈奴亦留漢使，必得當乃肯止。

【一】正義即玄菟、樂浪二郡。

【二】正義今肅州。

【三】正義漢書西域傳云：「大月氏國去長安城萬一千六百里，本居燉煌、祁連閒，冒頓單于破月氏，而老上單于殺月氏王，以頭爲飲器，月氏乃遠去，過大宛，西擊大夏而臣之，都媯水北爲王庭也。」

【四】集解漢書音義曰：「眩靁，地名，在烏孫北。」

【五】正義幾音記。言反古無所冀望也。

【六】集解先，先生也。漢書作「儒生」也。

楊信既歸，漢使王烏，而單于復讇以甘言，欲多得漢財物，紿謂王烏曰：「吾欲入漢見天子，面相約爲兄弟。」王烏歸報漢，漢爲單于築邸于長安。匈奴曰：「非得漢貴人使，吾不與誠語。」匈奴使其貴人至漢，病，漢予藥，欲愈之，不幸而死。而漢使路充國佩二千石印綬往使，因送其喪，厚葬直數千金〔六九〕，曰「此漢貴人也」。單于以爲漢殺吾貴使者，乃留路充國不歸。諸所言者，單于特空紿王烏，殊無意入漢及遣太子來質。於是匈奴數使奇兵侵犯邊。漢乃拜郭昌爲拔胡將軍，及浞野侯【一】屯朔方以東，備胡。路充國留匈奴三歲，單于死。

【一】集解徐廣曰趙破奴。

烏維單于立十歲而死，子烏師廬立爲單于。【一】年少，號爲兒單于。是歲元封六年也。自此之後，單于益西北，左方兵直雲中，右方直酒泉、燉煌郡。【二】

【一】集解 徐廣曰："烏，一作『詹』。"

【二】正義 括地志云："鐵勒國，匈奴冒頓之後，在突厥國北。樂勝州經秦長城、太羹長路正北，經沙磧，十三日行至其國。"

兒單于立，漢使兩使者，一弔單于，一弔右賢王，欲以乖其國。使者入匈奴，匈奴悉將致單于。單于怒而盡留漢使。漢使留匈奴者前後十餘輩，而匈奴使來，漢亦輒留相當。

是歲，漢使貳師將軍廣利西伐大宛，而令因杅【一】將軍敖築受降城。其冬，匈奴大雨雪，畜多飢寒死。兒單于年少，好殺伐，國人多不安。左大都尉欲殺單于，使人閒告漢曰："我欲殺單于降漢，漢遠，即兵來迎我，我即發。"初，漢聞此言，故築受降城。猶以爲遠。

【一】正義 音于。

其明年春，漢使浞野侯破奴將二萬餘騎出朔方西北二千餘里，期至浚稽山【一】而還。浞野侯既至期而還，左大都尉欲發而覺，單于誅之，發左方兵擊浞野。浞野侯行捕首虜得數千人。還，未至受降城四百里，匈奴兵八萬騎圍之。浞野侯夜自出求水，匈奴閒捕生得浞野侯，因急擊其軍。軍中郭縱爲護，維王爲渠，【二】相與謀曰："及諸校尉畏亡將軍而誅之，莫相勸歸。」軍遂没於匈奴。匈奴兒單于大喜，遂遣奇兵攻受降城。不能下，乃寇入邊而去。其明年，單于欲自攻受降城，未至，病死。

【一】索隱 應劭云：「在武威縣北〔七〇〕。」

【二】正義 爲渠帥也。

兒單于立三歲而死。子年少，匈奴乃立其季父烏維單于弟右賢王呴【一】犁湖爲單于。是歲太初三年也。

【一】集解 音鉤，又音吁。索隱 音鉤，又音吁。

呴犁湖單于立，漢使光禄徐自爲出五原塞【一】數百里，遠者千餘里，築城鄣列亭【二】至廬朐，【三】而使游擊將軍韓説、長平侯衛伉屯其旁，使彊弩都尉路博德築居延澤上。【四】

【一】正義 即五原郡榆林塞也。在勝州榆林縣四十里也〔七一〕。

【二】正義 顧胤云：「鄣，山中小城。亭，候望所居也。」

【三】集解 音衢。匈奴地名，又山名。索隱 服虔云：「匈奴地名。」張晏云：「山名。」正義 地理志云五原郡稒陽縣「北出石門鄣得光禄城，又西北得支就城，又西北得頭曼城，又西北得虖河城，又西北得宿虜城」。按：即築城鄣列亭至廬朐也。服虔云：「廬朐，匈奴地名也。」張晏云：「山名也。」

【四】正義括地志云：「漢居延縣故城在甘州張掖縣東北一千五百三十里，有漢遮虜鄣，彊弩都尉路博德之所築。李陵敗，與士衆期至遮虜鄣，即此也。長老傳云鄣北百八十里，直居延之西北，是李陵戰地也。」

其秋，匈奴大入定襄、雲中，殺略數千人，敗數二千石而去，行破壞光禄所築城列亭鄣。又使右賢王入酒泉、張掖，略數千人。會任文【一】擊救，盡復失所得而去。是歲，貳師將軍破大宛，斬其王而還。匈奴欲遮之，不能至。其冬，欲攻受降城，會單于病死。

【一】集解漢書音義曰：「漢將也。」

呴犂湖單于立一歲死。匈奴乃立其弟左大都尉且鞮【一】侯爲單于。

【一】索隱上音子餘反，下音低。

漢既誅大宛，威震外國。天子意欲遂困胡，乃下詔曰：「高皇帝遺朕平城之憂，高后時單于書絶悖逆。昔齊襄公復九世之讎，春秋大之。」【一】是歲太初四年也。

【一】集解公羊傳曰：「九世猶可以復讎乎？曰雖百世可也。」

且鞮侯單于既立〔七二〕，盡歸漢使之不降者。路充國等得歸。單于初立，恐漢襲之，乃自謂「我兒子，安敢望漢天子！漢天子，我丈人行〔一〕也」。漢遣中郎將蘇武厚幣賂遺單于。單于益驕，禮甚倨，非漢所望也。其明年，浞野侯破奴得亡歸漢。

〔一〕正義 胡朗反。

其明年，漢使貳師將軍廣利以三萬騎出酒泉，擊右賢王於天山，〔一〕得胡首虜萬餘級而還。匈奴大圍貳師將軍，幾不脱。漢兵物故什六七。漢復使因杅將軍敖出西河，與彊弩都尉會涿涂山，〔二〕毋所得。又使騎都尉李陵將步騎五千人，出居延北千餘里，與單于會，合戰，陵所殺傷萬餘人，兵及食盡，欲解歸，匈奴圍陵，陵降匈奴，其兵遂没，得還者四百人。單于乃貴陵，以其女妻之。

〔一〕正義 在伊州。

〔二〕集解 徐廣曰：「涂音邪」。索隱 涿音卓。涂音以奢反。正義 匈奴中山也。

後二歲，復使貳師將軍將六萬騎，步兵十萬〔七三〕，出朔方。彊弩都尉路博德將萬餘人，與貳師會。游擊將軍説將步騎三萬人，出五原。因杅將軍敖將萬騎、步兵三萬人，出鴈門。匈奴聞，悉遠其累重於余吾水北，〔一〕而單于以十萬騎待水南，與貳師將軍接戰。貳師乃解而引歸，與單于連戰十餘日。貳師聞其家以巫蠱族滅，因并衆降匈奴，【一】得來還千人一兩人耳。游擊説無所得。因杅敖與左賢王戰，不利，引歸。是歲【二】漢兵之出擊匈奴者不得言功多少，功不得御。【三】有詔捕太醫令隨但，言貳師將軍家室族滅，使廣利得降匈奴。【四】

【一】集解徐廣曰：「余，一作『斜』，音邪。」索隱徐廣云：「一作『斜』，音邪。」山海經云：「北鮮之山，鮮水出焉，北流注余吾。」正義累，力爲反。重，丈用反。

【二】集解徐廣曰：「案史記將相年表及漢書，征和二年，巫蠱始起。三年，廣利與商丘成出擊胡軍，敗，乃降。」

【三】集解徐廣曰：「天漢四年。」正義自此以下，上至貳師聞其家，非天漢四年事，似錯誤，人所知。

【四】正義御音語。其功不得相御當也。

【五】索隱漢書云：「明年，且鞮死，長子狐鹿姑單于立。」張晏云：「自狐鹿姑單于已下，皆劉向、褚先生所録，班彪又撰而次之，所以漢書匈奴傳有上下兩卷。」

太史公曰：孔氏著春秋，隱桓之閒則章，至定哀之際則微，【一】爲其切當世之文而罔褒，忌諱之辭也。【二】世俗之言匈奴者，患其徼一時之權，【三】而務讇納其說，【四】以便偏指，不參【五】彼己；將率【六】席中國廣大，氣奮，人主因以決策，是以建功不深。堯雖賢，興事業不成，得禹而九州寧。【七】且欲興聖統，唯在擇任將相哉！唯在擇任將相哉！

【一】索隱案：諱國惡，禮也。仲尼仕於定哀，故其著春秋，不切論當世而微其詞也。

【二】索隱案：罔者，無也。謂其無實而褒之是也，忌諱當代故也。

【三】集解徐廣曰：「徼音皎。」索隱按：徐音皎，劉伯莊音叫，皆非也。按其字宜音僥。徼者，求也，言求一時權寵。

【四】索隱音稅。

【五】索隱案：謂說者謀匈奴，皆患其直徼求一時權幸，但務諂進其說，以自便其偏指，不參詳終始利害也。

【六】集解詩云：「彼己之子。」索隱彼己者，猶詩人譏詞云「彼己之子」是也。將率則指樊噲、衛、霍等也。

【七】正義言堯雖賢聖，不能獨理，得禹而九州安寧。以刺武帝不能擇賢將相，而務諂納小人浮說，多伐匈奴，故壞齊民。故太史公引禹聖成其太平，以攻當代之罪。

【索隱述贊】獫狁、薰粥，居于北邊。既稱夏裔，式憬周篇。頗隨畜牧，屢擾塵煙。爰自冒頓，尤聚控弦。雖空帑藏，未盡中權。

校勘記

〔一〕正義此卷或有本次平津侯後第五十二　張文虎札記卷五：「索隱本正如此，其述贊次第亦然。然史公自序具在，不能易也。」按：漢書卷六二司馬遷傳述史記次第，衛將軍驃騎列傳列五十，平津主父列傳五十一，匈奴列傳五十二，與或本同。

〔二〕欒産　耿本、黃本、彭本、柯本、凌本、殿本作「欒彥」。

〔三〕服虔　耿本、黃本、彭本、柯本、凌本、殿本作「晉灼」，通鑑卷六秦紀一始皇帝三年「備匈奴」胡三省注引索隱同。按：下文「獫狁、葷粥」集解引晉灼云：「堯時曰葷粥，周曰獫狁，秦曰匈奴。」

〔四〕廣志　原作「廣異志」，據耿本、黃本、彭本、柯本、凌本、殿本改。按：索隱、正義、水經注、後漢書李賢注屢引廣志。隋書卷三四經籍志三：「廣志二卷，郭義恭撰。」

〔五〕北海有獸　「海」下耿本、黃本、彭本、柯本、凌本、殿本有「內」字，與山海經海外北經合。

〔六〕大顏　黃本、彭本、柯本、凌本、殿本作「小顏」。

〔七〕二牡　疑文有脱誤。按：山海經大荒北經作「牝牡」，漢書卷九四上匈奴傳上「周西伯昌伐畎夷」顏師古注引山海經作「二牝牡」。山海經海内北經「狀如犬」郭璞注：「黄帝之後卞明生白犬二頭，自相牝牡，遂爲此國，言狗國也。」

〔八〕故字從犬　「故」字原無，據索隱本補。按：本書卷四周本紀「伐犬戎」正義：「説文云『赤狄本犬種』，故字從犬。」漢書卷九四上匈奴傳上「周西伯昌伐畎夷」顏師古注：「許氏説文解字曰『赤狄本犬種也』，故字從犬。」

〔九〕有人面獸身　疑「人」字當重。按：本書卷四周本紀「伐犬戎」集解引山海經作「有人人面獸身」。山海經大荒北經云「有犬戎國，有神，人面獸身，名曰犬戎」，「神」當爲「人」之誤。

〔一〇〕焦穫亦名刳口亦曰刳中　二「刳」字疑當作「瓠」。按：本書卷二九河渠書「令鑿涇水自中山西邸瓠口爲渠」索隱：「瓠口即谷口。」正義：「又云焦穫藪，亦名瓠。」爾雅釋地「周有焦護」郭璞注：「今扶風池陽縣瓠中是也。」

〔一一〕此條索隱原無，據耿本、黄本、彭本、柯本、凌本、殿本、會注本補。張文虎札記卷五：「此下各本有索隱云『釐音僖名諸兒也』七字，謬甚。單本無。」按：本書卷一五六國年表齊釐公二十五年云「山戎伐我」，齊桓公二十三年曰「伐山戎，爲燕也」，卷三二齊太公世家同。自釐公二十五年至桓公二十三年，相去四十四年。年表釐公名禄父，世家作「禄甫」，其子襄公，名諸兒。疑索隱誤釐公之名爲諸兒。張校删之，不可從。

〔一二〕在秦晉之閒　「之閒」，本書卷四周本紀「楚莊王伐陸渾之戎」正義引杜預注作「西北」，與左傳僖公二十二年杜預注合。

〔一三〕白狄之別種　「狄」字疑當重。按：左傳僖公三十三年「郤缺獲白狄子」杜預注：「白狄，狄別種也。」左傳襄公十八年「白狄始來」杜預注：「白狄，狄之別名。」

〔一四〕圁潞之閒號赤狄　「潞」，殿本作「洛」，與正文合。按：漢書卷九四上匈奴傳上亦作「洛」。

〔一五〕應劭以　「以」，疑當作「曰」。按：本書卷五秦本紀「西斬戎之獂王」集解引應劭曰：「獂，戎邑，音桓。」

〔一六〕劉拘邑城　疑「劉」當作「公劉」，「拘邑」當作「栒邑」。按：本書卷五秦本紀「縣義渠」正義引括地志：「寧、原、慶三州，秦北地郡，戰國及春秋時爲義渠戎國之地，周先公劉、不窋居之，古西戎也。」漢書卷二八上地理志上右扶風：「栒邑，有豳鄉。詩豳國，公劉所都。」

〔一七〕十萬之衆　漢書卷九四上匈奴傳上作「數十萬之衆」。本書卷六秦始皇本紀云「始皇乃使將軍蒙恬發兵三十萬人北擊胡」，卷八八蒙恬列傳云「乃使蒙恬將三十萬衆北逐戎狄」。

〔一八〕白道長城　「長」字疑衍。按：水經注卷三河水：「又西南，逕白道南谷口。有城在右，縈帶長城，背山面澤，謂之白道城。自城北出有高阪，謂之白道嶺。」「顧瞻左右，山椒之上，有垣若頹基焉。沿溪亙嶺，東西無極，疑趙武靈王之所築也。」

〔一九〕積毀　張文虎札記卷五：「（毀）河水注作『基』。」

〔二〇〕陽山在河北　「在河」二字原無。張文虎札記卷五：「蒙恬傳集解作『陽山在河北』，此脱『在河』二字。」按：後漢書志第二十三郡國五李賢注引徐廣作「陽山在河北」，通鑑卷六秦紀一始皇帝三年胡三省注引徐廣同。今據補。

〔一一〕地理志云朔方臨戎縣北有連山　「地理志」，通鑑卷六秦紀一始皇帝三年胡三省注引作「地志」。按：漢書地理志無此文。

〔一二〕延沙　張文虎札記卷五：「柯本『延』作『瓜』。」按：「延」字疑誤。本書卷一二三大宛列傳「破月氏王」正義：「涼、甘、肅、瓜、沙等州，本月氏國之地。」

〔一三〕注單于廣大之貌　此七字原無，據索隱本補。

〔一四〕採取　原作「探取」，據耿本、黄本、彭本、柯本、凌本、殿本改。

〔一五〕悉復收　此上原有「侵燕代」三字。王念孫雜志史記第六：「『侵燕代』三字因下文『遂侵燕代』而衍。漢書、漢紀並無。」今據删。

〔一六〕漢兵與項羽相距　「兵」，漢書卷九四上匈奴傳上作「方」，疑是。按：本書卷四九外戚世家：「是時項羽方與漢王相距滎陽，天下未有所定。」

〔一七〕秦因不改　張文虎札記卷五：「『秦因』疑倒。」按：「秦因」二字不誤，其上脱「趙置」二字。漢書卷二八下地理志下上郡「膚施」王先謙補注：「戰國屬趙，滅中山，遷其王於此，後乃入秦。」通鑑卷一一漢紀三高帝六年胡三省注：「史記正義曰：膚施縣，趙置，秦因而不改，今屬延州。」

〔二八〕接月氏氐羌　索隱標字無「月氏」二字，漢書卷九四上匈奴傳上同。

〔二九〕最爲大國　張文虎札記卷五：「志疑云衍『國』字。」按：「國」非衍字。漢書卷九四上匈奴傳上作「最大國」。通鑑卷一一漢紀三高帝七年「匈奴使左、右賢王將萬餘騎」胡三省注：「班史『匈奴置左、右賢王，左、右谷蠡王，最爲大國』。」據此，則史、漢皆有「國」字。

〔三〇〕相封　即「相邦」，漢書卷九四上匈奴傳上無「封」字，皆爲漢人避高祖諱改。

〔三一〕涇州　當作「綏州」。正義下言「言匈奴西方南直當綏州也」，是其證。本書卷八七李斯列傳「監兵上郡」正義：「上郡故城在綏州上縣東南五十里。」卷六秦始皇本紀「上地」、卷四四魏世家「入上郡于秦」正義引括地志均作「綏州」。

〔三二〕二氏　耿本、黃本、彭本、柯本、凌本、殿本無「二」字。

〔三三〕羌胡縣　疑當作「飛狐縣」。按：本書卷九七酈生陸賈列傳「距蜚狐之口」正義：「蔚州飛狐縣北百五十里有秦漢故郡城。」

〔三四〕百官志　原作「郡國志」。張文虎札記卷五：「當作『百官志』。」按：後漢書志第二十八百官志五：「里有里魁，民有什伍。」今據改。

〔三五〕里魁掌一里百家　「掌」，原作「主」，據耿本、黃本、彭本、柯本、凌本、殿本改。按：後漢書志第二十八百官志五作「掌」。

〔三六〕伍長五家　「長」，後漢書志第二十八百官志五作「主」。

〔三七〕服虔云刀割面也　耿本、黄本、彭本、柯本、凌本、殿本無此七字。按：漢書卷九四上匈奴傳上「小者軋」顔師古注引服虔曰：「刃刻其面也。」索隱此注與集解同，當爲合刻者所删。

〔三八〕撾抶　耿本、黄本、彭本、柯本、凌本、殿本作「撾杖」。按：漢書卷九四上匈奴傳上「小者軋」顔師古注引如淳曰：「軋，撾杖也。」

〔三九〕接習水　張文虎札記卷五：「中統、柯本『習』誤『閒』。三國志烏丸鮮卑東夷傳注引魏略作『安習水』。」

〔四〇〕東方盡青駹馬北方盡烏驪馬　王念孫雜志史記第六：「『青駹』『烏驪』下本無『馬』字，後人依上下文加之也。『西方盡白馬，東方盡青駹，北方盡烏驪，南方盡騂馬』，皆五字爲句，其馬色之一字者，則加『馬』字以成文，兩字者，則省『馬』字以協句。爾雅釋地之説八方，東、西、南、北之下，皆有『方』字，而東南、西南、西北、東北之下，皆無『方』字，例與此同也。後人不知古人屬文之體，而於『青駹』『烏驪』下各加一『馬』字，則累於詞矣。藝文類聚獸部上、太平御覽獸部五引此『青駹』『烏驪』下皆無『馬』字。」

〔四一〕馬色青　耿本、黄本、彭本、柯本、凌本、殿本作「青色馬也」。

〔四二〕鄯善國名樓蘭去長安一千六百里也　漢書卷九六上西域傳上云「鄯善國，本名樓蘭，王治扜泥城，去陽關千六百里，去長安六千一百里」，疑此有脱誤。

〔四三〕其例反　「例」，殿本作「列」。

〔四四〕係胡計反雩火胡反　耿本、黄本、彭本、柯本、凌本、殿本作「係音計雩漢書作虖」。

〔四五〕胥犀聲相近　「胥」字原無，據耿本、黄本、彭本、柯本、凌本、殿本補。

〔四六〕不習戰功　「戰功」，疑當作「戰攻」。按：漢書卷九四上匈奴傳上作「不習戰攻」。上文曰「急則人習戰攻以侵伐」，本書卷八〇樂毅列傳曰「練於兵甲，習於戰攻」，皆其例。

〔四七〕人盡極以營其生　「極」下耿本、黄本、彭本、柯本、凌本、殿本有「其力」二字。

〔四八〕言漢人且當思念　「漢人且」三字原無，據耿本、黄本、彭本、柯本、凌本、殿本補。按：漢書卷九四上匈奴傳上「冠固何當」顔師古注有此三字。

〔四九〕臨城縣東二十里　通鑑卷一五漢紀七文帝前十四年「遂至彭陽」胡三省注引括地志「臨城」作「臨涇」，「里」下有「彭原」二字，疑此有脱誤。

〔五〇〕登雞頭山　「登」，疑當作「出」。按：本書卷六秦始皇本紀：「出雞頭山，過回中。」正義：「括地志云：『回中宫在岐州雍縣西四十里。』言始皇欲西巡隴西之北，從咸陽向西北出寧州，西南行至成州，出雞頭山，東還，過岐州回中宫。」

〔五一〕秦皇帝　疑當作「黄帝」。按：本書卷一二孝武本紀「皇帝始郊見泰一雲陽」、卷四九外戚世家「雲陽宫」正義引括地志皆作「黄帝」。

〔五二〕古今字耳　耿本、黄本、彭本、柯本、凌本、殿本作「古今字異耳」。

〔五三〕鄰敵之國　原作「鄰國之敵」，據景祐本、耿本、殿本、會注本改。按：漢書卷九四上匈奴傳上亦作「鄰敵之國」。「鄰敵之國」，謂相鄰匹敵之國。上文云「至冒頓而匈奴最彊大，盡服從北夷，而南與中國爲敵國」。

〔五四〕蟲豸　黄本、彭本、柯本、凌本、殿本作「蟲鳥」。

〔五五〕犯今約　「今約」，原作「令約」。王念孫雜志史記第六：「『令約』，當爲『今約』，謂犯今日之約也。漢書正作『今約』。」今據改。

〔五六〕立四歲　漢書卷九四上匈奴傳上作「立歲餘」。

〔五七〕尚關市　漢書卷九四上匈奴傳上作「通關市」。按：上文曰「孝景帝復與匈奴和親，通關市，給遺匈奴，遣公主，如故約」，又曰「今帝即位，明和親約束，厚遇，通關市，饒給之」。疑「尚」字涉上文「尚樂關市」而衍。

〔五八〕什辟　漢書卷九四上匈奴傳上作「斗辟」。梁玉繩志疑卷三三：「劉辰翁曰『什』即『斗』字之誤。隸書『斗』作『升』，與『什』易混。」

〔五九〕曲近胡　「曲」，原作「西」。張文虎札記卷五：「『西』字索隱同，誤，當依漢書注作『曲』。」今據改。下同。

〔六〇〕斗辟縣中地　「中地」，索隱本作「是也」。

〔六一〕乃再　漢書卷九四上匈奴傳上作「仍再」。按：本書卷三〇平準書：「明年，大將軍將六將軍仍再出擊胡。」

〔六二〕得胡首虜騎萬八千　本書卷一一一衞將軍驃騎列傳、漢書卷五五衞青霍去病傳無「騎萬」二字。張文虎札記卷五：「『騎萬』二字疑衍。」

〔六三〕西河故事　下文「攻祁連山」索隱引作「西河舊事」，疑是。

〔六四〕祭天人　「人」，柯本、凌本、殿本作「主」。

〔六五〕徑路神祠　「神祠」，原作「祠神」。漢書卷二八上地理志上左馮翊：「雲陽，有休屠金人及徑路神祠。」漢書卷二五下郊祀志下：「雲陽有徑路神祠，祭休屠王也。」今據乙。

〔六六〕嫁婦　上文「過焉支山」正義引西河故事作「婦女」。

〔六七〕負私從馬　王念孫雜志史記第六：「當依漢書作『私負從馬』。負從馬者，負衣裝以從之馬也，非公家所發，故曰『私負從馬』。」按：「負私從馬」不誤。正義云「謂負擔衣糧，私募從者，凡十四萬匹」，是其證。本書卷一二三大宛列傳：「赦囚徒材官，益發惡少年及邊騎，歲餘而出敦煌者六萬人，負私從者不與。」漢書卷六一李廣利傳「負私從者不與」顏師古注：「負私糧食及私從者，不在六萬人數中也。」「負私從馬」與「負私從者」相對，一指馬，一指人。

〔六八〕即能前與漢戰　「即能」二字原倒。王念孫雜志史記第六：「『能即』，當爲『即能』。『即能』與『即不能』，文正相對。漢書匈奴傳正作『即能』。」今據乙。

〔六九〕厚葬　漢書卷九四上匈奴傳上作「厚幣」。按：下文云「漢遺中郎將蘇武厚幣賂遺單于」，本書卷八六刺客列傳云「遂至秦，持千金之資幣物，厚遺秦王寵臣中庶子蒙嘉」。

〔七〇〕武威縣北　「縣」，漢書卷六武帝紀「浚稽將軍」顔師古注引應劭作「塞」，通鑑卷二一漢紀十三武帝太初二年「至浚稽山而還」胡三省注引同。

〔七一〕在勝州榆林縣四十里　通鑑卷二一漢紀十三武帝太初三年「出五原塞」胡三省注引史記正義「縣」下有「西北」二字，疑此脱。

〔七二〕且鞮侯單于既立　梁玉繩志疑卷三三：「此下乃後人所續，非史公本書。史訖太初，不及天漢。」

〔七三〕步兵十萬　「十萬」，漢書卷九四上匈奴傳上作「七萬」，卷六武帝紀同。

史記卷一百一十一

衞將軍驃騎列傳第五十一

大將軍衞青者，平陽人也。【一】其父鄭季，爲吏，給事平陽侯家，與侯妾衞媪通，【二】生青。青同母兄衞長子，而姊衞子夫自平陽公主家得幸天子，【三】故冒姓爲衞氏。字仲卿。長子更字長君。長君母號爲衞媪。媪長女衞孺，【四】次女少兒，次女即子夫。後子夫男弟步廣【五】皆冒衞氏。

【一】正義漢書云「其父鄭季，河東平陽人，以縣吏給事平陽侯之家」也。

【二】索隱衞，姓也。媪，婦人老少通稱。漢書曰「與主家僮衞媪通」。案：既云家僮，故非老〔一〕。或者媪是老稱，後追稱媪耳。又外戚傳云「薄姬父與魏王宗女魏媪通」，則亦魏是媪姓〔二〕。而小顏云「衞者，舉其夫姓也」。然案此云「侯妾衞媪」，似更無別夫也。下云「同母兄衞長子及姊子夫皆冒衞氏〔三〕」，又似有夫。其所冒之姓爲父與母，皆未明也。

【三】集解徐廣曰：「曹參曾孫平陽夷侯時尚武帝姊平陽公主，生子襄。」索隱案：如淳云「本陽信長公主，爲平陽侯所尚，故稱平陽公主」。按徐廣云「夷侯，曹參曾孫，名襄〔四〕」。又按系家及功臣表「時」或作「疇」，漢書作「壽」，並文字殘缺，故不同也。

【四】索隱漢書云「君孺」。

【五】集解徐廣曰：「步，一作『少』。」

青爲侯家人，少時歸其父，其父使牧羊。先母之子【一】皆奴畜之，不以爲兄弟數。【二】青嘗從入至甘泉居室，【三】有一鉗徒【四】相青曰：「貴人也，官至封侯。」青笑曰：「人奴之生，得毋笞駡即足矣，安得封侯事乎！」

【一】集解服虔曰：「先母，適妻也。青之適母。」索隱漢書作「民母」。服虔云「母，適妻也。青之適母」。顧氏云「鄭季本妻編於民户之閒，故曰民母」。今本亦或作「民母」也。

【二】索隱音去聲。

【三】正義按：居室，署名，武帝改曰保宫。灌夫繫居室是也。

【四】集解張晏曰：「甘泉中徒所居也。」

青壯，爲侯家騎，從平陽主。建元二年春，青姊子夫得入宫幸上。皇后，堂邑大長公主女也，【一】無子，妒。大長公主聞衛子夫幸，有身，妒之，乃使人捕青。青時給事建章，【二】未知名。大長公主執囚青，欲殺之。其友騎郎公孫敖與壯士往篡取之，【三】以故得不死。上聞，乃召青爲建章監，侍中，及同母昆弟貴，賞賜數日閒累千金。孺爲太僕公孫賀妻。少兒故與陳掌通，【四】上召貴掌。公孫敖由此益貴。子夫爲夫人。青爲大中大夫。

【一】集解徐廣曰：「堂邑安侯陳嬰之孫夷侯午，尚景帝姊長公主，子季須。元鼎元年〔五〕，季須坐姦自殺。」正義文穎云：「陳皇后，武帝姑女也。」

【二】索隱案：晉灼云「上林中宮名也」。

【三】索隱篡猶劫也，奪也。

【四】集解徐廣曰：「陳平曾孫，名掌也。」

元光五年〔六〕，青爲車騎將軍，擊匈奴，出上谷；太僕公孫賀爲輕車將軍，出雲中；大中大夫公孫敖爲騎將軍，出代郡；衛尉李廣爲驍騎將軍，出鴈門：軍各萬騎。青至蘢城，斬首虜數百。騎將軍敖亡七千騎；衛尉李廣爲虜所得，得脱歸：皆當斬，贖爲庶人。賀亦無功。

元朔元年春，衛夫人有男，【一】立爲皇后。其秋，青爲車騎將軍，出鴈門，三萬騎擊匈奴，斬首虜數千人。明年，匈奴入殺遼西太守，虜略漁陽二千餘人，敗韓將軍軍。漢令將軍李息擊之，出代；令車騎將軍青出雲中以西至高闕。【二】遂略河南地，至于隴西，捕首虜數千，畜數十萬，走白羊、樓煩王。遂以河南地爲朔方郡。【三】以三千八百户封青爲長平侯。青校尉蘇建有功，以千一百户封建爲平陵侯。使建築朔方城。【四】青校尉張次公有功，封爲岸頭侯。【五】天子曰：「匈奴逆天理，亂人倫，暴長虐老，以盜竊爲務，行詐諸蠻夷，造謀藉兵，數爲邊害，【六】故興師遣將，以征厥罪。詩不云乎，『薄伐玁狁，【七】至于太原』，『出車彭彭，城彼朔方』。【八】今車騎將軍青度西河【九】至高闕，獲首虜二千三百級，車輜畜産畢收爲鹵，已封爲列侯，遂西定河南地，按榆谿舊塞，【一〇】絶梓領，梁北河，【一一】討蒲泥，破符離，【一二】斬輕鋭之卒，捕伏聽者三千七十一級，【一三】執訊獲醜，【一四】驅馬牛羊百有餘萬，全甲兵而還，益封青三千户。」其明年，匈奴入殺代郡太守友，【一五】入略鴈門千餘人。其明年，匈奴大入代、定襄、上郡，殺略漢數千人。

【一】索隱即衛太子據也。

【二】索隱按：山名也。小顔云「一曰塞名，在朔方之北」。

【三】索隱按：謂北地郡之北，黄河之南。正義今夏州也。

【四】正義括地志云：「夏州朔方縣北什賁故城是。」按：蘇建築，什賁之號蓋出蕃語也。

【五】索隱案：晉灼云「河東皮氏縣之亭名也」。正義服虔云：「鄉名也。」

【六】集解張晏曰：「從蠻夷借兵鈔邊也。」

【七】索隱 薄伐獫狁。此小雅六月詩，美宣王北伐也。薄伐者，言逐出之也。

【八】索隱 小雅出車之詩也。

【九】正義 即雲中郡之西河，今勝州東河也。

【一〇】集解 如淳曰：「案，行也。榆谿，舊塞名。或曰按，尋也。」索隱 按榆谿舊塞。如淳云：「按，行也，尋也。榆谿，舊塞名也〔七〕。」案：水經云「上郡之北有諸次水〔八〕，東經榆林塞爲榆谿」，是榆谿舊塞也〔九〕。

【一一】集解 如淳曰：「絕，度也。爲北河作橋梁。」正義 括地志云：「梁北河在靈州界也。」

【一二】集解 晉灼曰：「二王號。」索隱 晉灼云：「二王號。」崔浩云：「漢北塞名。」

【一三】集解 張晏曰：「伏於隱處，聽軍虛實。」

【一四】正義 訊，問也。醜，衆。言執其生口問之，知虜處，獲得衆類也。

【一五】集解 徐廣曰：「友者，太守名也。姓共也。」

其明年，元朔之五年春，漢令車騎將軍青將三萬騎，出高闕；衞尉蘇建爲游擊將軍，左內史李沮【一】爲彊弩將軍，太僕公孫賀爲騎將軍，代相李蔡爲輕車將軍，皆領屬車騎將軍，俱出朔方；大行李息、岸頭侯張次公爲將軍，出右北平：咸擊匈奴。匈奴右賢王當衞青等兵，以爲漢兵不能至此，飲醉。漢兵夜至，圍右賢王，右賢王驚，夜逃，獨與其愛妾一人壯騎數百馳，潰圍北去。漢輕騎校尉郭成等逐數百里，不及，得右賢裨王十餘人，【二】衆男女萬五千餘人，畜數千百萬〔一〇〕，於是引兵而還。至塞，天子使使者持大將軍印，即軍中拜車騎將軍青爲大將軍，諸將皆以兵屬大將軍，大將軍立號而歸。【三】天子曰：「大將軍青躬率戎士，師大捷，獲匈奴王十有餘人，益封青六千户。」而封青子伉爲宜春侯，【四】青子不疑爲陰安侯，青子登爲發干侯。青固謝曰：「臣幸得待罪行閒，賴陛下神靈，軍大捷，皆諸校尉力戰之功也。陛下幸已益封臣青。臣青子在繦緥中，【五】未有勤勞，上幸列地封爲三侯，非臣待罪行閒所以勸士力戰之意也。伉等三人何敢受封！」天子曰：「我非忘諸校尉功也，今固且圖之。」乃詔御史曰：「護軍都尉公孫敖三從大將軍擊匈奴，常護軍，傅校獲王，【六】以千五百户封敖爲合騎侯。【七】都尉韓説從大將軍出窳渾，【八】至匈奴右賢王庭，爲麾下搏戰獲王，【九】以千三百户封説爲龍頟侯。騎將軍公孫賀從大將軍獲王，以千三百户封賀爲南窌侯。【一〇】輕車將軍李蔡再從大將軍獲王，以千六百户封蔡爲樂安侯。校尉李朔，校尉趙不虞，校尉公孫戎奴，各三從大將軍獲王，以千三百户封朔爲涉軹侯，以千三百户封不虞爲隨成侯，以千三百户封戎奴爲從平侯。將軍李沮、李息及校尉豆如意有功，賜爵關内侯，食邑各三百户。」其秋，匈奴入代，殺都尉朱英。

【一】集解文穎曰：「音組。」

【二】索隱裨王十人。賈逵云：「裨，益也。」小顏云：「裨王，小王也，若裨將然。音頻移反。」

【三】索隱案：謂立大將軍之號令而歸。

【四】正義伉音口浪反。

【五】正義襁長尺二寸，闊八寸，以約小兒於背。褓，小兒被也。

【六】索隱顧祕監云：「傅，領也。五百人謂之校。」小顏云：「傅音附。言敖總護諸軍，每附部校，以致克捷而獲王也。」

【七】索隱案：非邑地，而以戰功爲號。謂以軍合驃騎，故云「合騎」，若「冠軍」、「從驃」然也。

【八】集解徐廣曰：「窳渾在朔方，音庾。」索隱音庾。服虔云「塞名」。徐廣云「在朔方」。漢書作「寘渾」，寘音田也。

【九】索隱搏音博。搏，擊也。小顏同。今史、漢本多作「傳」，傳猶轉也。

【一〇】集解徐廣曰：「窌宜作『窌』，音匹孝反。」索隱徐音匹教反。韋昭云縣名。或作「窖」，音干校反。字林云「大」下「卯」與「穴」下「卯」並音匹孝反。

其明年春，大將軍青出定襄，合騎侯敖爲中將軍，太僕賀爲左將軍，翕侯趙信爲前將軍，衛尉蘇建爲右將軍，郎中令李廣爲後將軍，左内史李沮爲彊弩將軍，咸屬大將軍，斬首數千級而還。月餘，悉復出定襄擊匈奴，斬首虜萬餘人。右將軍建、前將軍信并軍三千餘騎，獨逢單于兵，與戰一日餘，漢兵且盡。前將軍故胡人，降爲翕侯，見急，匈奴誘之，遂將其餘騎可八百，犇降單于。右將軍蘇建盡亡其軍，獨以身得亡去，自歸大將軍。大將軍問其罪正閎、【一】長史安、【二】議郎周霸等：【三】「建當云何？」霸曰：「自大將軍出，未嘗斬裨將。今建弃軍，可斬以明將軍之威。」閎、安曰：「不然。兵法『小敵之堅，大敵之禽也』。今建以數千當單于數萬，力戰一日餘，士盡，不敢有二心，自歸。自歸而斬之，是示後無反意也。不當斬。」大將軍曰：「青幸得以肺腑待罪行閒，不患無威，而霸説我以明威，甚失臣意。且使臣職雖當斬將，以臣之尊寵而不敢自擅專誅於境外，而具歸天子，天子自裁之，於是以見爲人臣不敢專權，不亦可乎？」軍吏皆曰「善」。遂囚建詣行在所。【四】入塞罷兵。

【一】集解張晏曰：「正，軍正也。閎，名也。」

【二】正義律，都軍官長史一人也。

【三】集解徐廣曰：「儒生。」索隱徐廣云儒生也。案：郊祀志議封禪有周霸，故知也〔一〕。

【四】集解蔡邕曰：「天子自謂所居曰『行在所』，言今雖在京師，行所至耳。巡狩天下，所奏事處皆爲宮。在長安則曰奏長安宮，在泰山，則曰奉高宮〔二〕，唯當時所在。」

是歲也，大將軍姊子霍去病【一】年十八，幸，爲天子侍中。善騎射，再從大將軍，受詔與壯士〔一三〕，爲剽姚【一】校尉，與輕勇騎八百直弃大軍數百里赴利，斬捕首虜過當。【二】於是天子曰：「剽姚校尉去病斬首虜二千二十八級，及相國、當户，斬單于大父行【四】籍若侯產，【五】生捕季父羅姑，【六】比再冠軍，以千六百户封去病爲冠軍侯。上谷太守郝賢四從大將軍，捕斬首虜二千餘人，以千一百户封賢爲衆利侯。」是歲，失兩將軍軍，亡翕侯，軍功不多，故大將軍不益封。右將軍建至，天子不誅，赦其罪，贖爲庶人。

【一】集解徐廣曰：「姊即少兒也。」

【二】索隱上音匹遥反，下音遥。大顏案荀悦漢紀作「票鷂」。票鷂，勁疾之貌也。上音頻妙反，下音弋召反。

【三】索隱案：小顏云「計其所將之人數，則捕首虜爲多，過於所當也。一云漢軍亡失者少，而殺獲匈奴數多，故曰過當也」。

【四】索隱行音胡浪反。謂籍若侯是匈奴祖之行也。漢書云「藉若侯產」，產即大父之名。

【五】集解張晏曰：「籍若，胡侯。」

【六】索隱案：顧氏云〔一四〕「羅姑比，單于季父名也」。小顏云「比，頻也」。案：下文既云「再冠軍〔一五〕」，無容更言頻也。

大將軍既還，賜千金。是時王夫人方幸於上，甯乘説大將軍曰：「將軍所以功未甚多，身食萬户，三子皆爲侯者，徒以皇后故也。今王夫人幸而宗族未富貴，願將軍奉所賜千金爲王夫人親壽。」大將軍乃以五百金爲壽。天子聞之，問大將軍，大將軍以實言，上乃拜甯乘爲東海都尉。

張騫從大將軍，以嘗使大夏，【一】留匈奴中久，導軍，知善水草處，軍得以無飢渴，因前使絶國功，封騫博望侯。

【一】正義 大夏國在大宛西。

冠軍侯去病既侯三歲，元狩二年春，以冠軍侯去病爲驃騎將軍，【一】將萬騎出隴西，有功。天子曰：「驃騎將軍率戎士踰烏盭，【二】討遬濮，【三】涉狐奴，【四】歷五王國，輜重人衆懾慴【五】者弗取，冀獲單于子。【六】轉戰六日，過焉支山千有餘里，合短兵，殺折蘭王，斬盧胡王〔一六〕，【七】誅全甲〔一七〕，【八】執渾邪王子及相國、都尉，首虜八千餘級，收休屠祭天金人，【九】益封去病二千户。」

【一】集解 徐廣曰：「驃，一亦作『剽』。」正義 漢書云霍去病征匈奴有絶幕之勳，始置驃騎將軍，位在三司，品秩同大將軍。説文云：「驃，黄馬髮白色。一曰白髦尾〔一八〕。」

【二】集解漢書音義曰：「音戾。山名也。」

【三】索隱音速卜二音。崔浩云「匈奴部落名」。案：下有「遬濮王」，是國名也。

【四】集解晉灼曰：「水名也。」

【五】集解文穎曰：「恐懼也。」索隱案：説文云「讋，失氣也」。劉氏云「上式涉反，下之涉反」。

【六】集解徐廣曰：「一作『與』。」

【七】集解張晏曰：「折蘭、盧胡，國名也〔一九〕。殺者，殺之而已。斬者，獲其首。」正義顏師古云：「折蘭，匈奴中姓也。今鮮卑有是蘭姓者，即其種。」

【八】集解徐廣曰：「全，一作『金』。」正義全甲謂具足不失落也。

【九】集解如淳曰：「祭天爲主。」索隱案：張晏云〔二〇〕「佛徒祠金人也」。如淳云「祭天以金人爲主也」。屠音儲。

其夏，驃騎將軍與合騎侯敖俱出北地，異道；博望侯張騫、郎中令李廣俱出右北平，異道：皆擊匈奴。郎中令將四千騎先至，博望侯將萬騎在後至。匈奴左賢王將數萬騎圍郎中令，郎中令與戰二日，死者過半，所殺亦過當。博望侯至，匈奴兵引去。博望侯坐行留，當斬，贖爲庶人。而驃騎將軍出北地，已遂深入，與合騎侯失道，不相得，驃騎將軍踰居延至祁連山，捕首虜甚多。天子曰：「驃騎將軍踰居延，〔一〕遂過小月氏，〔二〕攻祁連山，〔三〕得酋涂王，〔四〕以衆降者二千五百人，斬首虜三萬二百級，獲五王，五王母，單于閼氏、王子五十九人，相國、將軍、當户、都尉六十三人，師大率〔五〕減什三，〔六〕益封去病五千户。賜校尉從至小月氏爵左庶長。鷹擊司馬破奴再從驃騎將軍斬遫濮〔七〕王，捕稽沮王〔二一〕，〔八〕千騎將得王、王母各一人，〔九〕王子以下四十一人，捕虜三千三百三十人，前行捕虜千四百人，以千五百户封破奴爲從驃侯。〔一〇〕校尉句王高不識，〔一一〕從驃騎將軍捕呼于屠王〔一二〕王子以下十一人，捕虜千七百六十八人，以千一百户封不識爲宜冠侯。〔一三〕校尉僕多〔一四〕有功，封爲煇渠侯。」〔一五〕合騎侯敖坐行留不與驃騎會，當斬，贖爲庶人。諸宿將所將士馬兵亦不如驃騎，驃騎所將常選，〔一六〕然亦敢深入，常與壯騎先其大軍〔二二〕，軍亦有天幸，未嘗困絶也。然而諸宿將常坐留落不遇。〔一七〕由此驃騎日以親貴，比大將軍。

〔一〕集解張晏曰：「水名也。」

〔二〕索隱韋昭云：「音支。」西域傳：「大月氏本居敦煌、祁連閒，餘衆保南山〔二三〕，遂號小月氏。」

〔三〕索隱小顏云：「即天山也。匈奴謂天爲祁連〔二四〕。」西河舊事謂白山即天山〔二五〕。祁連恐非即天山也。

〔四〕集解張晏曰：「胡王也。」索隱酋音才由反。涂音徒。漢書云「揚武乎觻得，得單于單桓、酋涂王」，此文省也。

【五】正義 率音律也。

【六】索隱 案：漢書云「減什七」，不同也。小顏云「破匈奴之師，十減其七。一云漢兵亡失之數，下皆類此」。案：後説爲是也〔二六〕。

【七】正義 速卜二音。

【八】索隱 沮音子余反〔二七〕。

【九】索隱 按：漢書云「右千騎將王」，然則此千騎將漢之將〔二八〕，屬趙破奴，得匈奴五王及王母也。或云右千騎將即匈奴王之名〔二九〕。

【一〇】集解 張晏曰：「從驃騎將軍有功，因以爲號。」

【一一】集解 徐廣曰：「句音鉤。匈奴以爲號。」索隱 案：二人並匈奴人也。

【一二】索隱 案：三字共爲王號。

【一三】正義 孔文祥云：「從冠軍將軍戰故。宜冠，從驃之類也。」

【一四】索隱 案：漢表作「僕朋」〔三〇〕，疑「多」是誤。

【一五】索隱 煇音暉。

【一六】索隱 音宣變反。謂驃騎常選擇取精兵。

【一七】索隱 案：謂遲留零落，不偶合也。

其秋，單于怒渾邪王居西方數爲漢所破，亡數萬人，以驃騎之兵也。單于怒，欲召誅渾邪王。渾邪王與休屠王等謀欲降漢，使人先要邊〔三一〕。【一】是時大行李息將城河上，得渾邪王使，即馳傳以聞。天子聞之，於是恐其以詐降而襲邊，乃令驃騎將軍將兵往迎之。驃騎既渡河，與渾邪王衆相望。渾邪王裨將見漢軍而多欲不降者，頗遁去。驃騎乃馳入與渾邪王相見，斬其欲亡者八千人，遂獨遣渾邪王乘傳先詣行在所，盡將其衆渡河，降者數萬，號稱十萬。既至長安，天子所以賞賜者數十巨萬。封渾邪王萬户，爲漯陰侯。【二】封其裨王呼毒尼【三】爲下摩侯，鷹庇爲煇渠侯，【四】禽梨【五】爲河綦侯，大當户銅離【六】爲常樂侯〔三二〕。於是天子嘉驃騎之功，曰：「驃騎將軍去病率師攻匈奴西域王渾邪，王及厥衆萌咸相犇，率以軍糧接食，并將控弦萬有餘人，誅獟駻，【七】獲首虜八千餘級，降異國之王三十二人，戰士不離傷，十萬之衆咸懷集服，仍與之勞〔三三〕，爰及河塞，庶幾無患，【八】幸既永綏矣。以千七百户益封驃騎將軍。」減隴西、北地、上郡戍卒之半，以寬天下之繇。

【一】索隱案：謂先於邊境要候漢人，言其欲降。

【二】索隱漯音他合反。案地理志，縣名，在平原郡。

【三】集解文穎曰：「胡王名。」

【四】集解徐廣曰：「一云『篇訾』。」索隱漢書「鷹」作「雁」。庇音必二反，又音疋履反。案：漢書功臣表云元狩二年以煇渠封僕朋，至三年又封鷹庇〔三四〕。其地俱屬魯陽，未詳所以。

正義 煇渠，表作「順梁」。

【五】集解 徐廣曰：「禽，一作『烏』。」 索隱 案：表作「烏黎」。

【六】集解 徐廣曰：「一作『稠離』也。」 索隱 徐廣一作「稠離」，與漢書功臣表同。此文云「銅離」，文異也〔三五〕。

【七】集解 晉灼曰：「獟音欺譙反。」 索隱 上音丘昭反。說文作「趬」，行遮貌〔三六〕。遮，一作「疾」〔三七〕。駻音胡旦反。

【八】正義 言匈奴右地渾邪王降，而塞外並河諸郡之民無憂患也。

居頃之，乃分徙降者邊五郡故塞外，【一】而皆在河南，因其故俗，為屬國。【二】其明年，匈奴入右北平、定襄，殺略漢千餘人。

【一】正義 五郡謂隴西、北地、上郡、朔方、雲中，並是故塞外，又在北海西南。

【二】正義 以降來之民徙置五郡〔三八〕，各依本國之俗而屬於漢，故言「屬國」也。

其明年，天子與諸將議曰：「翕侯趙信為單于畫計，常以為漢兵不能度幕輕留，【一】今大發士卒，其勢必得所欲。」是歲元狩四年也。

【一】索隱 案：幕即沙漠，古字少耳。輕留者，謂匈奴以漢軍不能至，故輕易留而不去也。

元狩四年春〔三九〕，上令大將軍青、驃騎將軍去病將各五萬騎，步兵轉者踵軍數十萬，〔一〕而敢力戰深入之士皆屬驃騎。驃騎始爲出定襄，當單于。捕虜言單于東，乃更令驃騎出代郡，令大將軍出定襄。郎中令爲前將軍，太僕爲左將軍，主爵趙食其爲右將軍，平陽侯襄爲後將軍，皆屬大將軍。兵即度幕，人馬凡五萬騎，與驃騎等咸擊匈奴單于。趙信爲單于謀曰：「漢兵既度幕，人馬罷，匈奴可坐收虜耳。」乃悉遠北其輜重，皆以精兵待幕北。而適值大將軍軍出塞千餘里，見單于兵陳而待，於是大將軍令武剛車〔二〕自環爲營，而縱五千騎往當匈奴。匈奴亦縱可萬騎。會日且入，大風起，沙礫擊面，兩軍不相見，漢益縱左右翼繞單于。單于視漢兵多，而士馬尚彊，戰而匈奴不利，薄莫，單于遂乘六贏，壯騎可數百，直冒漢圍西北馳去。時已昏，漢匈奴相紛挐，〔三〕殺傷大當。〔四〕漢軍左校捕虜，言單于未昏而去，漢軍因發輕騎夜追之，大將軍軍因隨其後。匈奴兵亦散走。遲明，〔五〕行二百餘里，不得單于，頗捕斬首虜萬餘級，遂至窴顏山趙信城，〔六〕得匈奴積粟食軍。軍留一日而還，悉燒其城餘粟以歸。

〔一〕正義言轉運之士及步兵接後又數十萬人。

〔二〕集解孫吳兵法曰：「有巾有蓋，謂之武剛車也。」

〔三〕正義三蒼解詁云：「紛挐，相牽也。」

【四】索隱以言所殺傷大略相當。

【五】集解徐廣曰：「遲，一作『黎』。」索隱上音值，待也。待天欲明，謂平明也〔四〇〕。諸本多作「黎明」。鄒氏云「黎，遲也」。然黎，黑也，候天將明猶黑也。正義遲音值。

【六】集解徐廣曰：「窴音田。」

大將軍之與單于會也，而前將軍廣、右將軍食其軍別從東道，或失道，後擊單于。大將軍引還，過幕南，乃得前將軍、右將軍。大將軍欲使使歸報，令長史簿責前將軍廣，廣自殺。右將軍至，下吏，贖爲庶人。大將軍軍入塞，凡斬捕首虜萬九千級。

是時匈奴衆失單于十餘日，右谷蠡【一】王聞之，自立爲單于。單于後得其衆，右王乃去單于之號。

【一】索隱上音禄，下音棃，又音離。

驃騎將軍亦將五萬騎，車重與大將軍軍等，而無裨將。悉以李敢等爲大校，當裨將，出代、右北平千餘里，直左方兵，所斬捕功已多大將軍。軍既還，天子曰：「驃騎將軍去病率師，躬將所獲葷粥之士，【一】約輕齎，絶大幕，涉獲章渠，【二】以誅比車耆，【三】轉擊左大將，【四】斬獲旗鼓，歷涉離侯。【五】濟弓閭，【六】獲屯頭王、【七】韓王等三人，【八】將軍、相國、當户、都尉八十三人，封狼居胥山，禪於姑衍，【九】登臨翰海。【一〇】執鹵獲醜七萬有四百四十三級，師率減什三，取食於敵，逴【一一】行殊遠而糧不絶，以五千八百户益封驃騎將軍。」右北平太守路博德屬驃騎將軍，會與城，【一二】不失期，從至檮余【一三】山，斬首捕虜二千七百級，以千六百户封博德爲符離侯。北地都尉邢山【一四】從驃騎將軍獲王，以千二百户封山爲義陽侯。故歸義因淳王復陸支、【一五】樓專王【一六】伊即靬【一七】皆從驃騎將軍有功，以千三百户封復陸支爲壯侯，【四二】以千八百户封伊即靬爲衆利侯。從驃侯破奴、昌武侯安稽【一八】從驃騎有功，益封各三百户。校尉敢【一九】得旗鼓，爲關内侯，食邑二百户。校尉自爲【二〇】爵大庶長。軍吏卒爲官，賞賜甚多。而大將軍不得益封，軍吏卒皆無封侯者。

【一】集解徐廣曰：「粥，一作『允』。」駰案：應劭曰「所降士有材力者」。

【二】集解徐廣曰：「獲，一作『護』。」索隱小顏云：「涉謂涉水也。章渠，單于之近臣。謂涉水而破獲之。」漢書云「涉獲單于章渠」也。

【三】集解晉灼曰：「王號也。」索隱比，必耳反。

【四】索隱案：漢書名雙。

【五】索隱漢書作「度難侯」。小顏云「山名」。歷，度也。

【六】集解晉灼曰：「水名也。」索隱弓，包愷音穹，亦如字讀。

【七】集解漢書音義曰：「胡王號也。」

【八】集解徐廣曰：「王，一作『藉』。」索隱按：漢書云「屯頭、韓王等三人」。李奇曰「皆匈奴王號」。

【九】正義積土爲壇於山上，封以祭天也。祭地曰禪。

【一〇】集解張晏曰：「登海邊山以望海也。」索隱按：崔浩云「北海名，羣鳥之所解羽，故云翰海」。廣志云〔四二〕「在沙漠北」。

【一一】索隱音與「卓」同。卓，遠也。

【一二】正義與音余。

【一三】索隱音桃徒二音。

【一四】集解徐廣曰：「一作『衞山』。」

【一五】索隱復，劉氏音伏，小顏音福〔四三〕。

【一六】索隱漢書作「剸」，並音專。小顏音之兗反也。

【一七】索隱九言反。

【一八】集解徐廣曰：「姓趙，故匈奴王。」索隱故匈奴王，姓趙也。

【一九】索隱李廣子也。

【二〇】索隱案：徐自爲也。

兩軍之出塞，塞閲官及私馬凡十四萬匹，而復入塞者不滿三萬匹。乃益置大司馬位，大將軍、驃騎將軍皆爲大司馬。【一】定令，令驃騎將軍秩禄與大將軍等。自是之後，大將軍青日退，而驃騎日益貴。舉大將軍故人門下多去事驃騎，輒得官爵，唯任安不肯。

【一】集解如淳曰：「大將軍、驃騎將軍皆有大司馬之號也。」索隱案：如淳云「本無大司馬，今新置耳」。案：前謂太尉，其官又省，今武帝始置此位，衞將軍、霍驃騎皆加此官。

驃騎將軍爲人少言不泄，【一】有氣敢任。【二】天子嘗欲教之孫、吴兵法，對曰：「顧方略何如耳，不至學古兵法。」天子爲治第，令驃騎視之，對曰：「匈奴未滅，無以家爲也。」由此上益重愛之。然少而侍中，貴，不省士。其從軍，天子爲遣太官齎數十乘，既還，重車餘弃粱肉，而士有飢者。其在塞外，卒乏糧，或不能自振，而驃騎尚穿域蹋鞠。【三】事多此類。大將軍爲人仁善退讓，以和柔自媚於上，然天下未有稱也。

【一】索隱案：孔文祥云「謂質重少言，膽氣在中也」。周仁『陰重不泄』，其行亦同也」。

【二】索隱謂果敢任氣也。漢書作「往」，亦作「任」也。

【三】集解徐廣曰：「穿地爲營域。」索隱穿域蹵鞠。徐氏云「穿地爲營域」。蹵鞠書有域説篇，又以杖打，亦有限域也。今之鞠戲，以皮爲之，中實以毛，蹵蹋爲戲。劉向别録云「蹵鞠，兵勢，所以陳武事〔四四〕，知有材力也」。漢書作「蹋鞠」。三倉云「鞠毛可蹋以爲戲〔四五〕」。鞠音巨六反。[正義]按：蹵鞠書有域說篇，即今之打毬也。黃帝所作，起戰國時。程武士，知其材力也，若講武。

驃騎將軍自四年軍後三年，元狩六年而卒。天子悼之，發屬國玄甲，【一】軍陳自長安至茂陵，爲冢象祁連山。【二】謚之，并武與廣地曰景桓侯。【三】子嬗【四】代侯。嬗少，字子侯，上愛之，幸其壯而將之。居六歲，元封元年，嬗卒，謚哀侯。無子，絕，國除。

【一】[正義]屬國即上分置邊五郡者也。玄甲，鐵甲也。

【二】[索隱]案：崔浩云「去病破昆邪於此山，故令爲冢象之以旌功也」。姚氏案：冢在茂陵東北，與衛青冢並。西者是青，東者是去病冢。上有豎石，前有石馬相對，又有石人也。

【三】[集解]蘇林曰：「景，武謚也；桓，廣地謚也。」張晏曰：「謚法『布義行剛曰景，闢土服遠曰桓』。」[索隱]案：景、桓，兩謚也。謚法「布義行剛曰景」，是武謚也；又曰「辟土服遠曰桓」，是廣地之謚也。以去病平生有武藝及廣邊地之功，故云「謚之并武與廣地曰景桓侯」。

【四】[索隱]音市戰反。

自驃騎將軍死後，大將軍長子宜春侯伉坐法失侯。後五歲，伉弟二人，陰安侯不疑及發干侯登皆坐酎金失侯。失侯後二歲，冠軍侯國除。其後四年，大將軍青卒，【一】謚爲烈侯。子伉代爲長平侯。

【一】集解徐廣曰：「元封五年。」

自大將軍圍單于之後，十四年而卒。竟不復擊匈奴者，以漢馬少，而方南誅兩越，東伐朝鮮，擊羌、西南夷，以故久不伐胡。

大將軍以其得尚平陽長公主【一】故，長平侯伉代侯。六歲，坐法失侯〔四六〕。

【一】正義漢書云：「平陽侯曹壽有惡疾，就國，乃詔青尚平陽公主。」如淳云：「本陽信長公主，爲平陽侯所尚，故稱平陽公主云。」

左方兩大將軍及諸裨將名：

最【一】大將軍青，凡七出擊匈奴，斬捕首虜五萬餘級。一與單于戰，收河南地，遂置朔方郡，再益封，凡萬一千八百户〔四七〕。封三子爲侯，侯千三百户。并之，萬五千七百户〔四八〕。其校尉裨將以從大將軍侯者九人。其裨將及校尉已爲將者十四人。【二】爲裨將者曰李廣，自有傳。無傳者曰：

【一】索隱謂凡計也。

【二】索隱案：漢書云「爲特將者十五人」，蓋通李廣也。此李廣一人自有傳，若漢書則七人自有傳，八人附見。七人謂李廣、張騫、公孫賀、李蔡、曹襄、韓説、蘇建也。

將軍公孫賀。賀，義渠人，〔一〕其先胡種。賀父渾邪，景帝時爲平曲侯，〔二〕坐法失侯。賀，武帝爲太子時舍人。武帝立八歲，以太僕爲輕車將軍，軍馬邑。後四歲，以輕車將軍出雲中。後五歲，以騎將軍從大將軍有功，封爲南窌侯。後一歲，以左將軍再從大將軍出定襄，無功。後四歲，以坐酎金失侯。後八歲，〔三〕以浮沮〔四〕將軍出五原二千餘里，無功。後八歲，〔五〕以太僕爲丞相，封葛繹侯。賀七爲將軍，出擊匈奴無大功，而再侯，爲丞相。坐子敬聲與陽石公主姦，〔六〕爲巫蠱，族滅，無後。

〔一〕正義今慶州，本義渠戎國也。地理志云北義渠道也(四九)。

〔二〕集解徐廣曰：「爲隴西太守。」

〔三〕集解徐廣曰：「元鼎六年。」

〔四〕索隱沮音子餘反。

〔五〕集解徐廣曰：「太初二年。」

〔六〕集解徐廣曰：「陽石，一云『德邑』。」

將軍李息，郁郅人。〔一〕事景帝。至武帝立八歲，爲材官將軍，軍馬邑；後六歲，爲將軍，出代；後三歲，爲將軍，從大將軍出朔方：皆無功。凡三爲將軍，其後常爲大行。

【一】集解服虔曰：「郅音窒。」索隱服虔音室，小顏音質。案：北地縣名也。正義之栗反。今慶州弘化縣是。

將軍公孫敖，義渠人。以郎事武帝。武帝立十二歲，爲騎將軍〔五〇〕，出代，亡卒七千人，當斬，贖爲庶人。後五歲，以校尉從大將軍有功，封爲合騎侯。後一歲，以中將軍從大將軍，再出定襄，無功。後二歲，以將軍出北地，後驃騎期，當斬，贖爲庶人。後二歲，以校尉從大將軍，無功。後十四歲，以因杅【一】將軍築受降城。七歲，復以因杅將軍再出擊匈奴，至余吾，【二】亡士卒多，下吏，當斬，詐死，亡居民閒五六歲。後發覺，復繫。坐妻爲巫蠱，族。凡四爲將軍出擊匈奴，一侯。

【一】索隱音于。

【二】索隱余音餘，又音徐。案：水名，在朔方。

將軍李沮，【一】雲中人。【二】事景帝。武帝立十七歲，以左內史爲彊弩將軍。後一歲，復爲彊弩將軍。

【一】索隱音「組豆」之「組」。

【二】正義今嵐、勝州也〔五一〕。

將軍李蔡，成紀人也。【一】事孝文帝、景帝、武帝。以輕車將軍從大將軍有功，封爲樂安侯。已爲丞相，坐法死。

將軍張次公，河東人。以校尉從衞將軍青有功，封爲岸頭侯。其後太后崩，爲將軍，軍北軍。後一歲，爲將軍，從大將軍。再爲將軍，坐法失侯。次公父隆，輕車武射也。以善射，景帝幸近之也。

【一】正義秦州縣也。

將軍蘇建，杜陵人。以校尉從衞將軍青，有功，爲平陵侯，以將軍築朔方。後四歲，爲游擊將軍，從大將軍出朔方。後一歲，以右將軍再從大將軍出定襄，亡翕侯，失軍，當斬，贖爲庶人。其後爲代郡太守，卒，冢在大猶鄉。

將軍趙信，以匈奴相國降，爲翕侯。武帝立十七歲，爲前將軍，與單于戰，敗，降匈奴。

將軍張騫，以使通大夏，還，爲校尉。從大將軍有功，封爲博望侯。後三歲，爲將軍，出右北平，失期，當斬，贖爲庶人。其後使通烏孫，爲大行而卒，冢在漢中。

將軍趙食其，祋祤人也。【一】武帝立二十二歲，以主爵爲右將軍，從大將軍出定襄，迷失道，當斬，贖爲庶人。

【一】索隱縣名，在馮翊。祋音都活反，又音丁外反。祤音詡。正義上都詡反。雍州同官縣，本漢祋祤縣也。

將軍曹襄，以平陽侯爲後將軍，從大將軍出定襄。襄，曹參孫也。

將軍韓說，弓高侯庶孫也。以校尉從大將軍有功，爲龍頟侯，坐酎金失侯。元鼎六年，以待詔爲横海將軍，擊東越有功，爲按道侯。以太初三年爲游擊將軍，屯於五原外列城。爲光禄勳，掘蠱太子宮，衛太子殺之。

將軍郭昌，雲中人也。以校尉從大將軍。元封四年，以太中大夫爲拔胡將軍，屯朔方。還擊昆明，毋功，奪印。

將軍荀彘，太原廣武人。以御見，【一】侍中，爲校尉，數從大將軍。以元封三年爲左將軍擊朝鮮，毋功。以捕樓船將軍坐法死。

【一】正義以善御求見也。

最驃騎將軍去病，凡六出擊匈奴，其四出以將軍，【一】斬捕首虜十一萬餘級。及渾邪王以衆降數萬，遂開河西酒泉之地，【二】西方益少胡寇。四益封，凡萬五千一百户。其校吏有功爲侯者凡六人，而後爲將軍二人。

【一】集解徐廣曰：「再出以剽姚校尉也。」

【二】正義河謂隴右蘭州之西河也。謂涼、肅等州(五二)。漢書西域傳云驃騎將軍擊破匈奴右地，置酒泉郡，後分置武威、張掖、燉煌等郡。

將軍路博德，平州人。【一】以右北平太守從驃騎將軍有功，爲符離侯。驃騎死後，博德以衞尉爲伏波將軍，伐破南越，益封。其後坐法失侯。爲彊弩都尉，屯居延，卒。

【一】正義漢書云「西河平州」。按：西河郡，今汾州。

將軍趙破奴，故九原人。【一】嘗亡入匈奴，已而歸漢，爲驃騎將軍司馬。出北地時有功，封爲從驃侯。坐酎金失侯。後一歲，爲匈河將軍，攻胡至匈河水，無功。後二歲，【二】擊虜樓蘭王，復封爲浞野侯。後六歲，【三】爲浚稽將軍，將二萬騎擊匈奴左賢王，左賢王與戰，兵八萬騎圍破奴，破奴生爲虜所得，遂沒其軍。居匈奴中十歲，復與其太子安國亡入漢。【四】後坐巫蠱，族。

【一】正義今勝州。

【二】集解徐廣曰：「元封二年(五三)。」

【三】集解徐廣曰：「太初二年。」

【四】集解徐廣曰：「以太初二年入匈奴，天漢元年亡歸，涉四年。」

自衛氏興，大將軍青首封，其後枝屬爲五侯。凡二十四歲而五侯盡奪，衛氏無爲侯者。

太史公曰：蘇建語余曰：「吾嘗責大將軍至尊重，而天下之賢大夫毋稱焉，〔一〕願將軍觀古名將所招選擇賢者，勉之哉。大將軍謝曰：『自魏其、武安之厚賓客，天子常切齒。彼親附士大夫，招賢絀不肖者，人主之柄也。人臣奉法遵職而已，何與〔二〕招士！』」驃騎亦放此意，其爲將如此。

〔一〕索隱謂不爲賢士大夫所稱譽。

〔二〕索隱音預。

【索隱述贊】君子豹變，貴賤何常。青本奴虜，忽升戎行〔五四〕。姊配皇極，身尚平陽。寵榮斯僭，取亂彝章。嫖姚繼踵，再靜邊方。

校勘記

〔一〕故非老　「故」下耿本、黄本、彭本、柯本、凌本、殿本有「知」字，疑此脱。

〔二〕亦魏是媪姓　耿本、黄本、彭本、柯本、凌本、殿本作「少亦稱媪也」。

〔三〕衛氏　原作「衛姓」，據耿本、黄本、彭本、柯本、凌本、殿本及正文改。按：漢書卷五五衛青傳亦作「衛氏」。

〔四〕按徐廣云夷侯曹參曾孫名襄　耿本、黄本、彭本、柯本、凌本、殿本無此十二字。又，此言夷侯名襄，亦誤。

〔五〕元鼎元年　後「元」字原無，據殿本及本書卷一八高祖功臣侯者年表補。

〔六〕元光五年　漢書卷五五衛青傳作「元光六年」。

〔七〕按榆谷舊塞如淳云按行也尋也榆谷舊塞名也　耿本、黄本、彭本、柯本、凌本、殿本無。

〔八〕上郡之北有諸次水　耿本、黄本、彭本、柯本、凌本、殿本作「上郡之北有諸次山諸次水出焉」。按：水經注卷三河水：「河水又南，諸次之水入焉。水出上郡諸次山。山海經曰：諸次之山，諸次之水出焉。其水東逕榆林塞，世又謂之榆林山，即漢書所謂榆溪舊塞者也。」

〔九〕榆谷舊塞　「谷」，耿本、黄本、彭本、柯本、凌本、殿本作「谿」，與正文合。

〔一〇〕畜數千百萬　「千」，疑當作「十」。按：漢書卷五五衛青傳作「數十百萬」，顏師古注：「數十萬以至百萬。」

〔一一〕故知也　「知」下耿本、黄本、彭本、柯本、凌本、殿本有「儒生」二字。

〔一二〕奉高宮　「奉」，原作「奏」，據景祐本、紹興本、耿本、黄本、彭本、柯本、凌本、殿本改。按：蔡邕獨斷：「在京師曰奏長安宮，在泰山則曰奏奉高宮。」

〔一三〕受詔　「受」上景祐本、耿本、殿本重「大將軍」三字，漢書卷五五霍去病傳同。

〔一四〕顧氏　原作「顔氏」，據耿本、黄本、彭本、柯本、凌本、殿本改。

〔一五〕冠軍　耿本、黄本、彭本、柯本、凌本、殿本無此二字。

〔一六〕盧胡王　漢書卷五五霍去病傳作「盧侯王」。

〔一七〕誅全甲　漢書卷五五霍去病傳云「鋭悍者誅，全甲獲醜」。王楙野客叢書卷一二：「較之漢書所言，甚失文理，疑史記之文傳流之誤。」上文漢武帝褒衛青擊匈奴之功，云「執訊獲醜，全甲兵而還」，事雖異而文辭相類。

〔一八〕驃黄馬鬣白色一曰白髦尾　張文虎札記卷五：「『鬣』字説文作『發』，集韻、類篇引同，疑此誤。」按：段玉裁説文解字注：「發白色者，起白點斑駁也。」

〔一九〕折蘭盧胡國名也　「盧胡」，漢書卷五五霍去病傳「斬盧侯王」顔師古注引張晏作「盧侯胡」。

〔二〇〕張晏　原作「張嬰」，據耿本、黄本、彭本、索隱本、柯本、凌本、殿本改。按：漢書卷五五霍去病傳「收休屠祭天金人」顔師古注亦引作「張晏」。

〔二一〕稽沮王　景祐本、紹興本、耿本、黄本、彭本、柯本、凌本、殿本作「稽且王」，漢書卷五五霍去病傳同。

〔二二〕先其大軍　「軍」上原有「將」字。王念孫雜志史記第六：「本作『先其大軍』，謂驃騎敢於深入，嘗棄其大軍而先進也，上文曰『直棄大軍數百里赴利』，是其證也。漢書衛青霍去病傳無『將』字。」按：通鑑卷一九漢紀十一武帝元狩二年亦無「將」字。今據删。

〔二三〕保南山　「山」下漢書卷九六上西域傳上有「羌」字，與本書卷一二三大宛列傳合。

〔二四〕匈奴謂天爲祁連　「爲」字原無，據耿本、黄本、彭本、柯本、凌本、殿本補。按：漢書卷六武帝紀「與右賢王戰于天山」顔師古注：「即祁連山也。匈奴謂天爲祁連。」

〔二五〕白山即天山　「即」字原無，據耿本、黄本、彭本、柯本、凌本、殿本補。

〔二六〕後説　耿本、黄本、彭本、柯本、凌本、殿本作「一説」。

〔二七〕沮音子余反　「沮」，耿本、黄本、彭本、柯本、凌本、殿本作「且」，疑是。按：本書卷七項羽本紀「司馬龍且」正義：「子余反。」卷一一〇匈奴列傳「且渠之屬」及「使當户且居」正義、卷一一六西南夷列傳「且蘭」、卷一一七司馬相如列傳「狙且」、卷一二八龜策列傳「漁者豫且」索隱音切皆同。而史記「沮」字數十，索隱皆無此音。

〔二八〕然則此千騎將漢之將　耿本、黄本、彭本、柯本、凌本、殿本作「然則此云千騎將是漢之將」。

〔二九〕即匈奴王之名　「之名」，耿本、黄本、彭本、柯本、凌本、殿本作「號也」。

〔三〇〕漢表作僕朋　「漢表」，原作「漢百官表」，據耿本、黄本、彭本、柯本、凌本、殿本改。按：漢書卷一七景武昭宣元成功臣表云「煇渠忠侯僕朋」。

〔三一〕使人先要邊　「先」下景祐本、紹興本、耿本、黄本、彭本、柯本、凌本、殿本有「遣使向邊境要遮漢人令報天子」十三字。按：索隱云「謂先於邊境要候漢人，言其欲降」，正爲此句作解。通鑑卷一九漢紀十一武帝元狩二年亦云「先遣使向邊境要遮漢人令報天子」。

〔三二〕銅離　本書卷二〇建元以來侯者年表作「稠離」，索隱：「漢書衞青傳作『彫離』。」漢書卷五五霍去病傳作「調雖」，卷一七景武昭宣元成功臣表作「稠雕」。

〔三三〕仍與　「與」，漢書卷五五霍去病傳作「輿」。

〔三四〕鷹庇　漢書卷一七景武昭宣元成功臣表作「應疕」。本書卷二〇建元以來侯者年表「悼侯扁訾元年」索隱：「漢表作『悼侯應庀』。」

〔三五〕此文云銅離文異也　黄本、彭本、柯本、凌本、殿本作「此文云銅漢書云調字又異也」。

〔三六〕行遮貌　耿本、黄本、彭本、柯本、凌本、殿本作「行疾貌」，疑是。按：説文走部：「趬，行輕皃。」輕、疾義相近。漢書卷五五霍去病傳「誅獟悍」顔師古注：「獟，健行輕貌也，字或作『趬』。」

〔三七〕遮一作疾　耿本、黄本、彭本、柯本、凌本、殿本無此四字。

〔三八〕降來　通鑑卷一九漢紀十一武帝元狩二年「因其故俗爲五屬國」胡三省注引史記正義作「來降」。

〔三九〕元狩四年春　張文虎札記卷五：「『元狩四年』字疑衍，漢書無。」

〔四〇〕謂平明也　耿本、黄本、彭本、柯本、凌本、殿本作「漢書作會明」，疑是。按：上以「待天欲明」釋「遲明」，語意已足。漢書卷五五衛青傳云「會明，行二百餘里，不得單于」。

〔四一〕壯侯　疑當作「杜侯」。按：漢書卷五五霍去病傳云「封復陸支爲杜侯」。卷一七景武昭宣元成功臣表云「杜侯復陸支」。卷八宣帝紀「杜侯屠耆堂」顔師古注引蘇林曰：「姓復陸。其祖父復陸支本匈奴胡也，歸義爲屬國王。」本書卷二一建元已來王子侯者年表復陸支侯國名壯，梁玉繩志疑卷一三：「『壯』字譌也。高祖功臣壯侯許倩，時未失國，故知『壯』誤。」

〔四二〕廣志　原作「廣異志」，據耿本、黄本、彭本、柯本、凌本、殿本改。按：通鑑卷一九漢紀十一武帝元狩四年「登臨翰海」胡三省注引作「廣志」。

〔四三〕音福　「福」，耿本、黄本、彭本、柯本、凌本、殿本作「芳福反」。按：漢書卷五五霍去病傳「復陸支」顔師古注：「復音芳福反。」

〔四四〕陳武事　後漢書卷三四梁統傳「蹴鞠」李賢注引劉向别録作「講武」。

〔四五〕鞠毛可蹋以爲戲　「毛」下疑脱「丸」字。按：文選卷二七曹植名都篇「連翩擊鞠壤」李善注引郭璞三蒼解詁：「鞠，毛丸，可蹋戲。」

〔四六〕六歲坐法失侯　梁玉繩志疑卷三四：「此六字後人妄增。伉失侯在天漢元年也，建元侯表書『今侯伉』，則知此非史公本書。」

〔四七〕萬二千八百户　「二」，原作「一」，據景祐本改。按：據傳，衛青始封三千八百户，其後益封三千户，元朔五年，青擊匈奴右賢王有功，益封六千户，合之凡一萬二千八百户。

〔四八〕萬五千七百户　「五千」，疑當作「六千」。按：衛青封萬二千八百户，三子各千三百户，合之爲一萬六千七百户。參見上條。

〔四九〕北義渠道也　「北」下疑脱「地」字。按：本書卷五秦本紀「縣義渠」正義引地理志云「北地郡義渠道，秦縣也」。漢書卷二八下地理志下義渠道在北地郡。

〔五〇〕爲騎將軍　「騎」上原有「驃」字。梁玉繩志疑卷三四：「此『騎將軍』之誤也。驃騎之號，武帝以寵霍去病，公孫敖安得先爲之？」按：上文云「大中大夫公孫敖爲騎將軍」，又曰「騎將軍敖亡七千騎」，本書卷二二漢興以來將相名臣年表亦云敖爲騎將軍，皆無「驃」字。今據删。

〔五一〕嵐勝州　「嵐」字疑衍。按：本書卷一一孝景本紀「雲中郡」正義：「雲中郡，今勝州。」卷六九蘇秦列傳「西有雲中、九原」正義：「二郡並在勝州也。雲中郡城在榆林縣東北四十里，九原郡在榆林縣西界。」

〔五二〕謂涼肅等州　殿本史記考證：「正義『謂涼肅等州』句『謂』字上疑脱『酒泉』二字。」按：考證説誤。漢書卷六武帝紀：「秋，匈奴昆邪王殺休屠王，并將其衆合四萬餘人來降，置五屬國以處之。以其地爲武威、酒泉郡。」顏師古注：「武威，今涼州也。酒泉，今肅州。」涼、肅等州，即指河西之地。

〔五三〕元封二年　「二年」，本書卷二〇建元以來侯者年表作「三年」。張文虎札記卷五：「游本

『二』作『三』，與表合。」

〔五四〕忽升戎行　「升」，黄本、彭本、柯本作「揔」，凌本、殿本作「總」。

史記卷一百一十二

平津侯主父列傳第五十二

丞相公孫弘者，齊菑川國薛縣人也，[一]字季。少時爲薛獄吏，有辠，免。家貧，牧豕海上。年四十餘，乃學春秋雜説。養後母孝謹。

[一]索隱案：薛縣本屬魯國[二]，漢置菑川國，後割入齊也。正義表云菑川國，文帝分齊置，都劇。括地志云：「故劇城在青州壽光縣南三十一里。故薛城在徐州滕縣界。地理志云薛縣屬魯國。」按：薛與劇隔兖州及太山，未詳。公孫弘墓又在青州北魯縣西二十里也。

建元元年，天子初即位，招賢良文學之士。是時弘年六十，徵以賢良爲博士。使匈奴，還報，不合上意，上怒，以爲不能，弘迺病免歸。

元光五年，有詔徵文學，菑川國復推上公孫弘。弘讓謝國人曰：「臣已嘗西應命，以不能罷歸，願更推選。」國人固推弘，弘至太常。太常令所徵儒士各對策，百餘人，弘第居下。策奏，天子擢弘對爲第一。召入見，狀貌甚麗，拜爲博士。是時通西南夷道，置郡，巴蜀民苦之，詔使弘視之。還奏事，盛毁西南夷無所用，上不聽。

弘爲人恢奇多聞，常稱以爲人主病不廣大，人臣病不儉節。弘爲布被，食不重肉。後母死，服喪三年。每朝會議，開陳其端，令人主自擇，不肯面折庭爭。於是天子察其行敦厚，辯論有餘，習文法吏事，而又緣飾以儒術，〔一〕上大説之。二歲中，〔二〕至左内史。弘奏事，有不可，不庭辯之。嘗與主爵都尉汲黯請閒，汲黯先發之，弘推其後，天子常説，所言皆聽，以此日益親貴。嘗與公卿約議，至上前，皆倍其約以順上旨。汲黯庭詰弘曰：「齊人多詐而無情實，始與臣等建此議，今皆倍之，不忠。」上問弘。弘謝曰：「夫知臣者以臣爲忠，不知臣者以臣爲不忠。」上然弘言。左右幸臣每毁弘，上益厚遇之。

〔一〕索隱謂以儒術飾文法，如衣服之有領緣以爲飾也。

〔二〕集解徐廣曰：「一云一歲。」

元朔三年，張歐免，以弘爲御史大夫。是時通西南夷，東置滄海，北築朔方之郡。弘數諫，以爲罷敝中國以奉無用之地，願罷之。於是天子乃使朱買臣等難弘置朔方之便。發十策，弘不得一。〔一〕弘迺謝曰：「山東鄙人，不知其便若是，願罷西南夷、滄海而專奉朔方。」上乃許之。

【一】集解韋昭曰：「以弘之才，非不能得一也，以爲不可，不敢逆上耳。」索隱按：韋昭以弘之才非不能得一，以爲不可，不敢逆上故耳。正義顏師古曰：「言其利害十條，弘無以應。」

汲黯曰：「弘位在三公，奉禄甚多，然爲布被，此詐也。」上問弘。弘謝曰：「有之。夫九卿與臣善者無過黯，然今日庭詰弘，誠中弘之病。夫以三公爲布被，誠飾詐欲以釣名。且臣聞管仲相齊，有三歸，侈擬於君，桓公以霸，亦上僭於君。晏嬰相景公，食不重肉，妾不衣絲，齊國亦治，此下比於民。【一】今臣弘位爲御史大夫，而爲布被，自九卿以下至於小吏無差，誠如汲黯言。且無汲黯忠，陛下安得聞此言。」天子以爲謙讓，愈益厚之。卒以弘爲丞相，封平津侯。【二】

【一】索隱比音鼻。比者，近也。小顏音「比方」之「比」。

【二】集解徐廣曰：「大臣表曰元朔五年十一月乙丑，公孫弘爲丞相。功臣表曰元朔三年十一月乙丑，封平津侯。」駰案：漢書「高成之平津鄉」也。索隱案：漢書曰：漢興，皆以列侯爲丞相，弘本無爵，乃詔封弘高成之平津鄉六百五十户爲平津侯。丞相封侯，自弘始也。

弘爲人意忌，外寬内深。【一】諸嘗與弘有郤者，雖詳與善，陰報其禍。殺主父偃，徙董仲舒於膠西，皆弘之力也。食一肉脱粟之飯，【二】故人所善賓客仰衣食，弘奉禄皆以給之，家無所餘。士亦以此賢之。

【一】索隱謂弘外寬內深，意多有忌害也。

【二】索隱案：一肉，言不兼味也。脱粟，纔脱穀而已，言不精鑿也。

淮南、衡山謀反，治黨與方急。弘病甚，自以爲無功而封，位至丞相，宜佐明主填撫國家，使人由臣子之道。今諸侯有畔逆之計，此皆宰相奉職不稱，恐竊病死，【一】無以塞責。乃上書曰：「臣聞『天下之通道五，所以行之者三。【二】曰君臣，父子，兄弟，夫婦，長幼之序，此五者天下之通道也。智，仁，勇，此三者天下之通德，所以行之者也』。故曰『力行近乎仁，好問近乎智，知恥近乎勇。知此三者，則知所以自治；知所以自治，然後知所以治人』。天下未有不能自治而能治人者也，此百世不易之道也。今陛下躬行大孝，鑒三王，建周道，兼文武，厲賢予祿，【三】量能授官。今臣弘罷駑之質，無汗馬之勞，陛下過意擢臣弘卒伍之中，封爲列侯，致位三公。臣弘行能不足以稱，素有負薪之病，恐先狗馬填溝壑，終無以報德塞責。願歸侯印，乞骸骨，避賢者路。」天子報曰：「古者賞有功，褒有德，守成尚文，遭遇右武，【四】未有易此者也。朕宿昔庶幾獲承尊位，懼不能寧，惟所與共爲治者，君宜知之。蓋君子善善惡惡〔二〕，君若謹行，常在朕躬。君不幸罹霜露之病，何恙不已，【五】迺上書歸侯、乞骸骨？是章朕之不德也。今事少閒，君其省思慮，一精神，輔以醫藥。」因賜告牛酒雜帛。居數月，病有瘳，視事。

【一】索隱案：人臣委質於君，死生由君。今若一朝病死，是竊死也。

【二】索隱案：此語出子思子，今見禮記中庸篇。

【三】集解徐廣曰：「厲，一作『廣』也。」

【四】索隱小顏云：「右亦上也。言遭遇亂時則上武也。」

【五】集解漢書音義曰：「何恙，喻小疾不以時愈。」索隱恙，憂也。言罹霜露寒涼之疾，輕，何憂於病不止。禮曰「疾止復初」也。

元狩二年，弘病，竟以丞相終。【一】子度嗣爲平津侯。度爲山陽太守十餘歲，坐法失侯。【二】

【一】集解漢書曰：「年八十。」索隱漢書云凡爲御史、丞相六歲〔三〕，年八十終。

【二】索隱漢書云坐不遣鉅野令史成詣公車，論爲城旦。元始中詔復弘後爲關内侯也。

主父偃者，齊臨菑人也。學長短縱横之術，晚乃學易、春秋、百家言。游齊諸生閒，莫能厚遇也。齊諸儒生相與排擯，不容於齊。家貧，假貸無所得，迺北游燕、趙、中山，皆莫能厚遇，爲客甚困。孝武元光元年中，以爲諸侯莫足游者，乃西入關見衛將軍。衛將軍數言上，上不召。資用乏，留久，諸公賓客多厭之，乃上書闕下。朝奏，暮召入見。所言九事，其八事爲律令，一事諫伐匈奴。其辭曰：

臣聞明主不惡切諫以博觀，忠臣不敢避重誅以直諫，是故事無遺策而功流萬世。今臣不敢隱忠避死以效愚計，願陛下幸赦而少察之。

司馬法曰：「國雖大，好戰必亡；天下雖平，忘戰必危。天下既平，天子大凱，〔一〕春蒐秋獮，諸侯春振旅，秋治兵，所以不忘戰也。」〔二〕且夫怒者逆德也，兵者凶器也，爭者末節也。古之人君一怒必伏尸流血，故聖王重行之。夫務戰勝窮武事者，未有不悔者也。昔秦皇帝任戰勝之威，蠶食天下，并吞戰國，海内爲一，功齊三代。務勝不休，欲攻匈奴，李斯諫曰：「不可。夫匈奴無城郭之居，委積之守，遷徙鳥舉，難得而制也。輕兵深入，糧食必絶；踵糧以行，重不及事。得其地不足以爲利也，遇其民不可役而守也。勝必殺之，非民父母也。靡獘〔三〕中國，快心匈奴，非長策也。」秦皇帝不聽，遂使蒙恬將兵攻胡，辟地千里，以河爲境。地固澤鹵〔四〕，〔四〕不生五穀。然後發天下丁男以守北河。暴兵露師十有餘年，死者不可勝數，終不能踰河而北。是豈人衆不足，兵革不備哉？其勢不可也。又使天下蜚芻輓粟，〔五〕起於黄、腄、〔六〕琅邪負海之郡，轉輸北河，率三十鍾而致一石。男子疾耕不足於糧饟，女子紡績不足於帷幕。百姓靡敝，孤寡老弱不能相養，道路死者相望，蓋天下始畔秦也。

【一】集解應劭曰：「大凱，周禮還師振旅之樂。」

【二】集解宋均曰：「春秋少陽少陰，氣弱未全，須人功而後用，士庶法之，教而後成，宗仁本義。天子諸侯必春秋講武，簡閱車徒，以順時氣，不忘戰也。」索隱按：宋均云「宗本仁義，助少陽少陰之氣〔五〕，因而教以簡閱車徒。」

【三】索隱靡音糜。獘猶凋敝也。

【四】集解徐廣曰：「澤，一作『斥』。」瓚曰：「其地多水澤，又有鹵。」

【五】集解文穎曰：「轉芻穀就戰是也。」

【六】集解徐廣曰：「腄在東萊，音縋。」索隱縣名，在東萊，音逐瑞反，注音縋。

及至高皇帝定天下，略地於邊，聞匈奴聚於代谷之外而欲擊之。御史成進諫曰：「不可。夫匈奴之性，獸聚而鳥散，從之如搏影。今以陛下盛德攻匈奴，臣竊危之。」高帝不聽，遂北至於代谷，果有平城之圍。高皇帝蓋悔之甚，乃使劉敬往結和親之約，然後天下忘干戈之事。故兵法曰「興師十萬，日費千金」。夫秦常積衆暴兵數十萬人，雖有覆軍殺將係虜單于之功，亦適足以結怨深讎，不足以償天下之費。夫上虛府庫，下敝百姓，甘心於外國，非完事也。夫匈奴難得而制，非一世也。行盜侵驅，所以爲業也，天性固然。上及虞夏殷周，固弗程督，禽獸畜之，不屬爲人。夫上不觀虞夏殷周之統，而下循近世之失〔六〕，此臣之所大憂，百姓之所疾苦也。且夫兵久則變生，事苦則慮易。乃使邊境之民靡獘愁苦而有離心，將吏相疑而外市，【一】故尉佗、章邯得以成其私也。夫秦政之所以不行者，權分乎二子，此得失之效也。故周書曰「安危在出令，存亡在所用」。願陛下詳察之，少加意而熟慮焉。

【一】集解張晏曰：「與外國交求利己〔七〕，若章邯之比。」

是時趙人徐樂、【一】齊人嚴安【二】俱上書言世務，各一事。徐樂曰：

【一】索隱樂音岳。

【二】索隱按：本姓莊，避明帝諱，後並改「嚴」也〔八〕。安及徐樂並拜郎中。樂後爲中大夫。

臣聞天下之患在於土崩，不在於瓦解，古今一也。何謂土崩？秦之末世是也。陳涉無千乘之尊，尺土之地，身非王公大人名族之後，無鄉曲之譽，非有孔、墨、曾子之賢，陶朱、猗頓之富也，然起窮巷，奮棘矜，【一】偏袒大呼而天下從風，此其故何也？由民困而主不恤，下怨而上不知〔九〕，俗已亂而政不脩，此三者陳涉之所以爲資也。是之謂土崩。故曰天下之患在於土崩。何謂瓦解？吳、楚、齊、趙之兵是也。七國謀爲大逆，號皆稱萬乘之君，帶甲數十萬，威足以嚴其境內，財足以勸其士民，然不能西攘尺寸之地而身爲禽於中原者，此其故何也？非權輕於匹夫而兵弱於陳涉也，當是之時，先帝之德澤未衰而安土樂俗之民衆，故諸侯無境外之助。此之謂瓦解。故曰天下之患不在瓦解。由是觀之，天下誠有土崩之勢，雖布衣窮處之士或首惡而危海内，陳涉是也。況三晉之君或存乎！天下雖未有大治也，誠能無土崩之勢，雖有彊國勁兵不得旋踵而身爲禽矣，吴、楚、齊、趙是也。況羣臣百姓能爲亂乎哉！此二體者，安危之明要也，賢主所留意而深察也。

【一】集解矜音勤。索隱下音勤。矜，今戟柄。棘，戟也。

間者關東五穀不登，年歲未復，民多窮困，重之以邊境之事，推數循理而觀之，則民且有不安其處者矣。不安故易動。易動者，土崩之勢也。故賢主獨觀萬化之原，明於安危之機，脩之廟堂之上，而銷未形之患。其要，期使天下無土崩之勢而已矣。故雖有彊國勁兵，陛下逐走獸，射蜚鳥，弘游燕之囿，淫縱恣之觀，極馳騁之樂，自若也。金石絲竹之聲不絶於耳，帷帳之私俳優侏儒之笑不乏於前，而天下無宿憂。名何必湯武，俗何必成康！雖然，臣竊以爲陛下天然之聖，寬仁之資，而誠以天下爲務，則湯武之名不難侔，而成康之俗可復興也。此二體者立，然後處尊安之實，揚名廣譽於當世，親天下而服四夷，餘恩遺德爲數世隆，南面負扆攝袂而揖王公，此陛下之所服也。臣聞圖王不成，其敝足以安。安則陛下何求而不得，何爲而不成，何征而不服乎哉！

嚴安上書曰：

臣聞周有天下，其治三百餘歲，成康其隆也，刑錯四十餘年而不用。及其衰也，亦三百餘歲，故五伯更起。五伯者〔一〇〕，常佐天子興利除害，誅暴禁邪，匡正海内，以尊天子。五伯既没，賢聖莫續，天子孤弱，號令不行。諸侯恣行，彊陵弱，衆暴寡，田常篡齊，六卿分晉，並爲戰國，此民之始苦也。於是彊國務攻，弱國備守，合從連横，馳車擊轂，介胄生蟣蝨，民無所告愬。

及至秦王，蠶食天下，并吞戰國，稱號曰皇帝，主海内之政〔一一〕，壞諸侯之城，銷其兵，鑄以爲鍾虡，〔一二〕示不復用。元元黎民得免於戰國，逢明天子，人人自以爲更生。嚮使秦緩其刑罰，薄賦斂，省繇役，貴仁義，賤權利，上篤厚，〔二〕下智巧，〔三〕變風易俗，化於海内，則世世必安矣。秦不行是風而循其故俗〔一三〕，爲智巧權利者進，篤厚忠信者退；法嚴政峻，諂諛者衆，日聞其美，意廣心軼。欲肆威海外，乃使蒙恬將兵以北攻胡，辟地進境，戍於北河，蜚芻輓粟以隨其後。又使尉佗屠睢〔四〕將樓船之士南攻百越〔一三〕，使監禄〔五〕鑿渠運糧，深入越，越人遁逃。曠日持久，糧食絶乏，越人擊之，秦兵大敗。秦乃使尉佗將卒以戍越。當是時，秦禍北構於胡，南挂於越，宿兵無用之地，進而不得退。行十餘年，丁男被甲，丁女轉輸，苦不聊生，自經於道樹，死者相望。及秦皇帝崩，天下大叛。陳勝、吳廣舉陳，【六】武臣、張耳舉趙，項梁舉吳，田儋舉齊，景駒舉郢，周市舉魏，韓廣舉燕，窮山通谷豪士並起，不可勝載也。然皆非公侯之後，非長官之吏也。無尺寸之勢，起閭巷，杖棘矜，應時而皆動，不謀而俱起，不約而同會，壤長地進，【七】至于霸王，時教使然也。秦貴爲天子，富有天下，滅世絶祀者，窮兵之禍也。故周失之弱，秦失之彊，不變之患也。

【一】索隱下音巨。鄒氏本作「鐻」，音同。
【二】索隱上猶尚也，貴也。
【三】索隱謂智巧爲下也。
【四】索隱案：尉，官也。他，趙他也，音徒何反。屠睢，人姓名。睢音雖。
【五】集解韋昭曰：「監御史名禄也。」
【六】索隱謂勝、廣舉兵於陳。舉音如字。或音據，恐疎也。下同。
【七】集解張晏曰：「長，進益也。」

今欲招南夷，朝夜郎，降羌僰，【一】略濊州，【二】建城邑，深入匈奴，燔其蘢城，【三】

議者美之。此人臣之利也，非天下之長策也。今中國無狗吠之驚，而外累於遠方之備，靡敝國家，非所以子民也。行無窮之欲，甘心快意，結怨於匈奴，非所以安邊也。禍結而不解，兵休而復起，近者愁苦，遠者驚駭，非所以持久也。今天下鍛甲砥劍，橋箭累弦，轉輸運糧，未見休時，此天下之所共憂也。夫兵久而變起，事煩而慮生。今外郡之地或幾千里，列城數十，形束壤制，【四】旁脅諸侯，非公室之利也。上觀齊晉之所以亡者，公室卑削，六卿大盛也；下觀秦之所以滅者，嚴法刻深，欲大無窮也。今郡守之權，非特六卿之重也；地幾千里，非特閭巷之資也；甲兵器械，非特棘矜之用也；以遭萬世之變，則不可稱諱也。

【一】索隱僰，白北反，又皮逼反。

【二】集解如淳曰：「東夷也。」索隱濊州，地名，即古濊貊國也。音紆廢反。

【三】索隱匈奴城名，音龍。燔音煩。燔，燒也。

【四】集解服虔曰：「言所束在郡守，土壤足以專民制。」蘇林曰：「言其土地形勢足以束制其民也。」索隱案：謂地形及土壤皆束制在諸侯也。

書奏天子，天子召見三人，謂曰：「公等皆安在？何相見之晚也！」【一】於是上乃拜主父偃、徐樂、嚴安爲郎中。偃數見【一四】，上疏言事，詔拜偃爲謁者，遷爲中大夫【一五】。一歲中四遷偃。

【一】集解徐廣曰：「它史記本皆不見嚴安，此旁所纂者，皆取漢書耳。然漢書不宜乃容大異，或寫史記相承闕脱也。」索隱纂音撰。

偃説上曰：「古者諸侯不過百里，彊弱之形易制。今諸侯或連城數十，地方千里，緩則驕奢易爲淫亂，急則阻其彊而合從以逆京師。今以法割削之，則逆節萌起，前日鼂錯是也。今諸侯子弟或十數，而適嗣代立，餘雖骨肉，無尺寸地封，則仁孝之道不宣。願陛下令諸侯得推恩分子弟，以地侯之。彼人人喜得所願，上以德施，實分其國，不削而稍弱矣。」於是上從其計。【一】又説上曰：「茂陵初立，天下豪桀并兼之家，亂衆之民，皆可徙茂陵，内實京師，外銷姦猾，此所謂不誅而害除。」上又從其計。

【一】集解徐廣曰：「元朔二年，始令諸侯王分封子弟也。」

尊立衛皇后，及發燕王定國陰事，蓋偃有功焉〔一六〕。大臣皆畏其口，賂遺累千金。人或説偃曰：「太横矣。」主父曰：「臣結髮游學四十餘年，身不得遂，親不以爲子，昆弟不收，賓客弃我，我阸日久矣。且丈夫生不五鼎食，死即五鼎烹耳。吾日暮途遠，故倒行暴施之。」【一】

【一】索隱按：偃言吾日暮途遠，恐赴前途不跌〔一七〕，故須倒行而逆施，乃可及耳。今此本作「暴」。暴者，言已困久得申，須急暴行事以快意也。暴者，卒也，急也。

偃盛言朔方地肥饒，外阻河，蒙恬城之以逐匈奴，内省轉輸戍漕，廣中國，滅胡之本也。上覽其說，下公卿議，皆言不便。公孫弘曰：「秦時常發三十萬衆築北河，終不可就，已而弃之。」主父偃盛言其便，上竟用主父計，立朔方郡。

元朔二年，主父言齊王内淫佚行僻，上拜主父爲齊相。至齊，遍召昆弟賓客，散五百金予之，數之曰：「始吾貧時，昆弟不我衣食，賓客不我内門；今吾相齊，諸君迎我或千里。吾與諸君絶矣，毋復入偃之門！」乃使人以王與姊姦事動王，王以爲終不得脱罪，恐效燕王論死，乃自殺。有司以聞。

主父始爲布衣時，嘗游燕、趙，及其貴，發燕事。趙王恐其爲國患，欲上書言其陰事，爲偃居中，不敢發。及爲齊相，出關，即使人上書，告言主父偃受諸侯金，以故諸侯子弟多以得封者。及齊王自殺，上聞大怒，以爲主父劫其王令自殺，乃徵下吏治。主父服受諸侯金，實不劫王令自殺。上欲勿誅，是時公孫弘爲御史大夫，乃言曰：「齊王自殺無後，國除爲郡，入漢，主父偃本首惡，陛下不誅主父偃，無以謝天下。」乃遂族主父偃。

主父方貴幸時，賓客以千數，及其族死，無一人收者，唯獨洨孔車〔一〕收葬之。天子後聞之，以爲孔車長者也。

【二】集解徐廣曰：「孔車，洨人也。沛有洨縣。」索隱洨，户交反。按：縣名，在沛。車，尺奢反。

太史公曰：公孫弘行義雖脩，然亦遇時。漢興八十餘年矣，【一】上方鄉文學，招俊乂，以廣儒墨，弘爲舉首。主父偃當路，諸公皆譽之，及名敗身誅，士爭言其惡。悲夫！

【一】集解徐廣曰：「漢初至元朔二年八十年也。」

太皇太后詔大司徒大司空：【一】「蓋聞治國之道，富民爲始；富民之要，在於節儉。孝經曰『安上治民，莫善於禮』。『禮，與奢也，寧儉』。昔者管仲相齊桓，霸諸侯，有九合一匡之功，而仲尼謂之不知禮，以其奢泰侈擬於君故也。夏禹卑宮室，惡衣服，後聖不循〔一八〕。由此言之，治之盛也，德優矣，莫高於儉。儉化俗民，則尊卑之序得，而骨肉之恩親，爭訟之原息。斯乃家給人足，刑錯之本也歟？可不務哉！夫三公者，百寮之率，萬民之表也。未有樹直表而得曲影者也。孔子不云乎，『子率而正，孰敢不正』。『舉善而教不能則勸』。維漢興以來，股肱宰臣身行儉約，輕財重義，較然著明，【二】未有若故丞相平津侯公孫弘者也。位在丞相而爲布被，脫粟之飯，不過一肉。故人所善賓客皆分奉禄以給之，無有所餘。誠内自克約而外從制。汲黯詰之，乃聞于朝，此可謂減於制度【三】而可施行者也。德優則行，否則止，與内奢泰而外爲詭服以釣虚譽者殊科。以病乞骸骨，孝武皇帝即制曰『賞有功，襃有德，善善惡惡，君宜知之。其省思慮，存精神，輔以醫藥』。賜告治病，牛酒雜帛。居數月，有瘳，視事。至元狩二年，竟以善終于相位。夫知臣莫若君，此其效也。弘子度嗣爵，後爲山陽太守，坐法失侯。夫表德章義，所以率俗厲化，聖王之制，不易之道也。其賜弘後子孫之次當爲後者爵關内侯，食邑三百户，徵詣公車，上名尚書，朕親臨拜焉。」

【一】集解徐廣曰：「此詔是平帝元始中王元后詔，後人寫此及班固所稱，以續卷後。」索隱按：徐廣云「此是平帝元始中詔，以續卷後」，則又非褚先生所録也。

【二】索隱較音角。較，明也。

【三】集解應劭曰：「禮，貴有常尊，衣服有常品(一九)。」

班固稱曰：公孫弘、卜式、兒寬皆以鴻漸之翼困於燕雀，【一】遠迹羊豕之閒，【二】非遇其時，焉能致此位乎？是時漢興六十餘載，海内乂安，【三】府庫充實，而四夷未賓，制度多闕，上方欲用文武，求之如弗及。始以蒲輪迎枚生，【四】見主父而歎息。【五】羣臣慕嚮，異人並出。卜式試於芻牧，弘羊擢於賈豎，衞青奮於奴僕，日磾出於降虜，斯亦曩時版築飯牛之朋矣。漢之得人，於茲爲盛。儒雅則公孫弘、董仲舒、兒寬，篤行則石建、石慶，質直則汲黯、卜式，推賢則韓安國、鄭當時，定令則趙禹、張湯，文章則司馬遷、相如，滑稽則東方朔、枚皋，應對則嚴助、朱買臣，曆數則唐都、落下閎，協律則李延年，運籌則桑弘羊，奉使則張騫、蘇武，將帥則衞青、霍去病，受遺則霍光、金日磾。其餘不可勝紀。是以興造功業，制度遺文，後世莫及。孝宣承統，纂脩洪業，亦講論六蓺，招選茂異，而蕭望之、梁丘賀、夏侯勝、韋玄成、嚴彭祖、尹更始以儒術進，劉向、王褒以文章顯。將相則張安世、趙充國、魏相、邴吉、于定國、杜延年，治民則黃霸、王成、龔遂、鄭弘、邵信臣、韓延壽、尹翁歸、趙廣漢之屬，皆有功迹見述於後。累其名臣，亦其次也。

【一】集解李奇曰：「漸，進也。鴻一舉而進千里者，羽翼之材也。弘等皆以大材，初爲俗所薄，若燕雀不知鴻鵠之志也。」索隱按：謂公孫弘等未遇，爲時所輕，若飛鴻之未漸，受困於燕雀也。是燕雀安知鴻鵠之志也〔二〇〕？

【二】集解韋昭曰：「遠迹謂耕牧在於遠方。」索隱案：公孫弘牧豕，卜式牧羊也。

【三】索隱乂，理也。

【四】索隱案：謂枚乘也。漢始迎申公，亦以蒲輪。謂以蒲裹車輪，恐傷草木也。且蒲是草之美者，故禮有「蒲璧」，蓋畫蒲於輪以爲榮飾也。

【五】索隱案：上文嚴安等上書，上曰「公等安在，何相見之晚」是也。

【索隱述贊】平津巨儒，晚年始遇。外示寬儉，内懷嫉妒。寵備榮爵，身受肺腑。主父推恩，觀時設度。生食五鼎，死非時蠹。

校勘記

〔一〕薛縣本屬魯國　「本」字原無，據耿本、黄本、彭本、柯本、殿本補。

〔二〕善善惡惡　此下原有「君宜知之」四字。張文虎札記卷五：「『君宜知之』四字複衍上文，漢書無，蓋因篇後續録元后詔誤倒在下，刊者從彼增入也。」今據删。

〔三〕御史丞相　索隱本作「丞相御史」，與漢書卷五八公孫弘傳合。

〔四〕地固澤鹵　「鹵」上原有「鹹」字。王念孫雜志史記第六：「『鹹』字後人所加。漢書作『澤鹵』，漢紀作『斥鹵』，是澤鹵即斥鹵。『斥』『鹵』之閒加一『鹹』字，則文不成義矣。」按：本書卷一一〇匈奴列傳云「且得匈奴地，澤鹵，非可居也」，漢書卷九四上匈奴傳上同。今據删。

〔五〕少陽少陰　原作「少陰少陽」，據索隱本改。

〔六〕下循近世之失　「循」，原作「脩」。王念孫雜志史記第六：「當依漢書作『循』，謂因循近世之失而不改也」。按：通鑑卷一八漢紀十武帝元朔元年亦作「循」。今據改。

〔七〕利己　漢書卷六四上主父偃傳「將吏相疑而外市」顏師古注引張晏作「己利」。

〔八〕後並改嚴也　「改」下耿本、黄本、彭本、柯本、凌本、殿本有「姓」字。

〔九〕下怨而上不知　「知」下原有「也」字。梁玉繩志疑卷三四：「『也』字衍。」按：漢書卷六四上徐樂傳無「也」字，通鑑卷一八漢紀十武帝元朔元年同。今據删。

〔一〇〕五伯者　景祐本無「五」字，漢書卷六四下嚴安傳同。

〔一一〕主海内　張文虎札記卷五：「中統、毛本『主』作『一』。」按：景祐本、紹興本、耿本作「一」，漢書卷六四下嚴安傳同。

〔一二〕而循其故俗　「循」，原作「脩」。王念孫雜志史記第六：「『脩』，亦當依漢書作『循』，上文云『變風易俗』，與此正相反也。」今據改。

〔一三〕尉佗屠睢　漢書卷六四上嚴助傳：「秦之時嘗使尉屠睢擊越」顏師古注引張晏曰：「郡都尉，姓屠名睢也。」錢大昕考異卷五：「漢書無『佗』字，疑衍。」梁玉繩志疑卷三四：「此因下文尉佗戍越而誤，索隱謬分爲二人。尉屠睢事，見淮南子人閒訓。」

〔一四〕偃數見　「偃」字原無。梁玉繩志疑卷三四：「『數』字上當依漢書增『偃』字。」今據補。

〔一五〕遷爲中大夫　「遷」下原有「樂」字。梁玉繩志疑卷三四：「遷中大夫者主父偃也，故漢書曰偃遷謁者、中郎、中大夫，所謂一歲四遷。『樂』字當衍。」今據刪。

〔一六〕蓋偃有功焉　景祐本、紹興本、耿本、黄本、彭本、柯本、凌本、殿本無「蓋」字，漢書卷六四上主父偃傳同。

〔一七〕跌　張文虎札記卷五：「疑『軼』之誤。説文：『軼，車相出也。』類篇『一曰侵軼』，義與及近。」按：「跌」通「迭」，達也。説文辵部：「迭，更迭也。一曰达。」段玉裁注：「一曰此『达』字之異體也。蓋达、迭二字互相爲用。」

〔一八〕後聖不循　殿本史記考證：「董份曰：『後聖』，『聖』字恐當是『世』字。言禹聖德，後世不能循也。」

〔一九〕衣服有常品　漢書卷五八公孫弘傳「可謂減於制度」顔師古注引應劭無「常」字。

〔二〇〕是燕雀安知鴻鵠之志也　耿本、黄本、彭本、柯本、凌本、殿本無此句。

史記卷一百一十三

南越列傳第五十三〔一〕

南越王〔二〕尉佗者，〔三〕真定人也，〔三〕姓趙氏。秦時已并天下，略定楊越，〔四〕置桂林、〔五〕南海、象郡，〔六〕以謫〔七〕徙民，與越雜處十三歲。〔八〕佗，秦時用爲南海龍川令。〔九〕至二世時，南海尉〔一〇〕任囂〔一一〕病且死，召龍川令趙佗語曰：「聞陳勝等作亂，秦爲無道，天下苦之，項羽、劉季、陳勝、吳廣等州郡各共興軍聚衆，虎爭天下，中國擾亂，未知所安，豪傑畔秦相立。南海僻遠，吾恐盜兵侵地至此，吾欲興兵絕新道，〔一二〕自備，待諸侯變，會病甚。且番禺負山險，阻南海，東西數千里，頗有中國人相輔，此亦一州之主也，可以立國。郡中長吏無足與言者，故召公告之。」即被佗書，〔一三〕行南海尉事。〔一四〕囂死，佗即移檄告橫浦、〔一五〕陽山、〔一六〕湟谿〔一七〕關曰：「盜兵且至，急絕道聚兵自守！」因稍以法誅秦所置長吏，以其黨爲假守。〔一八〕秦已破滅，佗即擊并桂林、象郡，自立爲南越武王。〔一九〕高帝已定天下，爲中國勞苦，故釋佗弗誅。漢十一年，遣陸賈因立佗爲南越王，與剖符通使，和集百越，毋爲南邊患害，與長沙接境。

【一】正義 都廣州南海縣。

【二】索隱 尉他。尉，官也；他，名也；姓趙。他音徒河反。又十三州記云「大郡曰守，小郡曰尉」。

【三】索隱 韋昭曰：「故郡名，後更爲縣，在常山。」

【四】集解 張晏曰：「楊州之南越也。」索隱 案：戰國策云吳起爲楚收楊越。正義 夏禹九州本屬楊州，故云楊越。

【五】索隱 按：地理志武帝更名鬱林〔二〕。

【六】索隱 案：本紀始皇三十三年略陸梁地，以爲南海、桂林、象郡。地理志云武帝更名日南。

【七】索隱 音直革反。

【八】集解 徐廣曰：「秦并天下，至二世元年十三年。并天下八歲，乃平越地，至二世元年六年耳。」

【九】索隱 地理志縣名，屬南海也。正義 顔師古云：「龍川，南海縣也，即今之循州也。」裴氏廣州記云：「本博羅縣之東鄉，有龍穿地而出，即穴流泉，因以爲號也。」

【一〇】集解 徐廣曰：「爾時未言都尉也。」

【一一】索隱 五刀反。

【一二】索隱案：蘇林云「秦所通越道。」

【一三】集解韋昭曰：「被之以書。音『光被』之『被』。」索隱韋昭云「被之以書」，音皮義反。

【一四】索隱服虔云：「矯詐作詔書，使爲南海尉。」

【一五】索隱案：南康記云「南野縣大庾嶺三十里至横浦〔三〕，有秦時關，其下謂爲『塞上』」。

【一六】索隱姚氏案：地理志云桂陽有陽山縣〔四〕。今此縣上流百餘里有騎田嶺，當是陽山關。

【一七】集解徐廣曰：「在桂陽，通四會也。」索隱湟谿。鄒氏、劉氏本並作「湼」，音年結反。漢書作「湟谿」，音皇。又南粤傳云〔五〕「出桂陽，下湟水」是也。而姚察云史記作「湼」，今本作「湟」，「湼」及「湟」不同，良由隨聞則輒改故也。水經云含匯縣南有匯浦關〔六〕，未知孰是。然鄒誕作「湼」，漢書作「湟」，蓋近於古。

【一八】索隱案：謂他立其所親黨爲郡縣之職或假守。

【一九】集解韋昭曰：「生以『武』爲號，不稽於古也。」

高后時，有司請禁南越關市鐵器。佗曰：「高帝立我，通使物，今高后聽讒臣，別異蠻夷，隔絶器物，此必長沙王計也，欲倚中國，擊滅南越而并王之，自爲功也。」於是佗乃自尊號爲南越武帝，發兵攻長沙邊邑，敗數縣而去焉。高后遣將軍隆慮侯竈【一】往擊之。會暑溼，士卒大疫，兵不能踰嶺。【二】歲餘，高后崩，即罷兵。佗因此以兵威邊，財物賂遺閩越、西甌、駱，役屬焉，【三】東西萬餘里。迺乘黄屋左纛，稱制，與中國侔。

【一】索隱韋昭云：「姓周。隆慮，縣名，屬河内，音林閭二音。」

【二】索隱案：此嶺即陽山嶺。

【三】集解漢書音義曰：「駱越也。」索隱鄒氏云「又有駱越」。姚氏案：廣州記云「交趾有駱田，仰潮水上下，人食其田，名爲『駱人』。有駱王、駱侯〔七〕。諸縣自名爲『駱將』，銅印青綬，即今之令長也。後蜀王子將兵討駱侯，自稱爲安陽王，治封溪縣。後南越王尉他攻破安陽王，令二使典主交阯、九真二郡人」。尋此駱即甌駱也〔八〕。

及孝文帝元年，初鎮撫天下，使告諸侯四夷從代來即位意，喻盛德焉。乃爲佗親冢在真定，置守邑，歲時奉祀。召其從昆弟，尊官厚賜寵之。詔丞相陳平等舉可使南越者，平言好時陸賈，先帝時習使南越。迺召賈以爲太中大夫，往使。因讓佗自立爲帝，曾無一介之使報者。陸賈至南越，王甚恐，爲書謝，稱曰：「蠻夷大長老夫臣佗，前日高后隔異南越，竊疑長沙王讒臣，又遥聞高后盡誅佗宗族，掘燒先人冢，以故自弃，犯長沙邊境。且南方卑溼，蠻夷中閒，其東閩越千人衆號稱王，其西甌駱裸國【一】亦稱王。老臣妄竊帝號，聊以自娱，豈敢以聞天王哉！」乃頓首謝，願長爲藩臣，奉貢職。於是乃下令國中曰：「吾聞兩雄不俱立，兩賢不並世。皇帝，賢天子也。自今以後，去帝制黄屋左纛。」陸賈還報，孝文帝大說。遂至孝景時，稱臣使人朝請。然南越其居國，竊如故號名，其使天子，稱王朝命如諸侯。至建元四年卒。

【一】索隱 裸國。音和寡反。裸，露形也。

佗孫胡爲南越王。【一】此時閩越王郢興兵擊南越邊邑，胡使人上書曰：「兩越俱爲藩臣，毋得擅興兵相攻擊。今閩越興兵侵臣，臣不敢興兵，唯天子詔之。」於是天子多南越義，守職約，爲興師，遣兩將軍【二】往討閩越。兵未踰嶺，閩越王弟餘善殺郢以降，於是罷兵。

【一】集解 徐廣曰：「皇甫謐曰越王趙佗以建元四年卒，爾時漢興七十年，佗蓋百歲矣。」

【二】索隱 王恢、韓安國。

天子使莊助往諭意南越王，胡頓首曰：「天子乃爲臣興兵討閩越，死無以報德！」遣太子嬰齊入宿衛。謂助曰：「國新被寇，使者行矣。胡方日夜裝入見天子。」助去後，其大臣諫胡曰：「漢興兵誅郢，亦行以驚動南越。且先王昔言，事天子期無失禮，要之不可以說好語入見。【一】入見則不得復歸，亡國之勢也。」於是胡稱病，竟不入見。後十餘歲，胡實病甚，太子嬰齊請歸。胡薨，謚爲文王。

【一】索隱悦好語入見。悦，漢書作「怵」。韋昭云「誘怵好語」。

嬰齊代立，即藏其先武帝璽。〔九〕【一】嬰齊其入宿衛在長安時，取邯鄲樛氏女，【二】生子興。【三】及即位，上書請立樛氏女爲后，興爲嗣。漢數使使者風諭嬰齊，嬰齊尚樂擅殺生自恣，懼入見要用漢法，比内諸侯，固稱病，遂不入見。遣子次公入宿衛。嬰齊薨，謚爲明王。

【一】索隱李奇云「去其僭號」。

【二】索隱摎氏女。摎，紀虯反。摎姓出邯鄲〔一〇〕。

【三】集解徐廣曰：「一作『典』。」

太子興代立，其母爲太后。太后自未爲嬰齊姬時，嘗與霸陵人安國少季【一】通。及嬰齊薨後，元鼎四年，漢使安國少季往諭王、王太后以入朝，比内諸侯；令辯士諫大夫終軍等宣其辭，勇士魏臣等輔其缺，【二】衛尉路博德將兵屯桂陽，待使者。王年少，太后中國人也，嘗與安國少季通，其使，復私焉。國人頗知之，多不附太后。太后恐亂起，亦欲倚漢威，數勸王及羣臣求内屬。即因使者上書，請比内諸侯，三歲一朝，除邊關。於是天子許之，賜其丞相吕嘉銀印，及内史、中尉、太傅印，餘得自置。除其故黥劓刑，用漢法，比内諸侯。使者皆留填撫之。王、王太后飭治行裝重齎，爲入朝具。

【一】索隱 安國，姓也；少季，名也。

【二】集解 徐廣曰：「一作『決』。」

其相吕嘉年長矣，相三王，宗族官仕爲長吏者七十餘人，男盡尚王女，女盡嫁王子兄弟宗室，及蒼梧秦王有連。【一】其居國中甚重，越人信之，多爲耳目者，得衆心愈於王。王之上書，數諫止王，王弗聽。有畔心，數稱病不見漢使者。使者皆注意嘉，勢未能誅。王、王太后亦恐嘉等先事發，乃置酒，介漢使者權，【二】謀誅嘉等。使者皆東鄉，太后南鄉，王北鄉，相嘉、大臣皆西鄉，侍坐飲。嘉弟爲將，將卒居宮外。酒行，太后謂嘉曰：「南越内屬，國之利也，而相君苦不便者，何也？」以激怒使者。使者狐疑相杖，遂莫敢發。嘉見耳目非是，即起而出。太后怒，欲鏦嘉【三】以矛，王止太后。嘉遂出，分其弟兵就舍，【四】稱病，不肯見王及使者。乃陰與大臣作亂。王素無意誅嘉，嘉知之，以故數月不發。太后有淫行，國人不附，欲獨誅嘉等，力又不能。

【一】集解 漢書音義曰：「蒼梧，越中王，自名爲秦王。連，親婚也。」索隱 案：蒼梧越中王自名爲秦王，即下趙光是也，故云「有連」。連者，連姻也。趙與秦同姓，故稱秦王。

【二】集解韋昭曰：「恃使者爲介胄也。」　索隱韋昭曰「恃使者爲介胄」，志林云「介者因也，欲因使者權誅呂嘉」，然二家之説皆通。韋昭以介爲恃。介者閒也，以言閒恃漢使者之權，意即得，云恃爲介胄，則非也。虞喜以介爲因，亦有所由。案：介者，賓主所由也。

【三】集解韋昭曰：「鏦，撞也。」　索隱韋昭云：「鏦，撞也。」案：字林七凶反。又吴王濞傳「鏦殺吴王」，與此同。

【四】索隱分弟兵就舍。案：謂分取其兵也。漢書作「介」。介，被也，恃也。

天子聞嘉不聽王，王、王太后弱孤不能制，使者怯無決。又以爲王、王太后已附漢，獨呂嘉爲亂，不足以興兵，欲使莊參以二千人往使。參曰：「以好往，數人足矣；以武往，二千人無足以爲也。」辭不可，天子罷參也。郟【一】壯士故濟北相韓千秋奮曰：「以區區之越，又有王、太后應，獨相呂嘉爲害，願得勇士二百人〔二〕，必斬嘉以報。」於是天子遣千秋【二】與王太后弟樛樂將二千人往，入越境。呂嘉等乃遂反，下令國中曰：「王年少。太后，中國人也，又與使者亂，專欲内屬，盡持先王寶器入獻天子以自媚，多從人，行至長安，虜賣以爲僮僕。取自脱一時之利，無顧趙氏社稷、爲萬世慮計之意。」乃與其弟將卒攻殺王、太后及漢使者。遣人告蒼梧秦王及其諸郡縣，立明王長男越妻子術陽侯【三】建德爲王。而韓千秋兵入，破數小邑。其後越直開道給食，未至番禺四十里，越以兵擊千秋等，遂滅之。使人函封漢使者節置塞上，【四】好爲謾辭謝罪，發兵守要害處。於是天子曰：「韓千秋雖無成功，亦軍鋒之冠。」封其子延年爲成安侯。【五】樛樂，其姊爲王太后，首願屬漢，封其子廣德爲龍亢侯。【六】乃下赦曰：「天子微，諸侯力政，譏臣不討賊。今呂嘉、建德等反，自立晏如，令罪人及江淮以南【七】樓船十萬師【八】往討之。」

【一】集解徐廣曰：「縣，屬潁川，音古洽反。」索隱如淳云：「郟，縣名，在潁川。」正義今汝州郟城縣。

【二】集解徐廣曰：「爲校尉。」

【三】集解徐廣曰：「元鼎四年，以南越王兄越封高昌侯。」索隱韋昭云漢所封。案功臣表，術陽屬下邳。

【四】索隱函封漢使節置塞上。案：南康記以爲大庾嶺名「塞上」也〔一二〕。

【五】索隱案功臣表，成安屬郟。

【六】索隱案：龍亢屬譙國。漢書作「龔侯」，服虔音卭，晉灼云古「龍」字。

【七】集解徐廣曰：「淮，一作『匯』也。」

【八】集解應劭曰：「時欲擊越，非水不至，故作大船。船上施樓，故號曰『樓船』也。」

元鼎五年秋，衞尉路博德爲伏波將軍，出桂陽，下匯水〔一三〕；【一】主爵都尉楊僕爲樓船將軍，出豫章，下橫浦；故歸義越侯二人【二】爲戈船、下厲將軍，【三】出零陵，或下離水，【四】或抵蒼梧；使馳義侯【五】因巴蜀罪人，發夜郎兵，【六】下牂柯江：【七】咸會番禺。

【一】集解徐廣曰：「一作『湟』。」駰案：地理志曰桂陽有匯水〔一四〕，通四會。或作「淮」字〔一五〕。索隱劉氏云「匯，當作『湟』」。漢書云「下湟水」。或本作「洭」。

【二】集解張晏曰：「故越人，降爲侯。」

【三】集解徐廣曰：「厲，一作『瀨』。」駰案：張晏曰「越人於水中負人船，又有蛟龍之害，故置戈於船下，因以爲名也」。應劭曰「瀨，水流沙上也」〔一六〕。瓚曰「伍子胥書有戈船，以載干戈，因謂之『戈船』也」。

【四】集解徐廣曰：「在零陵，通廣信。」正義地理志云零陵縣有離水，東至廣信入鬱林，九百八十里。

【五】集解徐廣曰：「越人也，名遺。」

【六】正義曲州、協州以南是夜郎國。

【七】正義江出南徼外，東通四會，至番禺入海也。

元鼎六年冬，樓船將軍將精卒先陷尋陝，【一】破石門，【二】得越船粟，因推而前，挫越鋒，以數萬人待伏波。伏波將軍將罪人，道遠，會期後，與樓船會，乃有千餘人，遂俱進。

樓船居前，至番禺。建德、嘉皆城守。樓船自擇便處，居東南面；伏波居西北面。會暮，樓船攻敗越人，縱火燒城。越素聞伏波名，日暮，不知其兵多少。伏波乃爲營，遣使者招降者，賜印，復縱令相招。樓船力攻燒敵，反驅而入伏波營中。犂旦，【三】城中皆降伏波。呂嘉、建德已夜與其屬數百人亡入海，以船西去。伏波又因問所得降者貴人，以知呂嘉所之，遣人追之。以其故校尉司馬蘇弘得建德，封爲海常侯；【四】越郎【五】都稽【六】得嘉，封爲臨蔡侯。【七】

【一】索隱姚氏云：「尋陜在始興西三百里，近連口也。」

【二】索隱按：廣州記「在番禺縣北三十里。昔呂嘉拒漢，積石鎮江〔一七〕，名曰石門。又俗云石門水名曰『貪泉』，飲之則令人變。故吳隱之至石門，酌水飲，乃爲之歌云也」。

【三】集解徐廣曰：「呂靜云：犂，結也，音力奚反。結，猶連及、逮至也。」漢書「犂旦」爲「遲旦」，謂待明也。索隱鄒氏云「犂，一作『比』，比音必至反」。然犂即比義。又解犂，黑也，天未明尚黑時也。漢書亦作「遲明」。遲音稚。遲，待也，亦犂之義也。

【四】集解徐廣曰：「在東萊。」

【五】集解徐廣曰：「南越之郎官。」

【六】集解徐廣曰：「表曰孫都。」

【七】索隱案：表屬河内。

蒼梧王趙光者，越王同姓，聞漢兵至，及越揭陽令定【一】自定屬漢；越桂林監居翁【二】諭甌駱屬漢：【三】皆得爲侯。【四】戈船、下厲將軍兵及馳義侯所發夜郎兵未下，南越已平矣。遂爲九郡。【五】伏波將軍益封。樓船將軍兵以陷堅爲將梁侯。

【一】集解韋昭曰：「揭音其逝反。」索隱地理志揭陽縣屬南海。揭音桀。韋昭音其逝反，劉氏音求例反。定者，令之名也。案：漢功臣表云定揭陽令，意又别也。

【二】集解漢書音義曰：「桂林郡中監〔一八〕，姓居名翁也。」

【三】索隱案漢書，甌駱三十餘萬口降漢〔一九〕。

【四】索隱案：漢書云「光聞漢兵至，降，封爲隨桃侯。揭陽令史定爲安道侯，越將畢取爲膫侯，桂林監居翁爲湘城侯」。韋昭云「湘城屬堵陽。隨桃、安道、膫三縣皆屬南陽。膫音遼也」。

【五】集解徐廣曰：「儋耳，珠崖，南海，蒼梧，九真，鬱林，日南，合浦，交阯。」索隱徐廣皆據漢書爲説。

自尉佗初王後，五世九十三歲而國亡焉。

太史公曰：尉佗之王，本由任囂。遭漢初定，列爲諸侯。隆慮離溼疫，佗得以益驕。

甌駱相攻，南越動摇。漢兵臨境，嬰齊入朝。其後亡國，徵自樛女；吕嘉小忠，令佗無後。樓船從欲，怠傲失惑；伏波困窮，智慮愈殖，因禍爲福。成敗之轉，譬若糾墨。

【索隱述贊】中原鹿走，羣雄莫制。漢事西驅，越權南裔。陸賈騁説，尉他去帝。樛后内朝，吕嘉狼戾。君臣不協，卒從剿弃〔二〇〕。

校勘記

〔一〕南越列傳　景祐本、紹興本、耿本、黄本、彭本、柯本、凌本、殿本作「南越尉佗列傳」。

〔二〕更名　耿本、黄本、彭本、柯本、凌本、殿本此下有「桂林曰」三字。

〔三〕南野縣　耿本、黄本、彭本、柯本、凌本、殿本無「縣」字，通鑑卷一二漢紀四高帝十一年「湟谿關」胡三省注引南康記同。

〔四〕桂陽有陽山縣　「桂陽」，原作「揭陽」，據耿本、黄本、彭本、柯本、凌本、殿本改。按：漢書卷二八上地理志上桂陽郡：「陽山，侯國。」

〔五〕南粵傳　原作「衛青傳」。張文虎札記卷五以爲當作「南粵傳」。按：漢書卷九五南粵傳云「出桂陽，下湟水」。今據改。

〔六〕含匯縣南有匯浦關　二「匯」字，疑當作「洭」。按：水經注卷三九洭水云洭水出桂陽縣盧聚，東南過含洭縣，又逕含洭縣西，南出洭浦關，爲桂水。

〔七〕名爲駱人有駱王駱侯　耿本、黄本、彭本、柯本、凌本、殿本作「名爲駱侯」。

〔八〕人尋此駱　耿本、黄本、彭本、柯本、凌本、殿本無此四字，通鑑卷一三漢紀五文帝前元年「趙佗因此以兵威財物賂遺閩越、西甌、駱，役屬焉」胡三省注引廣州記同。

〔九〕即藏其先武帝璽　梁玉繩志疑卷三四：「漢書作『武帝、文帝璽』。佗僭帝號，有璽宜也，豈其孫亦僭帝號乎？蓋其居國中兩世竊如故號耳，則此缺『文帝』二字。」按：西漢南越王墓墓主玉衣之上得印章八枚，中有「文帝行璽」龍鈕金印，「帝印」蟠龍鈕玉印。「趙眜」覆斗鈕玉印、「泰子」龜鈕金印、「泰子」覆斗鈕玉印。「趙眜」當即第二代南越王趙胡，僭號「文帝」者。

〔一〇〕摎紀虬反摎姓出邯鄲　二「摎」字，耿本、黄本、彭本、柯本、凌本、殿本作「樛」，與正文合。

〔一一〕二百人　張文虎札記卷五：「毛本『二』作『三』，與漢書合。」

〔一二〕大庾嶺名塞上　「嶺」字原無，據耿本、黄本、彭本、柯本、凌本、殿本補。按：上文「佗即移檄告横浦、陽山、湟谿關」索隱引南康記云「南野縣大庾嶺三十里至横浦，有秦時關，其下謂爲『塞上』」。

〔一三〕下匯水　「匯水」，疑當作「洭水」。索隱曰「漢書云『下湟水』，或本作『洭』」是也。水經注卷三九洭水：「洭水出關，左合溱水，謂之洭口。山海經謂之湟水。徐廣曰：湟水，一名洭水，出桂陽，通四會，亦曰灌水也。」楊守敬曰：「史記南越傳匯水，集解引徐廣曰，一作湟。地理志桂陽有匯水通四會，或作淮字。此鈔變其辭，原書匯爲洭之誤，淮爲灌之誤，俱當以此正之。鍾水注云，灌水即桂水。灌、桂聲相近，故字隨讀變，此桂水有灌水之名亦然。」

〔一四〕桂陽有匯水　「匯水」，疑當作「洭水」。參見上條。

〔一五〕或作淮字　「淮」，疑當作「灌」。參見本卷校記〔一三〕。

〔一六〕水流沙上也　「沙」，原作「涉」，據日本早稻田大學風陵文庫藏（澤田瑞穗舊藏）和刻本史記評林、會注本改。按：文選卷一九曹植洛神賦「采湍瀨之玄芝」李善注引應劭曰：「瀨，水流沙上也。」説文水部：「瀨，水流沙上也。」

〔一七〕積石鎮江　「鎮」，耿本、黄本、彭本、柯本、凌本、殿本作「於」。

〔一八〕桂林郡中監　漢書卷九五南粵傳「桂林監居翁」顔師古注引服虔説無「中」字。

〔一九〕三十餘萬　疑當作「四十餘萬」。按：漢書卷九五南粵傳：「（居翁）諭告甌駱四十餘萬口降，爲湘城侯。」本書卷二〇建元以來侯者年表云「諭甌駱兵四十餘萬降」，漢書卷一七景武昭宣元成功臣表亦作「四十餘萬」。

〔二〇〕卒從剿弃　「弃」，黄本、彭本、柯本、凌本、殿本作「絶」。

史記卷一百一十四

東越列傳第五十四

閩越【一】王無諸及越東海王摇者，其先皆越王句踐之後也，姓騶氏。【二】秦已并天下，皆廢爲君長，以其地爲閩中郡。【三】及諸侯畔秦，無諸、摇率越歸鄱陽令吴芮，所謂鄱君者也，從諸侯滅秦。當是之時，項籍主命，弗王，【四】以故不附楚。漢擊項籍，無諸、摇率越人佐漢。漢五年，復立無諸爲閩越王，王閩中故地，都東冶。孝惠三年，舉高帝時越功，曰閩君摇功多，其民便附，乃立摇爲東海王，【五】都東甌，【六】世俗號爲東甌王。

【一】集解韋昭曰：「閩，音武巾反，東越之别名。」索隱案：説文云「閩，東越蛇種也」，故字從「虫」。閩音旻。

【二】集解徐廣曰：「騶，一作『駱』。」索隱徐廣云「一作『駱』」，是。上云「歐駱」，不姓騶。

【三】集解徐廣曰：「今建安侯官是。」索隱徐廣云「本建安侯官是」。案：爲閩州。案：下文

「都東治」，韋昭以爲在侯官〔一〕。正義今閩州又改爲福也。

【四】集解漢書音義曰：「主號令諸侯〔二〕，不王無諸、搖等。」

【五】集解應劭曰：「在吳郡東南濱海云。」

【六】集解徐廣曰：「今之永寧也。」索隱韋昭曰：「今永寧。」姚氏云：「甌，水名。」永嘉記：「水出永寧山，行三十餘里，去郡城五里入江。昔有東甌王都城，有亭，積石爲道，今猶在也。」

後數世，至孝景三年，吳王濞反，欲從閩越，閩越未肯行，獨東甌從吳。及吳破，東甌受漢購，殺吳王丹徒，以故皆得不誅，歸國。

吳王子子駒亡走閩越，怨東甌殺其父，常勸閩越擊東甌。至建元三年，閩越發兵圍東甌。東甌食盡，困，且降，乃使人告急天子。天子問太尉田蚡，蚡對曰：「越人相攻擊，固其常，又數反覆，不足以煩中國往救也。自秦時弃弗屬。」於是中大夫莊助詰蚡曰：「特患力弗能救，德弗能覆；誠能，何故弃之？且秦舉咸陽而弃之，何乃越也！今小國以窮困來告急天子，天子弗振，彼當安所告愬？又何以子萬國乎？」上曰：「太尉未足與計。吾初即位，不欲出虎符發兵郡國。」乃遣莊助以節發兵會稽。會稽太守欲距不爲發兵，助乃斬一司馬，諭意指，遂發兵浮海救東甌。未至，閩越引兵而去。東甌請舉國徙中國，乃悉舉衆來，處江淮之閒。【一】

【一】集解徐廣曰：「年表云東甌王廣武侯望，率其衆四萬餘人來降，家廬江郡。」索隱徐廣據年表而爲説。

至建元六年，閩越擊南越。南越守天子約，不敢擅發兵擊，而以聞。上遣大行王恢出豫章，大農韓安國出會稽，皆爲將軍。兵未踰嶺，閩越王郢發兵距險。其弟餘善乃與相、宗族謀曰：「王以擅發兵擊南越，不請，故天子兵來誅。今漢兵衆彊，今即幸勝之，後來益多，終滅國而止。今殺王以謝天子。天子聽，罷兵，固一國完；不聽，乃力戰；不勝，即亡入海。」皆曰「善」。即鏦【一】殺王，使使奉其頭致大行。大行曰：「所爲來者誅王。今王頭至，謝罪，不戰而耘，【二】利莫大焉。」乃以便宜案兵告大農軍，而使使奉王頭馳報天子。詔罷兩將兵，曰：「郢等首惡，獨無諸孫繇君丑【三】不與謀焉。」乃使郎中將立丑爲越繇王，奉閩越先祭祀。

【一】索隱劉氏又音窗。鏦，撞也。

【二】集解徐廣曰：「漢書作『殞』。耘義當取『耘除』。或言耘音于粉反，此楚人聲重耳。隕耘當同音，但字有假借，聲有輕重。」索隱耘音云。耘，除也。漢書作「隕」，音于粉反。

【三】索隱繇，音摇，邑號也。丑，名。

餘善已殺郢，威行於國，國民多屬，竊自立爲王。繇王不能矯其衆持正。天子聞之，爲餘善不足復興師，曰：「餘善數與郢謀亂，而後首誅郢，師得不勞。」因立餘善爲東越王，與繇王並處。

至元鼎五年，南越反，東越王餘善上書，請以卒八千人從樓船將軍擊呂嘉等。兵至揭揚，以海風波爲解，不行，持兩端，陰使南越。及漢破番禺，不至。是時樓船將軍楊僕使使上書，願便引兵擊東越。上曰士卒勞倦，不許，罷兵，令諸校屯豫章梅領待命。【一】

【一】集解徐廣曰：「在會稽界。」索隱案：徐廣云「在會稽」，非也。今案：豫章三十里有梅嶺，在洪崖山足，當古驛道。此文云「豫章梅嶺」，知非會稽也。正義括地志云：「梅嶺在虔化縣東北百二十八里。」虔州漢亦屬豫章郡，二所未詳。

元鼎六年秋，餘善聞樓船請誅之，漢兵臨境，且往，乃遂反，發兵距漢道。號將軍騶力等爲「吞漢將軍」，入白沙、武林、【一】梅嶺，殺漢三校尉。是時漢使大農張成、故山州侯齒【二】將屯，弗敢擊，卻就便處，皆坐畏懦誅。

【一】集解徐廣曰：「在豫章界」。索隱徐廣云在豫章界。案：今豫章北二百里，接鄱陽界，地名白沙，有小水入湖，名曰白沙阬。東南八十里有武陽亭，亭東南三十里地名武林。此白沙、武林，今當閩越入京道。

【二】集解徐廣曰：「成陽共王子。」

餘善刻「武帝」璽自立，詐其民，爲妄言。天子遣横海將軍韓説出句章，〔一〕浮海從東方往；樓船將軍楊僕出武林；中尉王温舒出梅嶺；越侯爲戈船、下瀨將軍，出若邪、〔二〕白沙。〔三〕元封元年冬，咸入東越。東越素發兵距險，使徇北將軍守武林，敗樓船軍數校尉，殺長吏。樓船將軍率錢唐轅終古〔四〕斬徇北將軍，〔三〕爲禦兒侯。〔五〕自兵未往。

〔一〕索隱鄭氏音勾。會稽縣也。正義句章故城在越州鄮縣西一百里，漢縣。

〔二〕索隱案：姚氏云「地名，今闕」。

〔三〕正義越州有若耶山、若耶溪。「若」「如」一。預州有白沙山。蓋從如此邪〔四〕。白沙東故閩州。

〔四〕正義錢唐，杭州縣。轅，姓；終古，名。

〔五〕集解漢書音義曰：「今吳南亭是也。」正義「禦」字今作「語」。語兒鄉在蘇州嘉興縣南七十里，臨官道也。

故越衍侯吳陽前在漢，漢使歸諭餘善，餘善弗聽。及横海將軍先至，越衍侯吳陽以其邑七百人反，攻越軍於漢陽。從建成侯敖，〔一〕與其率從繇王居股謀曰：「餘善首惡，劫守吾屬。今漢兵至，衆彊，計殺餘善，自歸諸將，儻幸得脱。」乃遂俱殺餘善，以其衆降横海將軍，故封繇王居股爲東成侯，〔二〕萬户；封建成侯敖爲開陵侯；〔三〕封越衍侯吳陽爲北石侯，封横海將軍説爲案道侯，封横海校尉福爲繚嫈侯。【四】福者，成陽共王子，故爲海常侯，坐法失侯。舊從軍無功〔五〕，以宗室故侯。諸將皆無成功，莫封。東越將多軍，【五】漢兵至，弃其軍降，封爲無錫侯。

【一】集解徐廣曰：「亦東越臣。」

【二】索隱韋昭曰：「在九江。」

【三】索隱徐廣云：「敖，東越臣。」韋昭云：「開陵屬臨淮。」

【四】集解漢書音義曰：「音遼縈。」索隱服虔云：「嫈音瑩〔六〕。縣名。」劉伯莊云：「繚音遼，下音紆營反。成陽王子也。」

【五】集解漢書音義曰：「多軍，名也。」索隱李奇云：「多軍，名。」韋昭云：「多，姓；軍，名也。」

於是天子曰東越狹多阻，閩越悍，數反覆，詔軍吏皆將其民徙處江淮閒。東越地遂虚。

太史公曰：越雖蠻夷，其先豈嘗有大功德於民哉，何其久也！歷數代常爲君王，句踐一稱伯。然餘善至大逆，滅國遷衆，其先苗裔繇王居股等猶尚封爲萬户侯，由此知越世世爲公侯矣。蓋禹之餘烈也。

【索隱述贊】句踐之裔，是曰無諸。既席漢寵，實因秦餘。騶、駱爲姓，閩中是居。王搖之立，爰處東隅。後嗣不道，自相誅鋤。

校勘記

〔一〕徐廣云本建安侯官是案爲閩州案下文都東冶韋昭以爲在侯官　耿本、黄本、彭本、柯本、凌本、殿本作「小顔以爲即今之泉州建安也」。

〔二〕主號令諸侯　「令」，漢書卷九五閩粤傳「項羽主命」顔師古注引孟康説作「命」。

〔三〕樓船將軍率　「率」，疑當作「卒」。按：漢書卷九五閩粤傳作「卒」。本書卷二〇建元以來侯者年表云轅終古「以軍卒斬東越徇北將軍功侯」，漢書卷一七景武昭宣元成功臣表同。

〔四〕蓋從如此邪　張文虎札記卷五：「此五字當在『預州』上。警云：『漢書作「如邪」，此作「若邪」，正義蓋謂「若」「如」一義也，上下文俱有脱譌。』通鑑綱目集覽引正義曰：『越州有若耶山、若耶溪，蓋從此「耶」字。山在州東南四十里，溪在會稽縣東南，北流二十五里，與照湖合。案白沙東故閩州也。』」

〔五〕舊從軍　漢書卷九五閩粤傳無「舊」字。

〔六〕嫈音瑩　「瑩」，原作「榮」，據耿本、黄本、彭本、柯本、凌本、殿本改。按：通鑑卷二〇漢紀十二武帝元封元年「繚嫈侯」胡三省注引服虔亦作「瑩」。

史記卷一百一十五

朝鮮列傳第五十五

集解張晏曰：「朝鮮有濕水、洌水、汕水，三水合爲洌水，疑樂浪、朝鮮取名於此也。」索隱案：朝音潮，直驕反；鮮音仙。以有汕水，故名也。汕一音訕。

朝鮮【一】王滿者，故燕人也。【二】自始全燕時，【三】嘗略屬真番、【四】朝鮮，【五】爲置吏，築鄣塞。秦滅燕，屬遼東外徼。漢興，爲其遠，難守，復修遼東故塞，至浿水爲界，【六】屬燕。燕王盧綰反，入匈奴，滿亡命，【七】聚黨千餘人，魋結蠻夷服而東走出塞，渡浿水，居秦故空地上下鄣，【八】稍役屬真番、朝鮮蠻夷及故燕、齊亡命者王之，都王險。【九】

【一】正義潮仙二音。括地志云：「高驪都平壤城，本漢樂浪郡王險城，又古云朝鮮地也。」

【二】索隱案漢書，滿，燕人，姓衞，擊破朝鮮而自王之。

【三】索隱始全燕時，謂六國燕方全盛之時。

【四】集解徐廣曰：「一作『莫』。遼東有番汗縣。番音普寒反。」索隱徐氏據地理志而知也。番音潘，又音盤。汗音寒。

【五】索隱如淳云：「燕嘗略二國以屬己也。」應劭云：玄菟本真番國。

【六】集解漢書音義曰：「浿音傍沛反。」索隱浿音旁沛反。正義地理志云浿水出遼東塞外，西南至樂浪縣西入海。浿普大反。

【七】正義命謂教令。

【八】索隱案：地理志樂浪有雲鄣。

【九】集解徐廣曰：「昌黎有險瀆縣也。」索隱韋昭云「古邑名」。徐廣曰「昌黎有險瀆縣」。應劭注地理志遼東險瀆縣「朝鮮王舊都【一】」。臣瓚云「王險城在樂浪郡浿水之東」也。

會孝惠、高后時天下初定，遼東太守即約滿爲外臣，保塞外蠻夷，無使盜邊；諸蠻夷君長欲入見天子，勿得禁止。以聞，上許之，以故滿得兵威財物侵降其旁小邑，真番、臨屯【一】皆來服屬，方數千里。【二】

【一】索隱東夷小國，後以爲郡。

【二】正義括地志云：「朝鮮、高驪、貊、東沃沮五國之地，國東西千三百里，南北二千里，在京師東，東至大海四百里，北至營州界九百二十里，南至新羅國六百里，北至靺鞨國千四百里。」

傳子至孫右渠，【一】所誘漢亡人滋多，又未嘗入見；真番旁衆國欲上書見天子，又擁閼不通。元封二年，漢使涉何譙諭【二】右渠〔二〕，終不肯奉詔。何去至界上，臨浿水，使御刺殺送何者【三】朝鮮裨王長，【四】即渡，馳入塞，【五】遂歸報天子曰「殺朝鮮將」。上爲其名美，【六】即不詰，拜何爲遼東東部都尉。【七】朝鮮怨何，發兵襲攻殺何。

【一】正義 其孫名也。

【二】索隱 説文云：「譙，讓也。」諭，曉也。譙音才笑反。

【三】索隱 即送何之御也。

【四】正義 顔師古云：「長者，裨王名也。送何至浿水，何因刺殺也〔三〕。」按：裨王及將士長，恐顔非也。

【五】正義 入平州榆林關也。

【六】索隱 有殺將之美名。

【七】正義 地理志云遼東郡武次縣，東部都尉所理也。

天子募罪人擊朝鮮。其秋，遣樓船將軍楊僕從齊浮渤海；兵五萬人，左將軍荀彘出遼東：討右渠。右渠發兵距險。左將軍卒正多率遼東兵先縱，敗散，多還走，坐法斬。樓船將軍將齊兵七千人先至王險。右渠城守，窺知樓船軍少，即出城擊樓船，樓船軍敗散走。將軍楊僕失其衆，遁山中十餘日，稍求收散卒，復聚。左將軍擊朝鮮浿水西軍，未能破自前。

天子爲兩將未有利，乃使衞山因兵威往諭右渠。右渠見使者，頓首謝：「願降，恐兩將詐殺臣；今見信節，請服降。」遣太子入謝，獻馬五千匹，及饋軍糧。人衆萬餘，持兵，方渡浿水，使者及左將軍疑其爲變，謂太子已服降，宜命人毋持兵。太子亦疑使者左將軍詐殺之，遂不渡浿水，復引歸。山還報天子，天子誅山。

左將軍破浿水上軍，乃前，至城下，圍其西北。樓船亦往會，居城南。右渠遂堅守城，數月未能下。

左將軍素侍中，幸，將燕代卒，悍，乘勝，軍多驕。樓船將齊卒，入海，固已多敗亡；其先與右渠戰，困辱亡卒，卒皆恐，將心慙，其圍右渠，常持和節。左將軍急擊之，朝鮮大臣乃陰閒使人私約降樓船，往來言，尚未肯決。左將軍數與樓船期戰，樓船欲急就其約，不會；左將軍亦使人求閒郤降下朝鮮，朝鮮不肯，心附樓船：以故兩將不相能。左將軍心意樓船前有失軍罪，今與朝鮮私善而又不降，疑其有反計，未敢發。天子曰將率不能前，乃使衞山諭降右渠〔四〕，右渠遣太子，山使不能剸決，與左將軍計相誤，卒沮約。今兩將圍城，又乖異，以故久不決。使濟南太守公孫遂往正之〔五〕，有便宜得以從事。遂至，左將軍曰：「朝鮮當下久矣，不下者有狀。」言樓船數期不會，具以素所意告遂，曰：「今如此不取，恐爲大害，非獨樓船，又且與朝鮮共滅吾軍。」遂亦以爲然，而以節召樓船將軍入左將軍營計事，即命左將軍麾下執捕樓船將軍，并其軍，以報天子。天子誅遂。

左將軍已并兩軍，即急擊朝鮮。朝鮮相路人、相韓陰〔六〕、尼谿相參、將軍王唊【一】相與謀曰：「始欲降樓船，樓船今執，獨左將軍并將，戰益急，恐不能與〔七〕，王又不肯降。」陰、唊、路人皆亡降漢。路人道死。元封三年夏，尼谿相參乃使人殺朝鮮王右渠來降。王險城未下，故右渠之大臣成巳又反，復攻吏。左將軍使右渠子長降、【二】相路人之子最【三】告諭其民，誅成巳，以故遂定朝鮮，爲四郡。【四】封參爲澅清侯，【五】陰爲荻苴侯，【六】唊爲平州侯【七】，長爲幾侯。【八】最以父死頗有功，爲温陽侯〔八〕。【九】

【一】集解漢書音義曰：「凡五人也。戎狄不知官紀，故皆稱相。」唊音頰。索隱應劭云：「凡五人。戎狄不知官紀，故皆稱相也。路人，漁陽縣人。」如淳云：「相，其國宰相。路人，名也。唊音頰，一音協。」

【二】集解徐廣曰：「表云『長路』。漢書表云『長路』。音各。」索隱案：漢書表云「長路」，音各。

【三】索隱路人子也，名最。

【四】集解真番、臨屯、樂浪、玄菟也。

【五】集解韋昭曰：「屬齊。」索隱參，澅清侯。韋昭云「縣名，屬齊」。顧氏澅音獲。

【六】集解韋昭曰：「屬勃海。」索隱陰，荻苴侯。晉灼云「屬勃海」。荻音狄，苴音子餘反。

【七】集解韋昭曰：「屬梁父。」索隱唊，平州侯。韋昭云「屬梁父」。

【八】集解韋昭曰：「屬河東。」索隱長，幾侯。韋昭云「縣名，屬河東」。

【九】集解韋昭曰：「屬齊。」索隱最，涅陽侯。韋昭云「屬齊」也。

左將軍徵至，坐爭功相嫉，乖計，弃市。樓船將軍亦坐兵至列口〔九〕，【一】當待左將軍，擅先縱，失亡多，當誅，贖爲庶人。

【一】索隱蘇林曰：「縣名。度海先得之。」

太史公曰：右渠負固，國以絶祀。涉何誣功，爲兵發首。樓船將狹，【一】及難離咎。悔失番禺，乃反見疑。荀彘爭勞，與遂皆誅。兩軍俱辱，將率莫侯矣。

【一】集解徐廣曰：「言其所將卒狹少。」

【索隱述贊】衞滿燕人，朝鮮是王。王險置都，路人作相。右渠首差，涉何謏上。兆禍自斯，狐疑二將。山、遂伏法，紛紜無狀。

校勘記

〔一〕朝鮮王舊都　「舊」，漢書卷二八下地理志下遼東郡「險瀆」顏師古注作「滿」，疑是。索隱述贊曰「衞滿燕人，朝鮮是王，王險置都」是也。

〔二〕譙諭　「譙」，景祐本、紹興本、耿本、黄本、彭本、柯本、凌本、殿本作「誘」，通鑑卷二一漢紀十三武帝元封二年同。

〔三〕刺殺也　漢書卷九五朝鮮傳「使馭刺殺送何者朝鮮裨王長」顏師古注作「刺殺之」。

〔四〕天子曰將率不能前乃使衞山　「乃」，原作「及」。張文虎札記卷五：「漢書作『天子爲兩將未有利乃使衞山』，疑史有誤。『及』則訛字也。」按：上文曰「天子爲兩將未有利，乃使衞山因兵威往諭右渠」。今據改。

〔五〕往正之　「正」，原作「征」。梁玉繩志疑卷三四：「漢傳作『正之』，通鑑考異曰：『史記『征』字誤。』」今據改。

〔六〕韓陰　疑當作「韓陶」。按：漢書卷九五朝鮮傳云「朝鮮相路人、相韓陶」，又云「陶爲秋苴侯」，卷一七景武昭宣元成功臣表亦作「韓陶」。

〔七〕恐不能與　「與」下原有「戰」字。漢書卷九五朝鮮傳無。王念孫雜志漢書第十四：「史記『與』下有『戰』字，則後人妄加之也。與，猶敵也。」今據删。

〔八〕温陽　疑當作「涅陽」。錢大昕考異卷五：「『温陽』當從表作『涅陽』。」按：索隱作「涅陽」，不誤。漢書地理志有「涅陽」，無「温陽」。漢書卷九五朝鮮傳作「沮陽」，「沮」亦「涅」之形譌。

〔九〕列口　原作「洌口」，據景祐本、紹興本、耿本、黄本、彭本、柯本、凌本、殿本改。按：漢書卷九五朝鮮傳作「列口」，卷二八下地理志下樂浪郡有列口縣。

史記卷一百一十六

西南夷列傳第五十六

西南夷〔一〕君長〔二〕以什數，〔三〕夜郎最大；〔三〕其西靡莫〔四〕之屬〔五〕以什數，滇最大；〔六〕自滇以北君長以什數，邛都最大：此皆魋結，〔七〕耕田，有邑聚。其外西自同師以東，〔八〕北至楪榆，〔九〕名爲嶲、昆明，〔一〇〕皆編髮，隨畜遷徙，〔一一〕毋常處，毋君長，地方可數千里。自嶲以東北，君長以什數，徙、筰都〔一二〕最大；自筰以東北，君長以什數，冄駹最大。〔一三〕其俗或土箸，或移徙，在蜀之西。自冄駹以東北，君長以什數，白馬最大，〔一四〕皆氐類也。此皆巴蜀西南外蠻夷也。

〔一〕正義在蜀之南。

〔二〕索隱劉氏音所具反。鄒氏音所主反。

〔三〕索隱荀悦云：「犍爲屬國也。」韋昭云：「漢爲縣，屬牂柯。」按：後漢書云：夜郎東接交阯，其地在胡南，其君長本出於竹，以竹爲姓也。正義今瀘州南大江南岸協州、曲州，本夜郎國。

【四】索隱夷邑名，滇與同姓。

【五】正義在蜀南以下及西也。靡非在姚州北，去京西南四千九百三十五里，即靡莫之夷。

【六】集解如淳曰：「滇音顛。顛馬出其國也。」索隱崔浩云：「後爲縣，越巂太守所理也。」正義昆州、郎州等本滇國，去京西五千三百七十里也。

【七】索隱魋，漢書作「椎」，音直追反。結音計。

【八】集解韋昭曰：「邑名也。」索隱韋昭云邑名。漢書作「桐師」。

【九】集解韋昭曰：「在益州。楪音葉。」索隱韋昭曰：「益州縣。楪音葉。」正義上音葉。楪澤在靡北百餘里。漢楪榆縣在澤西益都。靡非，本葉榆王屬國也。

【一〇】集解徐廣曰：「永昌有巂唐縣。」索隱崔浩云：「二國名。」韋昭云：「巂，益州縣。」正義巂，音髓，今巂州也。昆明，巂州縣，蓋南接昆明之地，因名也。

【一一】正義編，步典反。畜，許又反。皆巂、昆明之俗也。

【一二】集解徐廣曰：「徙在漢嘉。筰音昨，在越巂。」索隱服虔云：「二國名。」韋昭云：「徙縣屬蜀。筰縣在越巂。」徐廣云：「筰音昨。」正義徙音斯。括地志云：「筰州本西蜀徼外，曰貓羌巂。」地理志云徙縣也。華陽國志雅州邛郲山本名邛莋山，故邛人、筰人界。」

【一三】索隱案：應劭云「汶江郡本冄駹〔二〕。音亡江反」。正義括地志云：「蜀西徼外羌，茂州、冄州本冄駹國地也。後漢書云冄駹其山有六夷、七羌、九氐，各有部落也。」

【一四】索隱案：夷邑名，即白馬氐。正義括地志云：「隴右成州、武州皆白馬氐，其豪族楊氏居成州仇池山上。」

始楚威王時，使將軍莊蹻【一】將兵循江上，略巴、黔中以西〔三〕。莊蹻者，故楚莊王苗裔也。蹻至滇池，方三百里〔四〕，【二】旁平地，肥饒數千里，以兵威定屬楚。欲歸報，會秦擊奪楚巴、黔中郡，道塞不通，因還，以其衆王滇，變服，從其俗以長之。秦時常頞【三】略通五尺道，【四】諸此國頗置吏焉。十餘歲，秦滅。及漢興，皆弃此國而開蜀故徼〔五〕。巴蜀民或竊出商賈，取其筰馬、僰僮、【五】髦牛，以此巴蜀殷富。

【一】索隱音炬灼反。楚莊王弟，爲盜者。正義其略反。郎州、昆州即莊蹻所王。

【二】索隱滇池方三百里。地理志益州滇池縣，澤在西北。後漢書云：「其池水源深廣，而末更淺狹〔六〕，有似倒流，故謂滇池。」正義括地志云：「滇池澤在昆州晉寧縣西南三十里。其水源深廣，而末更淺狹〔七〕，有似倒流，故謂滇池。」

【三】集解音案。

【四】索隱謂棧道廣五尺。正義括地志云：「五尺道在郎州。顏師古云『其處險阸，故道纔廣五尺」。如淳云道廣五尺。」

【五】索隱韋昭云：「僰屬犍爲，音蒲北反。」服虔云：「舊京師有僰婢。」正義今益州南戎州北臨大江，古僰國。

建元六年，大行王恢擊東越，東越殺王郢以報。恢因兵威使番陽令【一】唐蒙風指曉南越。南越食蒙蜀枸醬，【二】蒙問所從來，曰「道西北牂柯，牂柯江【三】廣數里，出番禺城下」。蒙歸至長安，問蜀賈人，賈人曰：「獨蜀出枸醬，多持竊出市夜郎。夜郎者，臨牂柯江，江廣百餘步，足以行船。南越以財物役屬夜郎，西至同師，然亦不能臣使也。」蒙乃上書説上曰：「南越王黄屋左纛，地東西萬餘里，名爲外臣，實一州主也。今以長沙、豫章往，水道多絶，難行。竊聞夜郎所有精兵，可得十餘萬，浮船牂柯江，出其不意，此制越一奇也。誠以漢之彊，巴蜀之饒，通夜郎道，爲置吏，易甚。」上許之。乃拜蒙爲郎中將，將千人，食重萬餘人，【四】從巴蜀筰關入〔八〕，遂見夜郎侯多同。蒙厚賜，喻以威德，約爲置吏，使其子爲令。夜郎旁小邑皆貪漢繒帛，以爲漢道險，終不能有也，乃且聽蒙約。還報，乃以爲犍爲郡。發巴蜀卒治道，自僰道指牂柯江。【五】蜀人司馬相如亦言西夷邛、筰可置郡。使相如以郎中將往喻，皆如南夷，爲置一都尉，十餘縣，屬蜀。

【一】正義番音婆。

【二】集解徐廣曰：「枸，一作『蒟』，音窶。」駰案：漢書音義曰「枸木似穀樹，其葉如桑葉。用其葉作醬，酢美，蜀人以爲珍味」。索隱注「枸一作蒟」〔九〕。案：晉灼音矩。劉德云「蒟樹如桑，其椹長二三寸，味酢；取其實以爲醬，美」。小顏云〔一〇〕「蒟緣木而生〔一一〕，非樹也〔一二〕。今蜀土家出蒟，實不長二三寸〔一三〕，味辛似薑，不酢」。又云「取葉」。此注又云葉似桑葉，非也。廣志云「色黑，味辛，下氣，消穀」。窶，求羽反。

【三】正義崔浩云：「牂柯，繫船杙也。」常氏華陽國志云：「楚頃襄王時，遣莊蹻伐夜郎，軍至且蘭，椓船於岸而步戰。既滅夜郎，以且蘭有椓船柯處，乃改其名爲牂柯。」

【四】索隱案：食貨輜重車也。音持用反。

【五】索隱道牂柯江。崔浩云：「牂柯，繫船杙也，以爲地名。」道猶從也。地理志夜郎又有豚水，東至南海四會入海，此牂柯江。

當是時，巴蜀四郡【一】通西南夷道，戍轉相饟。數歲，道不通，士罷餓離溼，死者甚衆；西南夷又數反，發兵興擊，秏費無功。上患之，使公孫弘往視問焉。還對〔一四〕，言其不便。及弘爲御史大夫，是時方築朔方以據河逐胡，弘因數言西南夷害，可且罷，專力事匈奴。上罷西夷，獨置南夷夜郎兩縣一都尉，【二】稍令犍爲自葆就。【三】

【一】集解徐廣曰：「漢中、巴郡、廣漢、蜀郡。」

【二】集解徐廣曰：「元光六年，南夷始置郵亭。」

【三】正義令犍爲自葆守，而漸修成其郡縣也。

及元狩元年，博望侯張騫使大夏來，言居大夏時見蜀布、邛竹杖，【一】使問所從來，曰「從東南身毒國，【二】可數千里，得蜀賈人市」。或聞邛西可二千里有身毒國。騫因盛言大夏在漢西南，慕中國，患匈奴隔其道，誠通蜀，身毒國道便近，有利無害。於是天子乃令王然于、柏始昌、呂越人等，使閒出西夷西，指求身毒國。至滇，滇王嘗羌【三】乃留〔一五〕，爲求道西十餘輩。歲餘〔一六〕，皆閉昆明，【四】莫能通身毒國。

【一】集解韋昭曰：「邛縣之竹，屬蜀。」瓚曰：「邛，山名。此竹節高實中，可作杖。」

【二】集解徐廣曰：「字或作『竺』。漢書直云『身毒』，史記一本作『乾毒』。」駰案：漢書音義曰「一名『天竺』，則浮屠胡是也」。索隱身音捐，毒音篤。一本作「乾毒」。漢書音義一名「天竺」也〔一七〕。

【三】集解徐廣曰：「嘗，一作『賞』。」

【四】集解如淳曰：「爲昆明所閉道。」正義昆明在今嶲州南，昆縣是也。

滇王與漢使者言曰：「漢孰與我大？」及夜郎侯亦然。以道不通故，各自以爲一州主，不知漢廣大。使者還，因盛言滇大國，足事親附。天子注意焉。

及至南越反，上使馳義侯因犍爲發南夷兵。且蘭【一】君恐遠行，旁國虜其老弱，乃與其衆反，殺使者及犍爲太守。漢乃發巴蜀罪人嘗擊南越者八校尉擊破之。會越已破，漢八校尉不下，即引兵還，行誅頭蘭。【二】頭蘭，常隔滇道者也。已平頭蘭，遂平南夷爲牂柯郡。夜郎侯始倚南越，南越已滅，會還誅反者，夜郎遂入朝。上以爲夜郎王。

【一】索隱 上音子餘反。小國名也。後爲縣〔一八〕，屬牂柯。

【二】索隱 即且蘭也。

南越破後，及漢誅且蘭、邛君，並殺筰侯，冄駹皆振恐，請臣置吏。乃以邛都爲越巂郡，筰都爲沈犂郡，冄駹爲汶山郡，【一】廣漢西白馬爲武都郡。

【一】集解 應劭曰：「今蜀郡岷江〔一九〕。」

上使王然于以越破及誅南夷兵威風喻滇王入朝。滇王者，其衆數萬人，其旁東北有勞浸、靡莫，【一】皆同姓相扶，未肯聽。勞浸、靡莫數侵犯使者吏卒。元封二年，天子發巴蜀兵擊滅勞浸、靡莫，以兵臨滇。滇王始首善，以故弗誅。滇王離難西南夷〔二〇〕，舉國降，請置吏入朝。於是以爲益州郡，賜滇王王印，復長其民。

【一】索隱 勞寖、靡莫。二國與滇王同姓。

西南夷君長以百數，獨夜郎、滇受王印。滇小邑，最寵焉。

太史公曰：楚之先豈有天禄哉？在周爲文王師，封楚。及周之衰，地稱五千里。秦滅諸侯，唯楚苗裔尚有滇王。漢誅西南夷，國多滅矣，唯滇復爲寵王。然南夷之端，見枸醬番禺，大夏杖邛竹。西夷後揃，〔一〕剽分二方，〔二〕卒爲七郡。〔三〕

〔一〕集解漢書音義曰〔二二〕：「音翦。」索隱音剪。揃謂被分割也。

〔二〕索隱剽音匹妙反。言西夷後被揃迫逐〔二三〕，遂剽居西南二方，各屬郡縣。剽亦分義。

〔三〕集解徐廣曰：「犍爲、牂柯、越巂、益州、武都、沈犂、汶山地也。」

【索隱述贊】西南外徼，莊蹻首通。漢因大夏，乃命唐蒙。勞浸、靡莫，異俗殊風。夜郎最大，邛、筰稱雄。及置郡縣，萬代推功。

校勘記

〔一〕西南夷　景祐本漢書卷九五西南夷傳作「南夷」。李笠廣史記訂補卷一〇：「『南』上本無『西』字，此以南、西、北分寫，故云南夷長以夜郎爲最大，其西靡莫之屬滇最大，自滇以北邛都最大。若總言『西南』，安得以夜郎屬之？下文云『獨置南夷夜郎』，亦可證夜郎屬南夷。」

〔二〕汶江郡本冄駹　「汶江」，疑當作「汶山」。正文下曰「冄駹爲汶山郡」。後漢書卷八六西南夷傳：「冉駹夷者，武帝所開。元鼎六年，以爲汶山郡。」漢書卷六武帝紀「文山郡」顏師古注引應劭曰：「文山，今蜀郡崏山，本冉駹是也。」

〔三〕略巴黔中　「巴」下原有「蜀」字。王念孫雜志史記第六：「『蜀』字因上文『巴蜀』而衍。莊蹻將兵循江上，自巴、黔中以西至滇池，不得至蜀也。漢書作『略巴、黔中以西』，是其證。」按：下文曰「會秦擊奪楚巴、黔中郡，道塞不通，因還，以其衆王滇」，正與此相應。今據刪。

〔四〕滇池方三百里　「池」下原有「地」字。王念孫雜志史記第六：「此言滇池方三百里，『池』下不當有『地』字。索隱本及漢書皆無『地』字。」今據刪。

〔五〕開蜀故徼　王念孫雜志史記第六：「『開』當爲『關』，言秦時常於諸國置吏，及漢初，則棄此諸國，而但以蜀故徼爲關也。漢書西南夷傳正作『關蜀故徼』。」

〔六〕而末更淺狹　「末」字原無。張文虎札記卷五：「後漢書作『而末更淺狹』，此失『末』字，義不可通。下正義同。」按：徐鍇説文解字繫傳「滇」字條引史記有「末」字。今據補。

〔七〕而末更淺狹　「末」字原無，據張文虎札記説及徐鍇説文解字繫傳引文補。參見上條。

〔八〕巴蜀筰關　王念孫雜志漢書第十四：「『巴筰關』，本作『巴符關』。隸書『符』字作『苻』，與『筰』相似，又涉上下文『筰』字而誤。史記作『巴蜀筰關』，多一『蜀』字，於義尤不可通，蓋因上文『巴蜀』而衍。」按：景祐本漢書作「巴苻關」。北堂書鈔卷四〇政術部引漢書作「巴符關」。

〔九〕注枸一作　此四字原無，據索隱本補。

〔一〇〕小顏　原作「又」，據耿本、黃本、彭本、柯本、凌本、殿本改。參見本卷校記〔一二〕。

〔一一〕緣木　原作「緣樹」，據耿本、黃本、彭本、柯本、凌本、殿本改。參見下條。

〔一二〕非樹　原作「非木」，據耿本、黃本、彭本、柯本、凌本、殿本改。又，「又云蒟緣樹而生非木也今蜀土家出蒟實似桑椹味辛似薑不酢又云取葉此注又云葉似桑葉非也」，耿本、黃本、彭本、柯本、凌本、殿本作「小顏云枸者緣木而生非樹也今蜀土家出枸實不長二三寸味辛似薑不酢劉說非也」，疑是。按：「蒟者緣樹」云云與上文「蒟樹如桑」相齟齬，顯非一人之言，而曰「又云」，誤也。漢書卷九五西南夷傳「南粵食蒙蜀枸醬」顏師古注：「晉灼曰：『枸，音矩。』劉德曰：『枸樹如桑，其椹長二三寸，味酢。取其實以爲醬，美，蜀人以爲珍味。』師古曰：『劉說非也。子形如桑椹耳。緣木而生，非樹也。子又不長二三寸，味尤辛，不酢。今宕渠則有之。食，讀曰飤。』」

〔一三〕實不長二三寸　原作「實似桑椹」，據耿本、黃本、彭本、柯本、凌本、殿本改。參見上條。

〔一四〕還對　漢書卷九五西南夷傳作「還報」。

〔一五〕嘗羌　漢書卷九五西南夷傳作「當羌」，顏師古注：「當羌，滇王名。」

〔一六〕歲餘　漢書卷九五西南夷傳作「四歲餘」。

〔一七〕一本作乾毒漢書音義一名天竺也　耿本、黄本、彭本、柯本、凌本、殿本作「小顏亦曰捐篤也」。按：漢書卷九五西南夷傳「從東南身毒國」顏師古注：「即天竺也，亦曰捐篤也。」

〔一八〕後爲縣　「爲」字原無，據耿本、黄本、彭本、柯本、凌本、殿本補。

〔一九〕今蜀郡岷江　「岷江」，漢書卷六武帝紀「文山郡」顏師古注引應劭作「崏山」。

〔二〇〕滇王離難西南夷　漢書卷九五西南夷傳作「滇王離西夷」。

〔二一〕漢書音義　景祐本、紹興本、耿本、黄本、彭本、柯本、凌本、殿本作「史記音義」。

〔二二〕被揃迫逐　「迫逐」，耿本作「剖」，黄本、彭本、柯本、凌本、殿本作「割」。按：疑作「剖」是。剖，分也。索隱上云「揃謂被分割也」。「割」亦「剖」之譌。

史記卷一百一十七

司馬相如列傳第五十七

索隱右不宜在西南夷之下〔一〕。

司馬相如者，蜀郡成都人也，字長卿。少時好讀書，學擊劍，【一】故其親名之曰犬子。【二】相如既學，【三】慕藺相如之爲人，更名相如。以貲爲郎，事孝景帝，爲武騎常侍，【四】非其好也。會景帝不好辭賦，是時梁孝王來朝，從游說之士齊人鄒陽、淮陰枚乘、吴莊忌夫子【五】之徒，相如見而説之，因病免，客游梁。梁孝王令與諸生同舍，相如得與諸生游士居，數歲，乃著子虛之賦。

【一】索隱呂氏春秋劍伎云〔二〕「持短入長，倏忽縱横之術也」。魏文典論云「余好擊劍，善以短乘長」是也。

【二】索隱孟康云：「愛而字之也。」

【三】索隱案：秦密云〔三〕「文翁遣相如受七經」。

【四】索隱張揖曰：「秩六百石，常侍從格猛獸。」

【五】集解徐廣曰：「名忌，字夫子。」索隱徐廣、郭璞皆云名忌字夫子。案：鄒陽傳云枚先生、嚴夫子，此則夫子是美稱，時人以爲號〔四〕。漢書作「嚴忌」者，案忌本姓莊，避明帝諱改姓嚴也。

會梁孝王卒，相如歸，而家貧，無以自業。素與臨邛令王吉相善，吉曰：「長卿久宦遊不遂，而來過我。」於是相如往，舍都亭。【一】臨邛令繆爲恭敬，日往朝相如。相如初尚見之，後稱病，使從者謝吉，吉愈益謹肅。臨邛中多富人，而卓王孫家僮八百人，程鄭亦數百人，二人乃相謂曰：「令有貴客，爲具召之。」并召令。令既至，卓氏客以百數。至日中，謁司馬長卿，長卿謝病不能往，臨邛令不敢嘗食，自往迎相如。相如不得已，彊往，一坐盡傾。酒酣，臨邛令前奏琴曰：「竊聞長卿好之，願以自娛。」相如辭謝，爲鼓一再行。【二】是時卓王孫有女文君新寡，好音，故相如繆與令相重，而以琴心挑之。【三】相如之臨邛，從車騎，雍容閒雅甚都；【四】及飲卓氏，弄琴，文君竊從户窺之，心悅而好之，恐不得當也。既罷，相如乃使人重賜文君侍者通殷勤。文君夜亡奔相如，【五】相如乃與馳歸成都。家居徒四壁立〔五〕。【六】卓王孫大怒曰：「女至不材，我不忍殺，不分一錢也。」人或謂王孫，王孫終不聽。文君久之不樂，曰：「長卿第俱如臨邛，【七】從昆弟假貸猶足爲生，何至自苦如此！」相如與俱之臨邛，盡賣其車騎，買一酒舍酤酒，而令文君當鑪。【八】相如身自著犢鼻褌，【九】與保庸雜作，【一〇】滌器於市中。【一一】卓王孫聞而恥之，爲杜門不出。昆弟諸公【一二】更謂王孫曰：「有一男兩女，所不足者非財也。今文君已失身於司馬長卿，長卿故倦游，【一三】雖貧，其人材足依也，且又令客，獨柰何相辱如此！」卓王孫不得已，分予文君僮百人，錢百萬，及其嫁時衣被財物。文君乃與相如歸成都，買田宅，爲富人。

【一】索隱案：臨邛郭下之亭也。

【二】索隱案：樂府長歌行【六】、短歌行，行者曲也【七】。此言「鼓一再行」，謂一兩曲。

【三】集解郭璞曰：「以琴中音挑動之。」索隱張揖云：「挑，嬈也。以琴中嬈之。」挑音徒了反。嬈音奴了反。其詩曰「鳳兮鳳兮歸故鄉，遊遨四海求其皇，有一豔女在此堂，室邇人遐毒我腸，何由交接爲鴛鴦」也。又曰「鳳兮鳳兮從皇栖，得託子尾永爲妃。交情通體必和諧，中夜相從別有誰」。

【四】集解韋昭曰：「閒，讀曰『閑』，甚得都邑之容也。」郭璞曰：「都猶姣也。詩曰『恂美且都』。」

【五】索隱郭璞云：「婚不以禮爲亡也【八】。」

【六】集解郭璞曰：「言貧窮也。」索隱案：孔文祥云「徒，空也。家空無資儲，但有四壁而已」，云就此中以安立也」。

【七】索隱弟如臨邛。文穎云：「弟，且也。」郭璞云：「弟，語辭〔九〕。如，往也。」

【八】集解韋昭曰：「鑪，酒肆也。以土爲墮，邊高似鑪。」

【九】集解韋昭曰：「今三尺布作形如犢鼻矣。稱此者，言其無恥也。今銅印言犢紐，此其類矣。」

【一〇】集解方言曰：保庸謂之甬，奴婢賤稱也。

【一一】集解韋昭曰：「瓦器也。每食必滌溉者。」

【一二】集解郭璞曰：「諸公，父行也。」

【一三】集解郭璞曰：「厭游宦也。」

居久之，蜀人楊得意爲狗監，【一】侍上。上讀子虛賦而善之，曰：「朕獨不得與此人同時哉！」得意曰：「臣邑人司馬相如自言爲此賦。」上驚，乃召問相如。相如曰：「有是。然此乃諸侯之事，未足觀也。請爲天子游獵賦，賦成奏之。」上許，令尚書給筆札。相如以「子虛」，虛言也，爲楚稱；【二】「烏有先生」者，【三】烏有此事也，爲齊難；【四】「無是公」者，無是人也，明天子之義。【五】故空藉【六】此三人爲辭，以推天子諸侯之苑囿。其卒章歸之於節儉，因以風諫。奏之天子，天子大說。其辭曰：

【一】集解郭璞曰：「主獵犬也。」

【二】集解郭璞曰：「稱說楚之美。」

【三】集解徐廣曰：「烏，一作惡。」

【四】集解郭璞曰：「詰難楚事也。」

【五】集解郭璞曰：「以爲折中之談也。」

【六】索隱音假借，與積同音。

楚使子虛使於齊，齊王悉發境内之士，備車騎之衆，與使者出田。田罷，子虛過詫【一】烏有先生，而無是公在焉。坐定，烏有先生問曰：「今日田樂乎？」子虛曰：「樂。」「獲多乎？」曰：「少。」「然則何樂？」曰：「僕樂齊王之欲夸僕以車騎之衆，而僕對以雲夢之事也。」曰：「可得聞乎？」

【一】集解郭璞曰：「詫，誇也。音託夏反。」索隱上音戈，下音勑亞反。誇詫是也。

子虛曰：「可。王駕車千乘，選徒萬騎，田於海濱。列卒滿澤，罘罔彌山，【一】揜兔轔鹿，射麋脚麟。【二】騖於鹽浦，割鮮染輪。【三】射中獲多，矜而自功。顧謂僕曰：『楚亦有平原廣澤游獵之地饒樂若此者乎？楚王之獵何與寡人？』【四】僕下車對曰：『臣，楚國之鄙人也，幸得宿衞十有餘年，時從出游，游於後園，覽於有無，然猶未能偏覩也，又惡足以言其外澤者乎！』齊王曰：『雖然，略以子之所聞見而言之。』

【一】集解郭璞曰：「罘，罝也。音浮。」正義說文云「罘，兔罟也」。今幡車罟也。彌，竟也。

【二】集解徐廣曰：「轔音吝。」駰案：郭璞曰「脚，掎足。轔，車轢」。索隱脚麟，韋昭云「謂持其一脚也」。司馬彪曰「脚，掎也」。說文云「掎，偏引一脚也」。

【三】集解郭璞曰：「鹽浦，海邊地多鹽鹵。鮮，生肉也。染，擩也。音而沿反，又音而悅反【一〇】。擩之於輪，鹽而食之。鶩，馳也。音務。」索隱李奇云：「鮮，生肉也。染，濡也。切生肉濡鹽而食之。」染或爲「淬」，與下文「脟割輪淬」意同也。

【四】集解郭璞曰：「與猶如也。」

「僕對曰：『唯唯。臣聞楚有七澤，嘗見其一，未覩其餘也。臣之所見，蓋特其小小者耳，【一】名曰雲夢。【二】雲夢者，方九百里，其中有山焉。其山則盤紆岪鬱，隆崇嵂崒；岑巖參差，日月蔽虧；【三】交錯糾紛，上干青雲；罷池陂陁，下屬江河。其土則丹青赭堊，【四】雌黃【五】白坿，【六】錫碧【七】金銀，衆色炫燿，照爛龍鱗。【八】其石則赤玉玫瑰，【九】琳瑉琨珸，【一〇】瑊玏玄厲，【一一】瑌石武夫。【一二】其東則有蕙圃【一三】衡蘭，芷若【一四】射干，【一五】穹窮【一六】昌蒲，江離麋蕪，諸蔗猼且。【一七】其南則有平原廣澤，登降陁靡，【一八】案衍壇曼，【一九】緣以大江，限以巫山。【二〇】其高燥則生葴薪苞荔，【二一】薛莎青蘋。【二二】其卑溼【二三】則生藏莨蒹葭，東蘠【二四】雕胡，【二五】蓮藕菰蘆，【二六】菴閭軒芋，【二七】衆物居之，不可勝圖。【二八】其西則有湧泉清池，激水推移；外發芙蓉蔆華，内隱鉅石白沙。其中則有神龜蛟鼉，【二九】瑇瑁【三〇】鼈黿。其北則有陰林【三一】巨樹，楩枏豫章，【三二】桂椒【三三】木蘭，【三四】蘗離朱楊，【三五】樝梸梬栗，【三六】橘柚芬芳。【三七】其上則有赤猨蠷蝚，【三八】鵷鶵孔鸞，騰遠射干。【三九】其下則有白虎玄豹，蟃蜒貙豻，【四〇】兕象野犀，【四一】窮奇獌狿〔一一〕。

【一】索隱 郭璞云：「特，獨也。」

【二】索隱 褚詮音亡棟反，又音莫風反。裴駰云「孫叔敖激沮水作此澤」。張揖云「楚藪也，在南郡華容縣」。郭璞曰「江夏安陸有雲夢城，南郡枝江亦有雲夢城。華容縣又有巴丘湖，俗云即古雲夢澤也」。則張揖云在華容者，指巴湖也〔一二〕。今安陸東見有雲夢城、雲夢縣，而枝江亦有者，蓋縣名遠取此澤，故有城也。

【三】集解 漢書音義曰：「高山壅蔽，日月虧缺半見。」 索隱 注「漢書音義」〔一三〕。案：漢書注此卷多不題注者姓名，解者云是張揖，亦兼有餘人也。

【四】集解 徐廣曰：「一作『瑕』。」 索隱 張揖云：「赭，赤土，出少室山。堊，白堊，本草云一名白墡也。」

【五】正義 藥對曰：「雌黃出武都山谷，與雄黃同山。」

【六】集解 徐廣曰：「音符。」駰案：漢書音義曰「白坿，白石英也」。 索隱 張揖曰：「白石英也，出魯陽山。」蘇林音附，郭璞音符也。

【七】正義顏云：「錫，青金也。碧謂玉之青白色者也。」

【八】集解郭璞曰：「如龍之鱗采。」

【九】集解郭璞曰：「赤玉，赤瑾也。見楚辭。玫瑰，石珠也。」

【一〇】集解漢書音義曰：「琳，球也。珉，石次玉者，琨珸，山名也，出善金，尸子曰『昆吾之金』者。」　索隱琨珸，司馬彪云「石之次玉者」。按：河圖云「流州多積石，名昆吾石，鍊之成鐵，以作劍，光明昭如水精〔一四〕」。案：字或作「昆吾」。

【一一】集解徐廣曰：「瑊音古咸反，玏音勒，皆次玉者。」駰案：漢書音義曰「玄厲，黑石可用磨者」。

【一二】集解徐廣曰：「石似玉。」駰案：漢書音義曰「瑌石出鴈門，武夫出長沙也」。

【一三】索隱司馬彪云：「蕙，香草也。」本草云：「薰草一名蕙。」廣志云：「蕙草緑葉紫莖，魏武帝以此燒香，今東下田有此草，莖葉似麻，其華正紫也。」

【一四】集解漢書音義曰：「衡，杜衡也。其狀若葵，其臭如蘪蕪。芷，白芷。若，杜若。」　索隱張揖云「衡，杜衡，生下田山」。案：山海經云「天帝之山有草，葉如葵，臭如蘪蕪，可以走馬」。博物志云「一名土杏，其根一似細辛，葉似葵」。故藥對亦爲似細辛是也。蘭，張揖云「秋蘭」。芷若，張揖云「若，杜若；芷，白芷也」。本草云「一名茝」。埤蒼云「齊曰茝，晉曰繭」。字林曰「茝音昌亥反，又音昌里反。虈音火嬌反」。本草又曰「杜若，一名杜衡」。今杜若葉似薑而有文理，莖葉皆有長毛。古今名號不同，故其所呼別也。

【一五】索隱廣雅云「烏蓬〔一五〕，射干」。本草名烏扇。

【一六】索隱芎藭。司馬彪云：「芎藭似藁本」。郭璞云：「今歷陽呼爲江離。」淮南子云：「夫亂人者，若芎藭之與稾本。」

【一七】集解徐廣曰：「猼音匹沃反。」駰案：漢書音義曰「江離，香草。蘪蕪，蘄芷也，似蛇床而香。諸蔗，甘柘也。猼且，蘘荷也」。索隱吴録曰「臨海縣海水中生江離，正青似亂髮，即離騷所云者是也」。廣志云「赤葉紅華」，則與張勃所説又別。案：今芎藭苗曰江離，緑葉白華，又不同。孟康云「蘪蕪，蘄芷也，似蛇床而香」。樊光曰「藁本一名蘪蕪，根名蘄芷」。又藥對以爲蘪蕪一名江離，芎藭苗也。則芎藭、藁本、江離、蘪蕪並相似，非是一物也〔一六〕。諸柘，張揖云「諸柘，甘柘也」。搏且，上音並卜反，下音子余反。漢書作「巴且」，文穎云「巴蕉也」。郭璞云「搏且，蘘荷屬」。未知孰是也。

【一八】集解音移糜。

【一九】索隱司馬彪云：「案衍，窳下。壇曼，平博也。」衍音弋戰反。

【二〇】集解郭璞曰：「巫山今在建平巫縣也。」

【二一】集解徐廣曰：「葴音針，馬藍也。蔪，或曰草，生水中，華可食。荔音力詣反。草，似蒲。」

駰案：漢書音義曰「苞，藨也」。索隱葴析。音針斯二音。孟康曰「葴，馬藍也」。郭璞曰「葴，酸漿，江東名烏葴」。析，漢書作「斯」，孟康云「斯，禾，似燕麥」。埤蒼又云「生水中，華可食」。廣志云「涼州地生析草，皆如中國燕麥」是也。

【二二】集解徐廣曰：「薛音先結反。」駰案：漢書音義曰「薛，賴蒿也。莎，鎬侯也。青薠，似莎而大也。音煩」。

【二三】索隱其庳溼。庳音婢。庳，下也。

【二四】集解徐廣曰：「烏桓國有蔷，似蓬草，實如葵子，十月熟。」駰案：漢書音義曰「藏，似薍而葉大。莨，莨尾草也。蒹，薕也。葭，蘆也」。索隱藏莨，郭璞云「狼尾，似茅」。蒹葭音兼加。孟康云「蒹葭似蘆也」。郭璞云「蒹，藡也。似萑而細小，高數尺，江東人呼爲蒹蒿〔一七〕」。又云「葭，蘆也。似葦而細小，江東人呼爲烏蓲」。薍音五患反。藡音敵。東蔷，案續漢書云「東蔷似蓬草，實如葵子，十一月熟」。廣志云「子色青黑，河西語云〔一八〕『貸我東蔷，償我白粱』也」。

【二五】索隱彫胡。案謂菰米。

【二六】集解徐廣曰：「生水中。」索隱郭璞云：「菰，蔣也。蘆，葦也。」

【二七】集解漢書音義曰：「奄閭，蒿也。軒芋，蕕草也。」索隱注「菴閭，蒿」〔一九〕。郭璞云：「菴閭，蒿，子可療病也。」注「軒于，蕕草」。郭璞云〔二〇〕：「軒芋生水中，今楊州有也。」

【二八】集解郭璞曰：「圖，畫也。」

【二九】正義郭注山海經云：「蛟，似蛇而四脚，小頭細頸，有白嬰，大者數十圍，卵生，子如一二斛瓮，吞人。鼉，似蜥蜴而大，身有甲，皮可以冒鼓。」

【三〇】正義似觜鱹，甲有文，出南海，可以飾器物也。

【三一】集解郭璞曰：「林在山北陰地。」

【三二】集解郭璞曰：「楩，杞也，似梓。枏，葉似桑。豫章，大木也，生七年乃可知也。」正義案：活人云〔二一〕「豫，今之枕木也。章，今之樟木也。二木生至七年，枕樟乃可分别」。

【三三】正義郭璞云：「桂，似枇杷葉而大，白花，花而不著子，叢生巖嶺閒，無雜木，冬夏常青。」案：今諸寺有桂樹，葉若枇杷而小，光靜，冬夏常青，其皮不中食，蓋二色桂樹。

【三四】集解駰案：郭璞曰「木蘭，樹，皮辛香可食」。正義廣雅云：「似桂，皮辛可食，葉冬夏榮，常以冬華，其實如小柿甘美〔二二〕，南人以爲梅也。」

【三五】集解徐廣曰：「蘖音扶戾反。」漢書音義曰：「離，山梨。朱楊，赤楊也。」索隱注「朱楊，赤楊」〔二三〕。郭璞云「赤莖柳，生水邊」，爾雅云「檉，河柳」是也。

【三六】集解徐廣曰：「梬音郢。」駰案：漢書音義曰「梬，梬棗也」。

【三七】正義小曰橘，大曰柚。樹有刺，冬不凋，葉青，花白，子黄赤。二樹相似，非橙也。

【三八】集解徐廣曰：「音劬柔。」正義蠷音劬，蝚音柔，皆猿猴類。

【三九】集解郭璞曰：「鵷雛，鳳屬也。孔，孔雀；鸞，鸞鳥也。」漢書音義曰：「騰遠，鳥名。射干，似狐，能緣木。」　索隱孟康云「騰遠，鳥名」，非也。司馬彪云：「騰遠，虵也。」郭璞云：「騰虵，龍屬，能興雲霧。」張揖云：「射干，似狐，能緣木。」

【四〇】集解郭璞曰：「蟃蜒，大獸，長百尋。貙，似貍而大。」漢書音義曰：「豻，胡地野犬，似狐而小也。」　索隱郭璞云：「蟃蜒，大獸，長百尋。」張揖云：「貙，似貍而大。豻，胡地野犬，似狐而小，黑喙。」應劭音顏，韋昭一音岸。鄒誕生音苦姦反，協音，是。

【四一】正義兕，狀如水牛。象，大獸，長鼻，牙長一丈，俗呼爲江猨。犀，頭似猨，一角在額。漢書無此一句。

「於是乃使專諸之倫，手格此獸。楚王乃駕馴駁之駟，【一】乘雕玉之輿，靡魚須之橈旃，【二】曳明月之珠旗，【三】建干將之雄戟，【四】左烏嗥之雕弓，【五】右夏服之勁箭；【六】陽子驂乘，孅阿爲御；【七】案節未舒，【八】即陵狡獸，轔邛邛，蹵距虛，【九】軼野馬而轊騊駼，【一〇】乘遺風而射游騏；【一一】儵眒淒浰，【一二】靁動熛至，星流霆擊，弓不虛發，中必決眥，【一三】洞胸達掖，絶乎心繫，獲若雨獸，揜草蔽地。於是楚王乃弭節裴回，【一四】翶翔容與，【一五】覽乎陰林，觀壯士之暴怒，與猛獸之恐懼，徼谻受詘，【一六】殫睹衆物之變態。

【一】集解漢書音義曰：「馴，擾也。駮，如馬，白身，黑尾，一角，鋸牙，食虎豹。擾而駕之，以當馴馬也。」

【二】集解郭璞曰：「以海魚須爲旒旌，言橈弱也。通帛爲旃也。」

【三】集解漢書音義曰：「以明月珠綴飾旗。」

【四】集解漢書音義曰：「干將，韓王劍師。雄戟，胡中有鉅，干將所造也。」索隱應劭曰：「干將，吳善冶者姓。」如淳曰：「干將，鐵所出。」晉灼曰：「闔閭鑄干將劍。」應劭說是。方言云：「戟中小孑刺者，所謂雄戟也。」周處風土記云：「戟爲五兵雄也。」注「胡中有鉅」〔三四〕。鉅音巨。案：周禮冶氏爲戈，胡三之。注云「胡，其孑」也。又禮圖謂「戟支曲下爲胡」也。

【五】索隱烏號之雕弓。黃帝上仙，羣臣舉弓抱之而號〔三五〕，見封禪書及郊祀志文。韓詩外傳云弓工之妻曰「此弓太山南烏號之柘〔三六〕」。案：淮南子云「烏號，柘桑，其材堅勁，烏棲其上，將飛，枝勁復起，號呼其上。伐取其材爲弓，因曰『烏號』」。古史考、風俗通皆同此說也。

【六】集解徐廣曰：「韋昭云夏，夏羿也。矢室名曰服。」呂靜曰：「步叉謂之服也。」索隱案：夏羿，善射者。又服，箭室之名，故云「夏服」。又夏后氏有良弓名「繁弱」，其矢亦良，即「繁弱箭服」是也。

【七】集解漢書音義曰：「陽子，僊人陵陽子。纖阿，月御也。」韋昭曰：「陽子，古賢也。」索隱服虔云：「陽子，仙人陵陽子也。」張揖云：「陽子，伯樂也。孫陽字伯樂〔三七〕，秦繆公臣，善御者也。」服虔云：「纖阿爲月御。或曰美女姣好貌。」又樂産曰〔二八〕：「纖阿，山名，有女子處其巖，月歷巖度，躍入月中，因爲月御也〔二九〕。」

【八】索隱郭璞曰：「言頓轡也。」司馬彪云「案轡徐行得節，故曰案節，馬足未展，故曰未舒也〔三〇〕」，亦爲得也〔三一〕。

【九】集解郭璞曰：「邛邛，似馬而色青。距虛即邛邛，變文互言之。穆天子傳曰『邛邛距虛，日走五百里』也。」

【一〇】集解徐廣曰：「轊音鋭。」駰案：郭璞曰：野馬，如馬而小，騊駼似馬。轊，車軸頭。索隱轊騊駼。上音衞。轊，車軸頭也。謂車軸衝殺之。騊駼，野馬。

【一一】集解漢書音義曰：「遺風，千里馬。爾雅曰：『巂，如馬，一角。不角者騏也。』」索隱呂氏春秋云：「遺風之乘。」古今注云：秦始皇馬名。韋昭云：「騏如馬，一角。」爾雅云：巂無角曰騏。非麒麟之騏。巂音攜。

【一二】集解徐廣曰：「淒音七見反。浰音力詣反。」駰案：漢書音義曰「皆疾貌」。

【一三】集解韋昭曰：「在目所指，中必決於眼眥也。」

【一四】集解郭璞曰：「或云節，今之所杖信節也。」索隱司馬彪云：「弭猶低也。或云節，今之所言杖信節也〔三二〕。」

【一五】索隱郭璞曰：「言自得。」

【一六】集解徐廣曰：「谻音劇。」駰案：郭璞曰「谻，疲極也。詘，盡也。言獸有倦游者，則徼而取之」。索隱徼谻受詘。司馬彪云：「徼，遮也。谻，倦也。謂遮其倦者。」谻音劇。詘音屈。說文云：「谻，勞也。燕人謂勞爲谻。」徼音古堯反。

「『於是鄭女曼姬，【一】被阿錫，【二】揄紵縞，【三】襍纖羅，垂霧縠，【四】襞積褰縐，紆徐委曲，鬱橈谿谷，【五】衯衯裶裶，【六】揚袘卹削，【七】蜚纖垂髾，【八】扶與猗靡，【九】噏呷萃蔡，【一〇】下靡蘭蕙，上拂羽蓋，錯翡翠之威蕤，【一一】繆繞玉綏，【一二】縹乎忽忽，若神仙之仿佛。【一三】

【一】集解郭璞曰：「曼姬謂鄧曼。姬，婦人之總稱。」正義文穎云：「鄭國出好女。曼者，其色理曼澤也。」如淳云：「鄭女，夏姬也。曼姬，楚武王夫人鄧曼。」

【二】集解漢書音義曰：「阿，細繒也。錫，布也。」正義按：東阿出繒也。

【三】集解徐廣曰：「揄音臾。」正義揄，曳也。韋昭云：「紵之色若縞也。」顏云：「紵，織紵也。縞，鮮支也。」

【四】集解郭璞曰：「言細如霧，垂以覆頭。」

【五】集解漢書音義曰：「襞積，簡齰也。褰，縮也。縐，裁也。其縐中文理茀鬱迟曲，有似於谿谷也。」索隱小顏云〔三三〕：「襞積，今之裙襵，古謂之皮弁素積〔三四〕。」蘇林曰「褰縐，縮蹙之」是也。縐音側救反。齰音叉革反。裁音在代反。鬱橈谿谷，孟康曰「其縐中文理茀鬱迟曲，有似于谿谷也」。迟，字林音丘亦反。

【六】索隱郭璞云：「衣長貌。」正義上芳云反，下方非反。

【七】集解徐廣曰：「袘音迤，衣袖也。」駰案：漢書音義曰「衈削，裁制貌也」。索隱揚袘戌削。張揖曰〔三五〕：「揚，舉也。袘，衣袖也。戌削，裁制貌也。」

【八】集解徐廣曰：「纖音芟。」駰案：郭璞云「纖，袿衣飾；髾，髻髾也」。

【九】集解郭璞曰：「淮南所謂『曾折摩地，扶與猗委』也。」正義輿音餘。猗，於綺反。謂鄭女曼姬侍從王者，扶其車輿而猗靡。

【一〇】集解漢書音義曰：「噏呷，衣裳張起也。萃蔡，衣聲也。」索隱孟康曰：「噏呷，衣起張也。」韋昭云：「呷音呼甲反。」萃粲，孟康云「萃粲，衣聲也」。郭璞曰「萃粲猶璀璨也」。正義呷，火甲反。萃音翠。蔡，千賄反。

【一一】集解徐廣曰：「錯音措。或作『錯紛翠蕤』。」

【一二】集解郭璞曰：「綏，所執以登車。」正義顏云：「下靡蘭蕙，謂垂髾也。上拂羽蓋，謂飛纖也。玉綏，以玉飾綏也。」言飛纖垂髾，錯襍翡翠之旌幡，或繞玉綏也。張揖云：「翡翠大小一如雀，雄赤曰翡，雌青曰翠。」博物志云：「翡身通黑，唯胸前背上翼後有赤毛。翠身通青黃，唯六翮上毛長寸餘青。其飛則羽鳴翠翡翠翡然，因以爲名也。」

【一三】正義 仿佛，言似神仙也。戰國策云：鄭之美女，粉白黛黑，而立於衢，不知者謂之神仙。

「『於是乃相與獠於蕙圃，【一】媻珊勃窣【二】上金隄，揜翡翠，射鵔鸃，【三】微矰出，纖繳施，【四】弋白鵠，連駕鵝〔三六〕，【五】雙鶬下，玄鶴加。【六】怠而後發，游於清池；浮文鷁，【七】揚桂枻，【八】張翠帷，建羽蓋，罔瑇瑁，釣紫貝；【九】摐金鼓，吹鳴籟，【一〇】榜人歌，【一一】聲流喝，【一二】水蟲駭，波鴻沸，涌泉起，奔揚會，礧石相擊，硠硠礚礚，若靁霆之聲，聞乎數百里之外。

【一】集解 郭璞曰：「獠，獵也。」音遼。索隱 爾雅云：「宵獵曰獠。」郭璞曰：「獠，獵也。」又音遼也。

【二】索隱 盤珊勃窣。韋昭曰：「盤珊，匍匐上下也。」窣音素忽反。

【三】集解 漢書音義曰：「鵔鸃，鳥，似鳳也。」索隱 司馬彪云：「鵔鸃，山雞也。」許慎云：「鷩鳥也。」郭璞曰：「似鳳，有光彩。」音浚宜。」李彤云：「鵔鸃，神鳥，飛光竟天也。」

【四】集解 徐廣曰：「繳音斫。」

【五】集解 郭璞曰：「野鵝也。」駕音加〔三七〕。」索隱 駕鵝。爾雅云：「舒鴈，鵝也。」郭璞曰：「野鵝也。」 正義 鵠，水鳥也。駕鵝連謂兼獲也。抱朴子云：「千歲之鵠純白，能登於木。」

【六】集解 郭璞曰：「詩云『弋言加之』是也。」 正義 司馬彪云：「鶬似鴈而黑，亦呼爲鶬括。」韓詩外傳云胎生也。」相鶴經云：「鶴壽二百六十歲則色純黑。」案：弋雙鶬既下，又加玄鶴之上也。

【七】集解漢書音義曰：「鷁，水鳥也。畫其象於船首。淮南子曰『龍舟鷁首』，天子之乘也。」

【八】集解徐廣曰：「音曳。」駰案：韋昭曰「枻，檝也」。

【九】集解郭璞曰：「紫質黑文也。」正義毛詩蟲魚疏云：「貝，水之介蟲。大者蚢，音下郎反。小者爲貝，其白質如玉，紫點爲文，皆成行列。當大者徑一尺〔三八〕，小者七八寸。今九真、交阯以爲杯盤實物也。」貨殖傳云「貝寶龜」是也。

【一〇】集解漢書音義曰：「摐，撞也。籟，簫也。」

【一一】集解郭璞曰：「唱櫂歌也。榜，船也，音謗。」

【一二】集解徐廣曰：「烏邁反。」

「『將息獠者，擊靈鼓，【一】起烽燧，車案行，騎就隊，纚乎淫淫，班乎裔裔。【二】於是楚王乃登陽雲之臺，【三】泊乎無爲，澹乎自持，勺藥之和具而後御之。【四】不若大王終日馳騁而不下輿，脟割輪淬，自以爲娛。【五】臣竊觀之，齊殆不如。』於是王默然無以應僕也。」

【一】集解郭璞曰：「靈鼓，六面也。」

【二】集解郭璞曰：「皆羣行貌也。」

【三】集解徐廣曰：「宋玉云楚王游於陽雲之臺。」駰案：郭璞曰「在雲夢之中」。

【四】集解郭璞曰：「勺藥，五味也。」

【五】集解徐廣曰：「淬，千內反。」駰案：郭璞曰「脟，臠；淬，染也。脟音臠也」。

烏有先生曰：「是何言之過也！足下不遠千里，來況齊國，【一】王悉發境內之士，而備車騎之衆，以出田，乃欲勠力致獲，以娛左右也，何名爲夸哉！問楚地之有無者，願聞大國之風烈，先生之餘論也。今足下不稱楚王之德厚，而盛推雲夢以爲高，奢言淫樂而顯侈靡，竊爲足下不取也。必若所言，固非楚國之美也。有而言之，是章君之惡；無而言之，是害足下之信。章君之惡而傷私義，二者無一可，而先生行之，必且輕於齊而累於楚矣。且齊東陼巨海，【二】南有琅邪，【三】觀乎成山，【四】射乎之罘，【五】浮勃澥，【六】游孟諸，【七】邪與肅慎爲鄰，【八】右以湯谷爲界，【九】秋田乎青丘，【一〇】傍偟乎海外，吞若雲夢者八九，其於胸中曾不蔕芥。【一一】若乃俶儻瑰偉，異方殊類，珍怪鳥獸，萬端鱗萃，充仞其中者，不可勝記，禹不能名，契不能計。【一二】然在諸侯之位，不敢言游戲之樂，苑囿之大；先生【一三】又見客，【一四】是以王辭而不復，【一五】何爲無用應哉！」

【一】集解郭璞曰：「言有惠況也。」

【二】索隱陼，蘇林音渚。小洲曰陼。謂東有大海之陼也。

【三】集解郭璞曰：「山名，在琅邪縣界。」正義山名，在密州東南百三十里。琅邪臺在山上。

【四】集解徐廣曰：「在東萊不夜縣。」索隱張揖云：「觀，闕也。於山上築宮闕。」郭璞云：「言在山下游。觀音館也。」正義封禪書云「成山斗入海」，言上山觀也。括地志云：「成山在萊州文登縣東北百八十里也。」

【五】集解漢書音義曰：「之罘山在牟平縣。射獵其上也。」正義括地志云：「罘山在萊州文登縣西北百九十里(三九)。」言射獵其上也。罘音浮。

【六】集解漢書音義曰：「海別枝名也。」索隱案：齊都賦云「海傍曰勃，斷水曰瀨」也。

【七】集解郭璞曰：「宋之藪澤名。」正義周禮職方氏「青州藪曰望諸」，鄭玄云「望諸，孟豬也」。

【八】正義邪謂東北接之。括地志云：「靺鞨國，古肅慎也，亦曰挹婁，在京東北八千四百里，南去扶餘千五百里，東及北各抵大海也。」

【九】正義言右者，北向天子也。海外經云：「湯谷在黑齒北，上有扶桑木，水中十日所浴。」張揖云：「日所出也。」許慎云：「熱如湯。」

【一〇】集解郭璞曰：「青丘，山名。亦有田，出九尾狐，在海外矣。」索隱郭璞云：「山名。出九尾狐也。」正義服虔云：「青丘國在海東三百里。」郭璞云：「青丘，山名。上有田，亦有國，出九尾狐，在海外。」

【一一】索隱張揖曰：「剌鯁也。」郭璞云：「言不覺有也。」

【一二】正義禹爲堯司空，辨九州土地山川草木禽獸。契爲司徒，敷五教，主四方會計。言二人猶不能名計其數。

【一三】索隱指子虛也。

【一四】索隱如淳曰：「見賓客禮待故也。」李善曰：「言見先生是客也〔四〇〕。」

【一五】索隱郭璞曰：「復，答也。」

無是公听然而笑【一】曰：「楚則失矣，齊亦未爲得也。夫使諸侯納貢者，非爲財幣，所以述職也；【二】封疆畫界者，非爲守禦，所以禁淫也。【三】今齊列爲東藩，而外私肅慎，捐國踰限，越海而田，其於義故未可也。且二君之論，不務明君臣之義而正諸侯之禮，徒事爭游獵之樂，苑囿之大，欲以奢侈相勝，荒淫相越，此不可以揚名發譽，而適足以貶君自損也。

【一】集解郭璞曰：「听，笑貌也。」索隱說文云：「听，笑皃。」

【二】集解郭璞曰：「諸侯朝於天子曰述職，言述所職。見孟子。」

【三】集解郭璞曰：「禁絶淫放也。」

「且夫齊楚之事又焉足道邪！君未睹夫巨麗也，獨不聞天子之上林乎？左蒼梧，右西極，【一】丹水更其南，【二】紫淵徑其北；【三】終始霸、滻，出入涇、渭；【四】酆、鄗、【五】潦、潏【六】，紆餘委蛇，經營乎其内。蕩蕩兮八川分流，相背而異態。【七】東西南北，馳騖往來，出乎椒丘之闕，行乎洲淤之浦，【八】徑乎桂林之中，【九】過乎泱莽之野。【一〇】汩乎渾流，順阿而下，【一一】赴隘陝之口。觸穹石，激堆埼，【一二】沸乎暴怒，洶涌滂濞，【一三】滭浡滵汩，【一四】湢測泌瀄，【一五】横流逆折，轉騰潎洌，【一六】澎濞沆瀣，【一七】穹隆雲撓，【一八】蜿灗膠戾，【一九】踰波趨浥，【二〇】莅莅下瀨，【二一】批巖衝擁，【二二】奔揚滯沛，【二三】臨坻注壑，【二四】瀺灂【二五】霣墜，【二六】湛湛【二七】隱隱，砰磅訇礚，【二八】潏潏淈淈，湁潗鼎沸，【二九】馳波跳沫，【三〇】汩急漂疾，【三一】悠遠長懷，【三二】寂漻無聲，肆乎永歸。然後灝溔潢漾，【三三】安翔徐徊，翯乎滈滈，【三四】東注大湖，【三五】衍溢陂池。於是乎蛟龍赤螭，【三六】魱鰽螹離，【三七】鰅鱅鰬魠，【三八】禺禺鱋魶，【三九】揵鰭【四〇】擢尾，振鱗奮翼，潛處于深巖；魚鼈讙聲，萬物衆夥，明月珠子，玓瓅江靡，【四一】蜀石黄碝，【四二】水玉磊砢，【四三】磷磷爛爛，采色澔旰，叢積乎其中。鴻鵠鷫鴇，鴐鵝鸀鳿，【四四】鵁鶄【四五】鹮目，【四六】煩鶩鷛鸈，【四七】𪈍鴜鵁鸕，【四八】羣浮乎其上。汎淫泛濫，【四九】隨風澹淡，與波摇蕩，掩薄草渚，【五〇】唼喋【五一】菁藻，【五二】咀嚼菱藕。

【一】集解郭璞曰：西極，邠國也。見爾雅。 正義文穎云：「蒼梧郡屬交州，在長安東南，故言左。爾雅云西至於豳國爲極〔四一〕。在長安西，故言右。」

【二】集解漢書音義曰：「丹水出上洛冢領山。」

【三】集解郭璞曰：「紫淵所未詳。」正義山海經云：「紫淵水出根耆之山，西流注河。」文穎云：「西河穀羅縣有紫澤〔四二〕，在縣北，於長安爲北。」

【四】索隱張揖云：「灞出藍田，西北而入渭。滻亦出藍田谷，北至霸陵入灞。灞、滻二水盡於苑中不出，故云終始也。涇渭二水從苑外來，又出苑去也。涇水出安定涇陽縣幵頭山，東至陽陵入渭。渭水出隴西首陽縣鳥鼠同穴山，東北至華陰入河。」

【五】索隱豐鎬。張揖云：「豐水出鄠縣南山豐谷，北入渭。鎬在昆明池北。」郭璞云：「鎬水，豐水下流也。」

【六】集解郭璞曰：「皆水流貌，音決。」索隱應劭云：「潦，流也。潏，涌出聲也。」張揖云：「又有潏水，出南山。」姚氏云：「潦，或作『澇』也。澇水出鄠縣，北注渭。潏水出杜陵，今名沇水，自南山皇子陂西北流注昆明池入渭。」案：此下文「八川分流」，則從涇、渭、灞、滻、豐、鎬、潦、潏爲八。晉灼曰：從丹水下則有九，從灞以下則七〔四三〕。案：今潏既是水名，除丹、紫二川，自涇、渭以下適足八川，是經營乎其內也。又潘岳關中記曰「涇、渭、灞、滻、豐、鎬、澇、潏，上林賦所謂『八川分流』」。

【七】集解郭璞曰：「八川名在上。」

【八】集解郭璞曰：「椒丘，丘名，言有巖闕也，見楚辭。淤亦洲名，蜀人云〔四四〕，見方言。」索隱服虔云：「丘名，楚詞曰『馳椒丘且焉止息』也。」案：兩山俱起，象雙闕。如淳云「丘多椒也」。

【九】集解郭璞曰：「桂林，林名也，見南海經也。」

【一〇】集解漢書音義曰：「山海經所謂『大荒之野』。」

【一一】集解郭璞曰：「阿，大陵。」

【一二】集解郭璞曰：「穹隆〔四五〕，大石貌。堆，沙堆。埼，曲岸頭，音祁。」索隱郭璞曰：「堆，沙堆；埼，曲岸頭也。」

【一三】集解洶音許勇反。涌音勇。滂音浦横反。濞音浦拜反。索隱洶湧澎湃。司馬彪云：「洶湧，跳起貌。澎湃，相戾也。」湧，或作「容」。澎，或作「滂」。

【一四】索隱司馬彪云：「潷沸，盛貌。滵汩，去疾也。」正義畢渤密三音。汩，于筆反。

【一五】集解郭璞曰：「逼側筆櫛四音。」索隱司馬彪云：「湢測，相迫也。泌瀄，相楔也。」郭璞云：「逼側筆櫛四音。」

【一六】索隱蘇林曰：「流輕疾也。」

【一七】索隱滂濞沆溉。溉，亦作「瀣」。司馬彪云：「滂濞，水流聲也。沆溉，徐流。」郭璞云：「鼓怒鬱鯁之皃也。」正義澎，普彭反。濞，普祕反。沆，胡朗反。溉，胡代反。

【一八】索隱 穹崇雲橈。服虔云：「水急旋回如雲屈曲也〔四六〕。」郭璞云：「水隴起回窳也。」

【一九】索隱 司馬彪云：「蜿灗，展轉也。膠戾，邪屈也。」音婉善交戾四音也。正義 蜿音婉。蟬音善。

【二〇】集解 徐廣曰：「烏狹反。」索隱 隃波趨浥。司馬彪云：「隃波，後陵前也。趨浥，輸于深泉也。」浥音焉浹反。

【二一】索隱 司馬彪云：「莅莅，水聲也。」音利。

【二二】正義 批，白結反。壧，巖。司馬彪云：「批，反擊也。壅，曲隈也。」

【二三】索隱 滯沛，郭璞云「水洒散皃」。滯音丑制反。

【二四】正義 坻音遲。坻，水中沙微起出水者也。爾雅云「小沚曰坻」。壑，墟也。

【二五】索隱 上音士湛反，下音士卓反。説文云「水小聲也」。

【二六】正義 霣音隕。隧，直類反。

【二七】集解 徐廣曰：「湛音沈。」

【二八】正義 砰，披萌反。磅，蒲黄反。訇，呼宏反。礚，苦蓋反。皆水流鼓怒之聲也。

【二九】集解 郭璞曰：「潝音勑立反。潗音緝。」索隱 潏淈潝潗。郭璞云，皆水微轉細涌貌。潏淈音決骨。潝音勑力反。潗音緝。廣雅云「淈淈，決流也」。周成雜字云「潝潗，水沸之皃也」。

【三〇】集解 徐廣曰：「一云『吸呷』。」

【三一】索隱 湁，晉灼曰「華給反」，郭璞云「許立反」。汩湁，急轉皃也。

【三二】正義 放散貌也。

【三三】正義 晃養二音。郭云「皆水無涯際也」。

【三四】索隱 翯音鶴。滈音鎬。詩曰「白鳥翯翯」。郭璞云「水白光皃」。翯音皛，滈音昊也。

【三五】正義 太湖在蘇州西南。

【三六】索隱 文穎曰：「龍子曰螭。」張揖云：「雌龍也。」正義 螭，丑知反。文穎云「龍子爲螭」，張揖曰「雌龍也」，二說皆非。廣雅云：「有角曰虯，無角曰螭。」案：虯螭皆龍類而非龍。

【三七】集解 徐廣曰：「螹音漸。」駰案：郭璞曰「魱鱛，鮪也。」音亘瞢。螹離，未聞。正義 魱，古鄧反。鱛，末鄧反。李奇云：「周洛曰鮪，蜀曰魱鱛。出鞏山穴中，三月遡河上，能度龍門之限，則爲龍矣。」

【三八】集解 徐廣曰：「鰅音娛匈反。皮有文，出樂浪。鰬音虔。魠音託，哆口魚。」駰案：郭璞曰「鱅似鰱而黑」。漢書音義曰「鰬似鯉而大」也。

【三九】集解 徐廣曰：「禺禺，魚牛也。鱋，一作『魼』，音榻。魶音納，一作『鰨』。」駰案：漢書音義曰「魼，比目魚也。魶，鯢魚〔四七〕」。

【四〇】正義 揵音乾。鰭音祁。揵，舉也。鰭者，魚背上鬣也。

【四一】集解 郭璞曰：「靡，崖也。」索隱 的皪江靡。應劭曰：「靡，邊也。明月珠子生於江中，其光耀乃照于江邊。」張揖曰：「靡，涯也。」郭璞曰：「的皪，照也。」

【四二】集解郭璞曰：「碝，石黄色也。」

【四三】集解郭璞曰：「水玉，水精也。」

【四四】集解郭璞曰：「鷫，鷫霜。鸀鳿，似鴨而大，長頸赤目，紫紺色也。」索隱鴇音保。郭璞云：「鴇似鴈，無後指。」毛詩鳥獸疏云：「鴇似鴈而虎文也。」正義鸀鳿，燭玉二音。郭云：「似鴨而大，長頸赤目，紫紺色。辟水毒，生子在深谷澗中。若時有雨，鳴。雌者生子，善鬭。江東呼爲燭玉。」

【四五】正義郭云：「鵁鶄似鳧而脚高，有毛冠，辟火災。」

【四六】集解徐廣曰：「䴉音環。」索隱䴉目。郭璞云未詳。小顏云：「荆郢閒有水鳥，大如鷺而短尾，其色紅白，深目，目旁毛皆長而旋〔四八〕，此其旋目乎？」䴉音旋。

【四七】集解徐廣曰：「煩鶩，一作『番蠓』。鷛音容。」駰案：漢書音義曰「煩鶩，鳧也。鷛鸈似鶩，灰色而雞足」。索隱煩鶩鷛渠。郭璞云：「煩鶩，鴨屬。鷛渠，一名章渠也。」

【四八】集解徐廣曰：「鷏音斟。水鳥也。嶋音斯。鵁音火交反。」駰案：漢書音義曰「鷏嶋，蒼黑色」。郭璞曰「鵁，魚鵁也，脚近尾。鸕，鸕鷀也」。索隱葴鴜。張揖云「葴鴜似魚虎而蒼黑」。鄒誕本作「鷗嶋」也。

【四九】索隱郭璞云：「皆鳥任風波自縱漂皃。」汎音馮。泛音芳劍反。廣雅云：「汎汎、氾氾，浮也。」

【五〇】索隱張揖云：「掩，覆也。草叢生曰薄也。」正義掩，覆也。薄，依也。言或依草渚而遊戲也。

【五一】正義唼，疏甲反。喋，丈甲反。鳥食之聲也。

【五二】集解郭璞曰：「菁，水草。呂氏春秋曰『太湖之菁』也。」索隱郭璞云：「菁，水草；藻，藂也。呂氏春秋曰『太湖之菁』。左傳云『蘋蘩蘊藻』。蘊即聚。」

於是乎崇山巃嵸，崔巍嵯峨，【一】深林鉅木，嶄巖嵾嵳，【二】九嵏、巀嶭，南山峨峨，【三】巖陁【四】甗錡，摧崣崛崎，【五】振谿通谷，【六】蹇産溝瀆，【七】谽呀豁閜，【八】阜陵別島，【九】崴磈嵔瘣，【一〇】丘虛堀礨，【一一】隱轔鬱壘，【一二】登降施靡，【一三】陂池貏豸，【一四】沇溶淫鬻，【一五】散渙夷陸，【一六】亭皋千里，靡不被築。【一七】掩以綠蕙，【一八】被以江離，糅以蘪蕪，【一九】雜以流夷。【二〇】尃結縷，【二一】欑戾莎，【二二】揭車衡蘭，槀本射干，【二三】茈薑【二四】蘘荷，【二五】葴橙若蓀，【二六】鮮枝黃礫，【二七】蔣芧青薠，【二八】布濩閎澤，延曼太原，麗靡廣衍，應風披靡，吐芳揚烈，【二九】郁郁斐斐，衆香發越，肸蠁布寫，晻曖苾勃。【三〇】

【一】正義巃，力孔反。嵸，子孔反。崔，在回反。巍，五回反。郭云：「皆峻貌。」

【二】正義嶄音咸〔四九〕，又仕銜反。嵾音楚林反。嵳楚宜反。顏云：「嶄巖，尖銳貌。嵾嵳，不齊也。」

【三】集解漢書音義曰：「九嵕山在左馮翊谷口縣西。巀嶭山在池陽縣北。」正義嵕，子公反。巀，才切反。嶭，五結反。

【四】集解音遲。

【五】集解郭璞曰：「陁，崖際。甗音魚晚反。錡音蟻。摧音作罪反。」索隱摧崣崛崎，郭璞云：「皆崇屈窳折皃。摧音作罪反。崣音委。崛音掘。崎音倚。」

【六】索隱張揖云：「振，拔也。水注川曰溪，注溪曰谷。」郭璞曰：「振猶灑也。」

【七】集解漢書音義曰：「蹇產，屈折也。」

【八】集解郭璞曰：「皆澗谷之形容也。谽音呼含反。呀音呼加反。閜音呼下反。」索隱谽呀豁閜。司馬彪云：「谽呀，大皃。豁閜，空虛也。」

【九】正義高平曰陸，大陸曰阜，大阜曰陵，水中山曰島。

【一〇】正義崴，於鬼反。磈，魚鬼反。嵔，烏罪反。瘣，胡罪反。皆高峻貌。

【一一】正義虛音墟。崫，口忽反，又口罪反。礨，力罪反。皆堆壟不平貌。

【一二】正義嵂音律。郭云：「皆其形勢也。」

【一三】正義郭云：「施靡猶連延。」

【一四】集解郭璞曰：「貏音衣被。豸音蟲豸也。」索隱郭璞曰：「陂池，旁穨皃。陂音皮。貏音『衣被』之『被』。」

【一五】索隱郭璞云：「游激淖衍皃。」正義溶音容。鬻音育。張云：「水流谿谷之閒。」

【一六】索隱司馬彪曰：「平地。」

【一七】集解郭璞曰：「言爲亭候於皋隰，皆築地令平，賈山所謂『隱以金椎』也。」

【一八】正義張云：「緑，王芻也。蕙，薰草也。」顔云：「緑蕙，言蕙草色緑耳，非王芻也。」爾雅云菉一名王芻。

【一九】正義糅，女又反。

【二〇】集解漢書音義曰：「流夷，新夷也。」

【二一】集解徐廣曰：「專，古『布』字，一作『布』。」駰案：漢書音義曰「結縷似白茅，蔓聯而生，布種之者」。

【二二】集解徐廣曰：「草，可染紫。」

【二三】集解徐廣曰：「揭音桀。」駰案：郭璞曰「揭車，一名乞輿。稾本，稾茇，射干，十月生，皆香草」。索隱稾本，案桐君藥録云「苗似穹窮也」。

【二四】索隱張揖云〔五〇〕：「子薑也。」案：四人月令云「生薑謂之茈薑」。音紫。

【二五】正義蘘，人羊反。柯根旁生筍，若芙蓉，可以爲菹，又治蠱毒也。

【二六】集解郭璞曰：「葴，未詳。橙，柚。若蓀，香草也。」索隱張揖云：「葴持，闕。」郭璞云：「橙，柚也。」姚氏以爲此前後皆草，非橙也〔五一〕。小顔云：「葴，寒漿也。持當爲『符』，符，鬼目也。」案：今讀者亦呼爲登，謂金登草也。張揖云：「蓀，香草。」姚氏云：「蓀草似昌蒲而無脊也，生溪澗中。蓀音孫。」

【二七】集解郭璞曰：「皆未詳。」索隱鮮支黄礫。張揖云：「皆草也，未詳。」司馬彪云：「鮮支，支子。或云鮮支亦香草也。」小顔云「黄礫，黄屑木」，恐非也。

【二八】集解徐廣曰：「芧音佇。」駰案：漢書音義曰「蔣，菰也。芧，三稜」。索隱蔣，菰也。郭璞芧音佇。又云三稜芧。蘋音煩。

【二九】集解郭璞曰：「香酷烈也。」

【三〇】正義晻曖，奄愛二音。皆芳香之盛也。詩云「苾苾芬芬」，氣也。

「於是乎周覽泛觀，瞋盼軋沕，【一】芒芒怳忽，視之無端，察之無崖。日出東沼，入於西陂。【二】其南則隆冬生長，踊水躍波；獸則㺎旄貘犛，【三】沈牛麈麋，【四】赤首圜題，【五】窮奇象犀。【六】其北則盛夏含凍裂地，涉冰揭河；【七】獸則麒麟【八】角䚢，【九】騊駼橐駝，蛩蛩驒騱，駃騠驢騾。【一〇】

【一】集解徐廣曰：「瞋音丑人反。盼，一作『緡』。」駰案：郭璞曰「皆不可分貌」。

【二】索隱張揖云：「日朝出苑之東池，暮入于苑西陂中也。」

【三】集解徐廣曰：「㺎音容，獸類也。犛音貍，一音茅。」駰案：郭璞曰：旄，旄牛。貘似熊，庳脚鋭頭〔五二〕。犛牛黑色，出西南徼外也。[索隱]郭璞云：「犝，犝牛，領有肉堆，音容。」案：今之犎牛也。張揖云「旄，旄牛，狀如牛而四節生毛。貘，白豹也，似熊，庳脚鋭頭，骨無髓，食銅鐵。音陌。犛音貍，又音茅，或以爲貓牛。犛牛黑色，出西南徼外，毛可爲拂是也」。

【四】[集解]漢書音義曰：「沈牛，水牛也。」[正義]麈似鹿而大。案：麋似水牛。

【五】[集解]郭璞曰：「題，額也，所未詳。」

【六】[集解]漢書音義曰：「窮奇狀如牛而蝟毛，其音如嗥狗，食人也。」[索隱]張揖云：「窮奇狀如牛而蝟毛，其音如嗥狗，食人。」郭璞云：「象，大獸，長鼻，牙長一丈。犀，頭似豬，庳脚，一角在頭也。」

【七】[集解]郭璞曰：「言水漫凍不解，地坼裂也。揭，褰衣。」

【八】[索隱]張揖曰：「雄曰麒，雌曰麟。其狀麇身，牛尾，狼蹄，一角。」郭璞云：「麒似麟而無角。」毛詩疏云：「麟黄色，角端有肉。」京房傳云：「有五采，腹下黄色也。」

【九】[集解]郭璞曰：「角觲，音端，似豬，角在鼻上，堪作弓。李陵嘗以此弓十張遺蘇武也。」[索隱]張揖云：「音端。角觲似牛。」郭璞云：「似豬，角在鼻上。毛詩疏云可以爲弓。李陵曾以此弓遺蘇武。」

【一〇】[正義]騊駼，桃徒二音。橐音託。駝，徒河反。蛩音其恭反。驒騱，顛奚二音。駃騠音決啼。

「於是乎離宮別館，彌山跨谷，【一一】高廊四注，重坐曲閣，【一二】華榱璧璫，【一三】輦道纚屬，步櫩周流，長途中宿。〔四〕夷嵕築堂，纍臺增成，巖突洞房，〔五〕頫杳眇而無見，仰攀橑而捫天，奔星更於閨闥，宛虹拖於楯軒。〔六〕青虬蚴蟉於東箱，〔七〕象輿婉蟬於西清，〔八〕靈圄〔九〕燕於閒觀，偓佺〔一〇〕之倫暴於南榮，〔一一〕醴泉涌於清室，通川過乎中庭。槃石裖崖，〔一二〕嶔巖倚傾，嵯峨嶕嶫，〔一三〕刻削崢嶸，〔一四〕玫瑰碧琳，珊瑚叢生，〔一五〕瑉玉旁唐，〔一六〕瑸斒文鱗，〔一七〕赤瑕駁犖，〔一八〕雜臿其閒，〔一九〕垂綏琬琰，和氏出焉。〔二〇〕

〔一〕正義 彌，滿也。跨猶騎也。言宮館滿山，又跨谿谷也。

〔二〕集解 郭璞曰：「重坐，重軒也。曲閣，閣道曲也。」

〔三〕索隱 韋昭曰：「裁玉爲璧，以當榱頭。」司馬彪曰：「以璧爲瓦當。」

〔四〕集解 郭璞曰：「途，樓閣閒陛道。中宿言長遠也。」

〔五〕集解 郭璞曰：「嵕，山名。平之以安堂其上。成亦重也。周禮曰『爲壇三成』。在巖穴底爲室，潛通臺上者。」索隱 服虔云：「平嵕山以爲堂〔五三〕。」如淳云：「嵕，山名也。」張揖云：「重累而成之，故曰增成。禮曰『爲壇三成』也。」郭璞曰：「言在巖突底爲室，潛通臺上。」突音一弔反，釋名以爲突，幽也。楚辭云「冬有突廈夏室寒〔五四〕」，王逸以爲複室也。

〔六〕集解 徐廣曰：「楯音食尹反。」正義 拖音徒我反。顏云：「宛虹，屈曲之虹。拖謂中加於上也〔五五〕。楯，軒之闌板也。言室宇之高，故星虹得經加之。」

〔七〕正義 蚴，一糾反。蟉，力糾反。

【八】集解漢書音義曰：「山出象輿，瑞應車也。」郭璞曰：「西清，西箱清淨地也。」正義婉蟬，宛善二音。顏云：「蚴蟉、婉蟬，皆行動之貌也。」

【九】集解郭璞曰：「靈圉、淳圉，仙人名也。」索隱張揖云：「衆仙號。」淮南子云「騎飛龍，從淳圉」，許慎曰「淳圉，仙人也」。

【一〇】集解漢書音義曰：「偓佺，仙人名也。」索隱韋昭曰：「古仙人，姓偓。」列仙傳云：「槐里採藥父也，食松，形體生毛數寸，方眼，能行追走馬也。」

【一一】索隱應劭云「屋檐兩頭如翼也」。故鄭玄云「榮，屋翼也」。七諫云「飛榮似鳥舒翼」是也。暴，偃卧日中也。

【一二】集解徐廣曰：「裖音振。」索隱盤石裖厓。如淳曰：「裖音振，盛多也。」李奇曰：「裖，整也，整頓池外之厓，音之忍反也。」

【一三】集解徐廣曰：「峩，一作『池』。磼音雜。礏音五合反。」索隱磼礏，埤蒼云「高皃也」。上士劫反，下魚揖反。又字林音磼，才市反。礏，五市反。

【一四】正義郭云：「言自然若彫刻也。」

【一五】正義郭云：「珊瑚生水底石邊，大者樹高三尺餘，枝格交錯，無有葉。」

【一六】索隱郭璞云：「旁唐言盤薄。」

【一七】集解徐廣曰：「璸音彬。斒音班。」

【一八】索隱赤瑕駁犖。說文云：「瑕，玉之小赤色。」張揖曰：「赤玉也。」司馬彪曰：「駁犖，采點也。犖音洛角反。」

【一九】集解徐廣曰：「雜，一云『插』。臿，一云『遝』。」

【二〇】集解徐廣曰：「垂綏，一作『朝采』。」駰案：郭璞曰「汲冢竹書曰『桀伐岷山，得女二人，曰琬、曰琰。桀愛二女，斲其名于苕華之玉』。苕是琬，華是琰也」。

「於是乎盧橘夏孰，【一】黃甘橙楱，【二】枇杷橪柹，【三】楟柰厚朴，【四】梬棗【五】楊梅，【六】櫻桃【七】蒲陶，【八】隱夫薁棣，榙㯼荔枝，【九】羅乎後宮，列乎北園。貤丘陵，【一〇】下平原，揚翠葉，杌紫莖，【一一】發紅華，秀朱榮，煌煌扈扈，照曜鉅野。沙棠櫟櫧，【一二】華氾檘櫨，【一三】留落胥餘，仁頻并閭，【一四】欃檀木蘭，豫章女貞，【一五】長千仞，大連抱，夸條直暢，實葉葰茂，攢立叢倚，連卷累佹，崔錯登骫，【一六】阬衡閜砢，【一七】垂條扶於，落英幡纚，【一八】紛容蕭蔘，旖旎從風，【一九】瀏莅芔吸，【二〇】蓋象金石之聲，【二一】管籥之音。【二二】柴池茈虒，【二三】旋環後宮，雜遝累輯，【二四】被山緣谷，循阪下隰，視之無端，究之無窮。

【一】集解郭璞曰：「今蜀中有給客橙，似橘而非，若柚而芬香，冬夏華實相繼，或如彈丸，或如拳，通歲食之，即盧橘也。」索隱應劭曰：「伊尹書『果之美者，箕山之東，青鳥之所，有盧橘，夏孰』。」晉灼曰：「此雖賦上林，博引異方珍奇，不係於一也。」案：廣州記云「盧橘皮厚，大小如甘，酢多，九月結實，正赤，明年二月更青黑，夏孰」。吴録云「建安有橘，冬月樹上覆裹，明年夏色變青黑，其味甚甘美」。盧即黑是也。

【二】集解徐廣曰：「音湊，橘屬。」

【三】集解徐廣曰：「橪音而善反，果也。」索隱張揖曰：「橪，橪支，香草也。」韋昭曰：「橪音汝蕭反。」郭璞云：「橪支，木也。橪音烟。」徐廣曰：「橪，棗也，而善反。」説文曰：「橪，酸小棗也。」淮南子云：「伐橪棗以爲矜。」音勤也。

【四】集解徐廣曰：「楟音亭，山梨。」索隱張揖云：「楟柰，山梨也。」司馬彪曰：「上黨謂之楟柰。」齊都賦云「楟柰椋熟」也。厚朴，藥名。

【五】集解徐廣曰：「梬音弋井反。梬棗似柿。」索隱上音弋井反。梬棗似柿也。

【六】索隱張揖云：「楊梅實似穀子而有核〔五六〕，其味酢。出江南。」荆楊異物志：「其實外肉著核，熟時正赤，味甘酸。」

【七】索隱張揖曰：「一名含桃。」呂氏春秋「爲鸎鳥所含，故曰含桃」。爾雅云爲荆桃也。

【八】集解郭璞曰：「蒲陶似燕薁，可作酒也。」

【九】集解徐廣曰：「欝，一作『薁』。榙音荅。」駰案：郭璞曰「欝，車下李也。棣，實似櫻桃。榙㯓似李。棣音逮。㯓音沓。隱夫未聞」。索隱荅遝離支。郭璞云：「荅遝似李，出蜀。」晉灼曰：「離支大如雞子，皮麤，剥去皮，肌如雞子中黃，其味甘多酢少。」廣志云〔五七〕：「樹高五六丈，如桂樹，緑葉，冬夏青茂，有華朱色。」離字或作「荔」，音力致反。

【一〇】集解郭璞曰：「貤猶延也，音施。」 索隱貤丘陵。郭璞曰：「貤，延也。」

【一一】集解郭璞曰：「杌，摇也。」

【一二】集解漢書音義曰：「沙棠似棠，黃華赤實，其味如李。呂氏春秋曰『果之美者沙棠之實』。櫟，果名。櫧似柃，葉冬不落也。」

【一三】集解徐廣曰：「氾，一作『楓』。」駰案：漢書音義曰「華，木，皮可以爲索也」。 索隱華楓檘櫨。張揖曰：「華皮可以爲索。」古今字林云：「櫨，合樺之木。楓，木，厚葉弱支，善摇。」郭璞云：「楓似白楊〔五八〕，葉圓而岐，有脂而香。」犍爲舍人曰：「楓爲樹厚葉弱莖，大風則鳴，故曰楓。」爾雅云一名欇檘〔五九〕。枰即平仲木也。櫨，今黃櫨木也。一云玉精，食其子得仙也。

【一四】集解徐廣曰：「頩，一作『賓』。」駰案：郭璞曰「落，檴也。胥餘似并閭。并閭，椶也，皮可作索。餘未詳」。 索隱留落胥邪。晉灼云：「留落，未詳。」郭璞曰：「落，檴也，中作器索。胥邪似并閭。」司馬彪云：「胥邪，樹高十尋，葉在其末。」異物志：「實大如瓠，繫在顛，若挂物。實外有皮，中有核，如胡桃。核裏有膚，厚半寸，如豬膏。裏有汁斗餘，清如水，味美於蜜。」孟康曰：「仁頻，椶也。」張揖云：「并閭皮可爲索。」姚氏云：「檳，一名椶，即仁頻也。」林邑記云：「樹葉似甘蕉。」頻音賓。

【一五】集解漢書音義曰：「欃檀，檀別名也。女貞，木，葉冬不落。」索隱欃音讒，檀別名也。皇覽云「孔子墓後有欃檀樹」也。荆州記云：「宜都有喬木，叢生，名爲女貞，葉冬不落。」

【一六】集解古「委」字。

【一七】集解徐廣曰：「發音拔。」駰案：郭璞曰「骫音委。閜音惡可反。砢音魯可反」。索隱崔錯發骫，郭璞云「蟠戾相摎」。楚詞云林木。發音跋。骫音委。阸衡閜砢，郭璞云「揭孽傾欹皃」。

【一八】集解郭璞曰：「扶於猶扶疏也。幡纚，偏幡也，音灑。」索隱張晏云：「飛揚皃。」纚音所綺反。

【一九】索隱張揖云：「旖旎，阿那也。」

【二〇】集解徐廣曰：「莅音栗。」索隱劉莅芔歙。郭璞云：「皆林木鼓動之聲。瀏音留。莅如字，又音栗也〔六〇〕。」

【二一】正義金，鐘。石，磬。

【二二】正義廣雅云：「象簫，長一尺，圍一寸，有六孔，無底。」「籥謂之笛，有七孔。」説文云：籥，三孔籥也。

【二三】集解徐廣曰：「柴音差。虒音豸。」索隱張揖曰：「柴池，參差也。茈虒，不齊也。柴音差。虒音懥氏反。」

【二四】集解徐廣曰：「雜，一作『插』。」

「於是玄猨素雌，蜼玃飛鸓，【一】蛭蜩蠗蝚，【二】蟖胡豰蛫，【三】棲息乎其閒，長嘯哀鳴，翩幡互經，【四】夭蟜枝格，偃蹇杪顛。【五】於是乎隃絶梁，【六】騰殊榛，【七】捷垂條，【八】踔稀閒，【九】牢落陸離，爛曼遠遷。【一〇】

【一】集解徐廣曰：「蜼音于季反。」駰案：漢書音義曰「蜼似獮猴，仰鼻而長尾。玃似獮猴而大。飛鸓，飛鼠也。其狀如兔而鼠首，以其顊飛也」。索隱張揖曰：「蜼似獮猴，卬鼻而長尾。玃似獮猴而大。飛鸓，飛鼠也。其狀如兔而鼠首，以其顊飛。」郭璞曰：「鸓，飛鼠也。毛紫赤色。飛且生，一名飛生。蜼音遺〔六一〕。鸓音誄。玄猨，猨之雄者黑色也〔六二〕。素雌，猨之雌者素色也〔六三〕。」玃音钁。蜼似猴，尾端爲兩岐，天雨便以尾窒鼻兩孔。郭璞云：「玃色蒼黑，能攫搏人，故云玃也。」

【二】集解徐廣曰：「蛭音質。」駰案：漢書音義曰「山海經曰：不咸之山有飛蛭，四翼。郭璞曰『蠗蝚似獮猴而黃。蜩未聞』」。索隱蛭蜩蠼蝚。司馬彪云：「山海經云：不咸之山有飛蛭，四翼。」蜩，蟬也。蠼蝚，獮猴也。郭璞云：「蛭蜩，未聞。」如淳曰：「蛭音質。」顧氏云：「玃音塗卓反。山海經曰『臯塗山下有獸，似鹿，馬足人手〔六四〕，四角，名爲玃』。玃猱即此也。字或作『玃』〔六五〕。郭璞云玃，非也。上已有蜼玃，此不應重見。又神異經云『西方深山有獸，毛色如猴，能緣高木，其名曰蜩』。字林蠗音狄，蛭音質，蛭蜩二獸名。」

【三】集解徐廣曰：「蟖音在廉反，似猨，黑身。縠音呼谷反。蛫音詭。」駰案：漢書音義曰「縠，白狐子也」。索隱蟖胡縠蛫。張揖曰：「蟖胡似獼猴，頭上有髦，腰以後黑。」郭璞曰：「縠似鼯而大，腰以後黄，一名黄腰，食獼猴。縠，白狐子也。蛫未聞。」姚氏案：山海經「即山有獸，狀如龜，白身赤首，其名曰蛫」。又説文云「蟖胡，黑身，白腰若帶，手有長白毛，似握板也〔六六〕」。

【四】正義郭云：「互經，互相經過。」

【五】正義夭音妖。蟜音矯。杪音弭沼反。郭云：「皆猨猴在樹共戲恣態也。夭蟜，頻申也。」

【六】正義張云：「絶梁，斷橋也。」郭云：「梁，厚石絶水也。」

【七】正義榛，仕斤反。廣雅云〔六七〕「木叢生爲榛」也。殊，異也。

【八】正義捷音才業反。張云：「捷持懸垂之條。」

【九】集解郭璞曰：「踔，縣蹢也，託釣反。」索隱踔，懸蹢也。

【一〇】正義郭云：「奔走崩騰狀也。」顔云：「言其聚散不常，雜亂移徙。」

「若此輩者，數千百處〔六八〕。嬉游往來，宮宿館舍，庖廚不徙，後宮不移，【一一】百官備具。

【一一】正義説文云：「庖，廚屋。」鄭玄注周禮云：「庖之言苞也。苞裹肉曰苞苴也。」後宮，内人也。

言宮館各自有。

「於是乎背秋涉冬，天子校獵。乘鏤象，六玉虬，【一】拖蜺旌，【二】靡雲旗，【三】前皮軒，後道游；【四】孫叔奉轡，衞公驂乘，【五】扈從横行，出乎四校之中。【六】鼓嚴簿，縱獠者，【七】江河爲阹，泰山爲櫓，【八】車騎靁起，隱天動地，先後陸離，離散别追，淫淫裔裔，緣陵流澤，雲布雨施。

【一】集解徐廣曰：「以玉爲飾。」駰案：郭璞曰「鏤象山所出輿，言有雕鏤。虬，龍屬也。韓子曰『黄帝駕象車六交龍』是也」。

【二】正義拖音徒可反。張云：「析毛羽，染以五采，綴以縷爲旌，有似虹蜺氣。」

【三】正義張云：「畫熊虎於旌似雲氣也。」

【四】集解郭璞曰：「皮軒，革車也。或曰即曲禮『前有士師，則載虎皮』者也。道，道車；游，游車：皆見周禮也。」

【五】集解漢書音義曰：「孫叔者，太僕公孫賀也。衞公者，衞青也。太僕御，大將軍驂乘也。」索隱孫叔，鄭氏云太僕公孫賀。衞公，大將軍衞青也。案：大駕出，太僕御，大將軍驂乘也。

【六】集解郭璞曰：「言跋扈縱恣，不安鹵簿矣。」索隱晉灼曰：「扈，大也。」張揖曰：「跋扈縱横，不案鹵簿也。」文穎曰：「凡五校，今言四者，一校隨天子乘輿也。」

【七】集解漢書音義曰：「鼓嚴，嚴鼓也。簿，鹵簿也。」駰謂鼓嚴於林薄之中，然後縱獠也。

索隱張揖曰：「鼓，嚴鼓也。簿，鹵簿也。謂擊嚴鼓於鹵簿中也。」

【八】集解郭璞曰：「櫓，望樓也。因山谷遮禽獸爲阹，音去車反。」索隱郭璞曰：「因山谷遮禽獸爲阹。櫓，望樓也。」

「生貔豹，【一】搏豺狼，【二】手熊羆，【三】足野羊，【四】蒙鶡蘇，【五】絝白虎，【六】被豳文，【七】跨野馬。【八】陵三嵏之危，【九】下磧歷之坻；【一〇】徑陵赴險，越壑厲水。推蜚廉，【一一】弄解豸，【一二】格瑕蛤，鋋猛氏，【一三】罥騕褭，射封豕。【一四】箭不苟害，解脰陷腦；【一五】弓不虛發，應聲而倒。於是乎乘輿彌節裴回，翱翔往來，睨部曲之進退，覽將率之變態。然後浸潭促節，【一六】儵夐遠去，【一七】流離輕禽，蹵履狡獸，轊白鹿，捷狡兔，【一八】軼赤電，遺光燿，【一九】追怪物，出宇宙，【二〇】彎蕃弱，【二一】滿白羽，【二二】射游梟，櫟蜚虡，【二三】擇肉後發，先中命處，弦矢分，藝殪仆。【二四】

【一】集解郭璞曰：貔，執夷，虎屬也。音毗。

【二】正義搏，擊也。杜林云：「豺似狛，白色。」說文云：「狼爪〔六九〕。」

【三】正義張云：「熊，犬身人足，黑色。羆大於熊，黄白色。皆能攀沿上高樹。冬至入穴而蟄，始春而出也。」

【四】集解郭璞曰：「野羊如羊，千斤。手足，謂拍蹹殺之。」

【五】集解徐廣曰：「蘇，尾也。」 索隱孟康曰：「鶡，鶡尾也〔七〇〕。蘇，析羽也。」張揖曰：「鶡似雉，鬬死不卻。」案：蒙謂覆而取之。鶡以蘇爲奇，故特言之以成文耳。鶡音曷。決疑注云「鳥尾爲蘇」也。

【六】集解徐廣曰：「絝音袴。」駰案：郭璞曰「絝謂絆絡之」。 索隱張揖曰：「著白虎文絝。」郭璞曰：「絝謂絆絡也。」

【七】集解郭璞曰：「著斑衣。」 索隱被斑文。文穎曰：「著斑文之衣。」輿服志云：「虎賁騎被虎文單衣」，單衣即此斑文也。

【八】索隱跨壄馬。案：壄音野。跨，乘之也。

【九】集解漢書音義曰：「三嵏，三成之山。」

【一〇】集解郭璞曰：「磧歷，阪名也。」 正義坻音遲。磧歷，淺水中沙石也。坻，水中高處。言獵人下此也。

【一一】集解郭璞曰：「飛廉，龍雀也，鳥身鹿頭者。」 索隱椎蜚廉。郭璞曰：「飛廉，龍雀也，鳥身鹿頭，象在平樂觀。」椎音直追反。

【一二】集解漢書音義曰：「解豸似鹿而一角。人君刑罰得中則生於朝廷，主觸不直者。可得而弄也。」 索隱張揖曰：「解豸似鹿而一角。人君刑罰得中則生於朝，主觸不直者。言今可得而弄也。」解音蟹。豸音丈妳反，又音丈介反。

【一三】集解漢書音義曰：「瑕蛤、猛氏，皆獸名。」索隱格蝦蛤，鋋猛氏。孟康曰：「蝦蛤、猛氏皆獸名。」晉灼曰：「蝦蛤闕。」郭璞曰：「今蜀中有獸，狀如熊而小，毛淺有光澤，名猛氏。」説文云「鋋，小矛也」，音蟬。

【一四】集解郭璞曰：「騕褭，神馬，日行萬里。兩音窈嬝。封豕，大豬。」

【一五】索隱張揖云：「脰，項也〔七二〕。」陷音苦念反，亦依字讀也。

【一六】索隱浸潭猶漸荐也。漢書作「浸淫」。或作「乘輿案節」也。潭音尋。

【一七】集解郭璞曰：「夐音詡盛反。」

【一八】集解徐廣曰：「轊音鋭。一作『惠』也。」正義轊音衞。抱朴子云：「白鹿壽千歲，滿五百歲色純白也。」晉徵祥記云：「白鹿色若霜，不與他鹿爲羣。」

【一九】集解徐廣曰：「超陵赤電，電光不及，言去速也。」

【二〇】正義怪物，謂游梟飛虡也。張揖云：「天地四方曰宇，往古來今曰宙。」許慎云：「宙，舟輿所極也。」案：許説宙是也。

【二一】正義上烏繁反。文穎云：「彎，牽也。繁弱，夏后氏良弓名。」左傳云「分魯公以夏后之璜，封父之繁弱」。

【二二】正義文穎云：「引弓盡箭鏑爲滿。以白羽羽箭，故云白羽也。」

【二三】集解郭璞曰：「梟，梟羊也。似人，長脣，反踵，被髮，食人。蜚虡，鹿頭龍身，神獸。櫟，梢也。」

【二四】集解徐廣曰：「射準的曰藝。仆音赴。」

「然後揚節而上浮，陵驚風，歷駭飆，【一】乘虛無，與神俱，【二】轔玄鶴，【三】亂昆雞，遒孔鸞，促鵕鸃，拂翳鳥，捎鳳皇，【四】捷鵷雛，掩焦明。【五】

【一】正義飆音必遥反。爾雅云「扶摇」。暴風從下升上，故曰飆。

【二】正義張揖云：「虛無寥廓，與天通靈，言其所乘氣之高，故能出飛鳥之上而與神俱也。」

【三】集解徐廣曰：「轔音躪。」　正義轔音吝。鶴二百六十歲則淺黑色也。

【四】集解漢書音義曰：「遒，秦由反。翳，烏雞反。張云『山海經云九疑之山有五采之鳥，名曰翳鳥』也。」　正義捎，山交反。京房易傳云：「鳳皇，鴈前麟後，雞喙燕頷，蛇頸龜背，魚尾駢翼，高丈二尺。」東山經云：「其狀如鶴，五采，而首文曰經〔七二〕，翼文曰順，背文曰義，膺文曰仁，股文曰信〔七三〕。是鳥自歌自舞，雄曰鳳，雌曰皇。」

【五】集解焦明似鳳。　索隱張揖曰：「焦明似鳳，西方鳥。」樂叶圖徵曰：「焦明狀似鳳皇。」宋衷曰水鳥。　正義案：長喙，疏翼，員尾，非幽閑不集，非珍物不食。

「道盡塗殫，迴車而還。招摇乎襄羊，【一】降集乎北紘，【二】率乎直指，闇乎反鄉。蹷石闕〔七四〕，歷封巒，過鳷鵲，望露寒，【三】下棠梨，【四】息宜春，【五】西馳宣曲，濯鷁牛首，〔六〕登龍臺，〔七〕掩細柳，〔八〕觀士大夫之勤略，鈞獠者之所得獲。〔九〕徒車之所轔轢，〔一〇〕乘騎之所蹂若，〔一一〕人民之所蹈躤，與其窮極倦𠜶，〔一二〕驚憚讋伏，不被創刃而死者，佗佗籍籍，填阬滿谷，揜平彌澤。

〔一〕索隱消搖乎襄羊。郭璞曰：「襄羊猶仿佯。」

〔二〕集解郭璞曰：「紘，維也。北方之紘曰委羽。」

〔三〕集解徐廣曰：「雉音支。」駰案：漢書音義曰「皆甘泉宮左右觀名也」。

〔四〕集解漢書音義曰：「宮名也，在雲陽縣東南三十里。」

〔五〕正義括地志云：「宜春宮在雍州萬年縣西南三十里。」

〔六〕集解漢書音義曰：「宣曲，宮名，在昆明池西。牛首，池名，在上林苑西頭。」

〔七〕集解漢書音義曰：「觀名，在豐水西北，近渭。」

〔八〕正義郭云：「觀名，在昆明南柳市〔七五〕。」

〔九〕集解徐廣曰：「鈞，一作『診』也。」

〔一〇〕正義轔，踐也〔七六〕。轢，轢也。

〔一一〕集解徐廣曰：「蹂音人久反。」

〔一二〕集解徐廣曰：「音劇。」

「於是乎游戲懈怠，置酒乎昊天之臺，【一】張樂乎轇輵之宇；【二】撞千石之鐘，立萬石之鉅；建翠華之旗，樹靈鼉之鼓。【三】奏陶唐氏之舞，聽葛天氏之歌，【四】千人唱，萬人和，山陵爲之震動，【五】川谷爲之蕩波。巴俞宋蔡，淮南于遮，【六】文成顛歌，【七】族舉遞奏，【八】金鼓迭起，鏗鎗鐺鼞，洞心駭耳。【九】荆吴鄭衞之聲，韶濩武象之樂，陰淫案衍之音，鄢、郢繽紛，激楚結風，【一〇】俳優侏儒，狄鞮之倡，【一一】所以娱耳目而樂心意者，麗靡爛漫於前，【一二】靡曼美色於後。【一三】

【一】索隱張揖云：「臺高上干皓天也。」

【二】集解徐廣曰：「輵音葛。」索隱郭璞云：「言曠遠深貌也。」

【三】集解郭璞曰：「木貫鼓中，加羽葆其上，所謂樹鼓。」

【四】集解漢書音義曰：「葛天氏，古帝王號也。呂氏春秋曰『葛天氏之樂，三人操牛尾，投足以歌』。」索隱張揖曰：「葛天氏，三皇時君號也。呂氏春秋云『其樂三人持牛尾，投足以歌。八闋：一曰載人，二曰玄鳥，三曰遂草木，四曰奮五穀，五曰敬天常，六曰建帝功，七曰依地德，八曰總禽獸之極』。」

【五】集解徐廣曰：「一作『動』。」

【六】集解郭璞曰：「巴西閬中有俞水，獠人居其上，皆剛勇好舞，漢高募取以平三秦。後使樂府習之，因名巴俞舞也。」漢書音義曰：「于遮，歌曲名。」索隱郭璞曰：「巴西閬中有俞水，獠人居其上，好舞。初，高祖募取以平三秦，後使樂人習之，因名巴俞舞也。」張揖曰：「禮樂記曰『宋音宴女溺志』。蔡人謳，員三人。楚詞云『吳謠蔡謳』。淮南鼓，員四人，于遮曲是其意也。」

【七】集解郭璞曰：「未聞也。」索隱郭璞云：「未聞。」文穎曰：「文成，遼西縣名，其縣人善歌。顛，益州顛縣，其人能作西南夷歌。」顛即滇也。

【八】集解徐廣曰：「舉，一作『居』。」

【九】集解郭璞曰：「鐺鼛，鼓音。」

【一〇】集解郭璞曰：「激楚，歌曲也。」列女傳曰「聽激楚之遺風」也。索隱文穎曰：「激，衝激，急風也。結風，回風，亦急風也〔七七〕。楚地風氣既自漂疾，然歌樂者猶復依激結之急風以爲節，其樂促迅哀切也。」

【一一】集解徐廣曰：「韋昭云狄鞮，地名，在河內，出善倡者。」

【一二】索隱郭璞云：「言恣其觀也。」列女傳曰：「桀造爛漫之樂。」

【一三】索隱張揖曰：「靡，細；曼，澤也。」韓子「曼服皓齒」也。

「若夫青琴宓妃之徒，【一】絶殊離俗，【二】姣冶嫺都，【三】靚莊刻飭，便嬛綽約，【四】柔橈嬛嬛，【五】娬媚姌嫋，【六】抴獨繭之褕袘，【七】眇閻易以戌削，【八】媥姺徶循，【九】與世

殊服，芬香漚鬱，酷烈淑郁，皓齒粲爛，宜笑的皪，【一〇】長眉連娟，微睇緜藐，【一一】色授魂與，心愉於側。【一二】

【一】集解漢書音義曰：「皆古神女名。」索隱伏儼曰：「青琴，古神女也。」如淳曰：「宓妃，伏羲女，溺死洛水，遂爲洛水之神。」宓音伏。

【二】索隱郭璞云：「俗無雙〔七八〕。」

【三】索隱姣冶閑都。郭璞云：「姣，好也。都，雅也。」詩云：「姣人嫽兮。」方言云：「自關而東，河濟之閒，凡好或謂之姣。」音絞。說文曰：「嫺，雅也。」或作「閑」。小雅曰都，盛也。

【四】集解郭璞曰：「靚莊，粉白黛黑也。」

【五】集解徐廣曰：「音娟。」索隱郭璞曰：「柔橈嫚嫚，皆骨體耎弱長豔皃也。」廣雅云：「嫚嫚，容也。」張揖曰：「嫚嫚猶婉婉也。」

【六】集解徐廣曰：「姌音乃冄反。嫋音弱。」索隱嫵媚孅弱。埤蒼云：「嫵媚，悅也。」通俗文云：「頰輔謂之嫵媚。」郭璞云：「孅弱，弱皃。」埤蒼曰：「孅弱，謂容體纖細柔弱也。」

【七】集解徐廣曰：「抴音曳。襜褕。」索隱褕袣。張揖云：「褕，襜褕也。袣，袖也。」郭璞曰：「獨繭，一繭絲也。」埤蒼云：「袣，衣長皃也。」

【八】集解徐廣曰：「閻易，衣長貌。戌削，言如刻畫作之。」索隱眇閻易以恤削。郭璞曰：「閻易，衣長皃。恤削，言如刻畫作也〔七九〕。」

【九】集解郭璞曰：「衣服婆娑貌。」 正義媥，白眠反。姺音先。徶音白結反。㣯音屑。

【一〇】索隱郭璞曰：「鮮明皃也。」楚詞曰：「美人皓齒嫮以姱〔八〇〕。」又曰：「娥眉笑以旳皪。」皪音礫也。

【一一】索隱郭璞曰：「連娟，眉曲細也。緜藐，遠視皃也。」娟音一全反。睇，大計反。藐音邈。

【一二】索隱張揖曰：「彼色來授我，我魂往與接也。」愉音踰，往也。愉，悦也。二義並通也。

「於是酒中樂酣，天子芒然而思，似若有亡。曰：『嗟乎，此泰奢侈！朕以覽聽餘閒，無事弃日，順天道以殺伐，時休息於此，恐後世靡麗，遂往而不反，非所以爲繼嗣創業垂統也。』於是乃解酒罷獵，而命有司曰：『地可以墾辟，悉爲農郊，以贍萌隸；隤牆填塹，使山澤之民得至焉。實陂池而勿禁，〔一〕虚宫觀而勿仞。〔二〕發倉廩以振貧窮，補不足，恤鰥寡，存孤獨。出德號，省刑罰，改制度，易服色，更正朔，與天下爲始。』

【一】正義實，滿也。言人滿陂池，任采捕所取也。

【二】正義仞音刃，亦滿也。言離宫別館勿令人居止，並廢罷也。

「於是歷吉日以齊戒，襲朝衣，乘法駕，建華旗，鳴玉鸞，游乎六藝之囿，〔一〕鶩乎仁義之塗，覽觀春秋之林，〔二〕射貍首，兼騶虞，〔三〕弋玄鶴，建干戚，載雲罕，〔四〕揜羣雅，【五】悲伐檀，【六】樂樂胥，【七】修容乎禮園，【八】翺翔乎書圃，【九】述易道，【一〇】放怪獸，【一一】登明堂，坐清廟，【一二】恣羣臣，奏得失，四海之内，靡不受獲。【一三】於斯之時，天下大説，嚮風而聽，隨流而化，喟然【一四】興道而遷義，刑錯而不用，德隆乎三皇，功羨於五帝。【一五】若此，故獵乃可喜也。

【一】正義六藝，云言田獵訖，則遍遊六藝，而疾驅於仁義之道也。

【二】集解郭璞曰：「春秋所以觀成敗，明善惡者。」

【三】集解禮射義曰：「天子以騶虞爲節，諸侯以貍首爲節。騶虞者，樂官備也。貍首者，樂會時也。」

【四】索隱張揖云：「罕，畢也。」文穎曰：「即天畢，星名。前有九旒雲罕之車。」案：説者以雲罕爲旌旗，非也。且案中朝鹵簿圖云「雲罕駕駟」，不兼言九旒，罕車與九旒車別。

【五】集解漢書音義曰：「大雅、小雅也。」索隱揜，捕也。張揖曰：「詩小雅之材七十四人，大雅之材三十一人，故曰羣雅也。言雲罕載之於車，以捕羣雅之士。」

【六】索隱張揖曰：「其詩刺賢者不遇明主也。」

【七】索隱毛詩云「君子樂胥，受天之祜」。言王者樂得賢材之人，使之在位，故天與之福禄也。胥音先呂反。

【八】正義禮所以自修飾整威儀也。

【九】正義尚書所以明帝王君臣之道也。

【一〇】正義易所以絜靜微妙，上辨二儀陰陽，中知人事，下明地理也。言田獵乃射訖，又歷涉六經之要也。

【一一】正義張揖云：「苑中奇怪之獸，不復獵也。」

【一二】正義明堂有五帝廟，故言「清廟」，王者朝諸侯之處。

【一三】正義言天下之人無不受恩惠。

【一四】索隱喟，漢書作「喟」〔八二〕，音許貴反。

【一五】索隱司馬彪云：「羨，溢也。」音怡戰反。

「若夫終日暴露馳騁，勞神苦形，罷車馬之用，抏士卒之精，【一】費府庫之財，而無德厚之恩，務在獨樂，不顧衆庶，忘國家之政，而貪雉兔之獲，則仁者不由也。從此觀之，齊楚之事，豈不哀哉！地方不過千里，而囿居九百，是草木不得墾辟，而民無所食也。夫以諸侯之細，而樂萬乘之所侈，僕恐百姓之被其尤也。」

【一】索隱抏音五官反。

於是二子愀然【一】改容，超若自失，逡巡避席，曰：「鄙人固陋，不知忌諱，乃今日見教，謹聞命矣。」

【一】索隱郭璞云：「變色皃。」音作酉反。

賦奏，天子以爲郎。無是公言天子上林廣大，山谷水泉萬物，及子虛言楚雲夢所有甚衆，侈靡過其實，且非義理所尚，故删取其要，歸正道而論之。【一】

【一】索隱大顏云：「不取其夸奢靡麗之論，唯取終篇歸於正道耳。」小顏云：「删要，非謂削除其詞，而說者謂此賦已經史家刊剟，失之也。」

相如爲郎數歲，會唐蒙使略通【一】夜郎西僰中，【二】發巴蜀【三】吏卒千人，郡又多爲發轉漕萬餘人，用興法【四】誅其渠帥，巴蜀民大驚恐。上聞之，乃使相如責唐蒙等〔八二〕，因喻告巴蜀民以非上意。檄曰：

【一】索隱張揖曰：「蒙，故鄱陽令，今爲郎中，使行略取之。」

【二】集解徐廣曰：「羌之別種也。音扶逼反。」索隱夜郎、僰中，文穎曰皆西南夷〔八三〕。後以爲夜郎屬牂柯，僰屬犍爲。音步北反。

【三】索隱案：巴、蜀，二郡名。

【四】集解漢書曰「用軍興法」也。

告巴蜀太守：蠻夷自擅不討之日久矣，時侵犯邊境，勞士大夫。陛下即位，存撫天下，輯安中國。然後興師出兵，北征匈奴，單于怖駭，交臂受事，詘膝請和。康居西域，重譯請朝，稽首來享。移師東指，閩越相誅。右弔番禺，太子入朝。【一】南夷之君，西僰之長，常效貢職，不敢怠墮，延頸舉踵，喁喁然【二】皆爭歸義，欲爲臣妾，道里遼遠，山川阻深，不能自致。夫不順者已誅，而爲善者未賞，故遣中郎將往賓之，【三】發巴蜀士民各五百人，以奉幣帛，衞使者不然，靡有兵革之事，戰鬬之患。今聞其乃發軍興制，【四】驚懼子弟，憂患長老，郡又擅爲轉粟運輸，皆非陛下之意也。當行者或亡逃自賊殺，亦非人臣之節也。

【一】索隱文穎曰：「番禺，南海郡理也。弔，至也。東伐閩越，後至番禺，故言右至也。」案：姚氏弔讀如字。小顏云「兩國相伐，漢發兵救之，南越蒙天子德惠，故遣太子入朝。所以云弔爾，非訓至也(八四)。」

【二】正義喁，五恭反，口向上也。

【三】索隱賈逵云：「賓，伏也。」

【四】索隱張揖曰：「發三軍之衆也。興制，謂起軍法制也。」案：唐蒙爲使，而用軍興法制也。

夫邊郡之士，聞烽舉燧燔，【一】皆攝弓【二】而馳，荷兵而走，流汗相屬，唯恐居後，觸白刃，冒流矢，義不反顧，計不旋踵，人懷怒心，如報私讎。彼豈樂死惡生，非編列之民，而與巴蜀異主哉？計深慮遠，急國家之難，而樂盡人臣之道也。故有剖符之封，析珪【二】而爵，位爲通侯，居列東第，【四】終則遺顯號於後世，傳土地於子孫，行事甚忠敬，居位甚安佚，名聲施於無窮，功烈著而不滅。是以賢人君子，肝腦塗中原，膏液潤野草而不辭也。今奉幣役至南夷，即自賊殺，或亡逃抵誅，身死無名，謚爲至愚，恥及父母，爲天下笑。人之度量相越，豈不遠哉！然此非獨行者之罪也，父兄之教不先，子弟之率不謹也，寡廉鮮恥，而俗不長厚也。其被刑戮，不亦宜乎！

【一】集解漢書音義曰：「烽如覆米䉛，縣著桔槔頭，有寇則舉之。燧，積薪，有寇則燔然之。」索隱烽燧。韋昭曰：「烽，束草置之長木之端，如挈皋，見敵則燒舉之。燧者，積薪，有難則焚之。烽主晝，燧主夜。」字林云：「䉛，漉米藪也，音一六反。」又纂要云：「䉛，淅箕也。」此注是孟康說。

【二】索隱上音奴頰反。

【三】索隱如淳曰：「析，中分也。白藏天子，青在諸侯也。」

【四】索隱列甲第在帝城東，故云東第也。

陛下患使者有司之若彼，悼不肖愚民之如此，故遺信使曉喻百姓以發卒之事，因數之以不忠死亡之罪，讓三老孝弟以不教誨之過。方今田時，重煩百姓，【一】已親見近縣，恐遠所谿谷山澤之民不徧聞，檄到，亟下縣道，〔二〕使咸知陛下之意，唯毋忽也。

〔一〕索隱 重猶難也。

〔二〕集解 漢書百官表曰：「縣有蠻夷曰道。」 索隱 亟音紀力反。亟，急也。

相如還報。唐蒙已略通夜郎，因通西南夷道，發巴、蜀、廣漢卒，作者數萬人。治道二歲，道不成，士卒多物故，費以巨萬計。〔一〕蜀民及漢用事者〔二〕多言其不便。是時邛、筰之君長〔三〕聞南夷與漢通，得賞賜多，多欲願爲內臣妾，請吏，比南夷。〔四〕天子問相如，相如曰：「邛、筰、冄、駹者近蜀，道亦易通，秦時嘗通爲郡縣，至漢興而罷。今誠復通，爲置郡縣，愈於南夷。」〔五〕天子以爲然，乃拜相如爲中郎將，〔六〕建節往使。副使王然于、壺充國、〔七〕呂越人馳四乘之傳，因巴蜀吏幣物以賂西夷。至蜀，蜀太守以下郊迎，縣令負弩矢先驅，〔八〕蜀人以爲寵。〔九〕於是卓王孫、臨邛諸公皆因門下獻牛酒以交驩。卓王孫喟然而歎，自以得使女尚司馬長卿晚，〔一〇〕而厚分與其女財，與男等同。司馬長卿便略定西夷（八五），邛、筰、冄、駹、斯榆〔一一〕之君皆請爲內臣。除邊關，關益斥，〔一二〕西至沬、若水，〔一三〕南至牂柯爲徼，〔一四〕通零關道，〔一五〕橋孫水〔一六〕以通邛都。〔一七〕還報天子，天子大說。

〔一〕索隱 案：巨萬猶萬萬也。案：數有大小二法。張揖曰「算法萬萬爲億」，是大數也。鬻子曰

「十萬爲億」，是小數也。

【二】索隱 案：謂公孫弘也〔八六〕。

【三】索隱 邛、筰之君長。 文穎曰：「邛者，今爲邛都縣；筰者，今爲定筰縣：皆屬越嶲郡。」

【四】索隱 謂請置漢吏，與南夷爲比例也。

【五】索隱 張揖曰：「愈，差也。」又云：「愈猶勝也。」晉灼曰：「南夷謂犍爲、牂柯也。西夷謂越嶲、益州。」

【六】索隱 張揖曰：「秩四百石，五歲遷補大縣令。」

【七】索隱 案：漢書公卿表太初元年爲鴻臚卿也。

【八】索隱 案：亭吏二人，弩矢合是亭長負之；今縣令自負矢，則亭長當負弩也。且負弩亦守宰無定，或隨輕重耳〔八七〕。案：霍去病出擊匈奴，河東太守郊迎負弩。又魏公子救趙擊秦，秦軍解去，平原君負韊矢迎公子於界上。

【九】索隱 蜀以爲寵。 華陽國志云：「蜀大城北十里有升仙橋，有送客觀也。相如初入長安，題其門云『不乘赤車駟馬，不過汝下』也。」

【一〇】索隱 小顏云：「尚猶配也。本或作『當』也〔八八〕。」

【一一】索隱 斯，鄭氏音曳。 張揖云「斯俞，國也〔八九〕」。案：今斯讀如字，益部耆舊傳謂之「斯臾」。華陽國志邛都縣有四部，斯臾一也。

【一二】索隱張揖曰：「斥，廣也。」

【一三】索隱張揖曰：「沬水出蜀廣平徼外，與青衣水合也。若水出旄牛徼外，至僰道入江。」華陽國志漢嘉縣有沬水。音妹，又音末。

【一四】索隱張揖曰：「徼，塞也。以木柵水爲蠻夷界。」

【一五】集解徐廣曰：「越巂有零關縣。」

【一六】集解韋昭曰：「爲孫水作橋。」

【一七】索隱橋孫水通笮。韋昭曰：「爲孫水作橋也。」案：華陽國志云「相如卒開僰道通南夷，置越巂郡。韓説開益州，唐蒙開牂柯，斬笮王首，置牂柯郡」也。

相如使時，蜀長老多言通西南夷不爲用，唯大臣亦以爲然。相如欲諫，業已建之，【一】不敢，乃著書，籍以蜀父老爲辭，而己詰難之，以風天子，且因宣其使指，令百姓知天子之意。其辭曰：

【一】索隱案：業者，本也。謂本由相如立此事也〔九〇〕。

漢興七十有八載，【一】德茂存乎六世，【二】威武紛紜，湛恩【三】汪濊，羣生澍濡〔九一〕，洋溢乎方外。於是乃命使西征，隨流而攘，【四】風之所被，罔不披靡。因朝冄從駹，定笮存邛，略斯榆，舉苞滿〔九二〕，【五】結軼【六】還轅，東鄉將報，至于蜀都。

【一】集解徐廣曰：「元光六年也。」
【二】正義高祖、惠帝、高后、孝文、孝景、孝武。
【三】索隱韋昭云：「上音沈。」
【四】索隱攘，卻也，汝羊反。
【五】索隱服虔云：「夷種也。」「滿」字或作「蒲」也。
【六】索隱下音轍。漢書作「軌」。張揖云「結，屈也」。

耆老大夫薦紳先生之徒二十有七人，儼然造焉。辭畢，因進曰：「蓋聞天子之於夷狄也，其義羈縻【一】勿絕而已。今罷三郡之士，通夜郎之塗，三年於茲，而功不竟，士卒勞倦，萬民不贍，今又接以西夷，百姓力屈，恐不能卒業，此亦使者之累也，竊爲左右患之。且夫邛、筰、西僰之與中國並也，歷年茲多，不可記已。仁者不以德來，彊者不以力并，意者其殆不可乎！今割齊民以附夷狄，弊所恃以事無用，鄙人固陋，不識所謂。」

【一】索隱案：羈，馬絡頭也。縻，牛韁也。漢官儀「馬云羈，牛云縻」。言制四夷如牛馬之受羈縻也。

使者曰：「烏謂此邪？必若所云，則是蜀不變服而巴不化俗也。余尚惡聞若說？【一】然斯事體大，固非觀者之所覯也。余之行急，其詳不可得聞已，請爲大夫粗陳其略。

【一】索隱張揖曰：「惡聞若曹之言也。」包愷音一故反。又音烏。烏者，安也。

「蓋世必有非常之人，然後有非常之事；有非常之事，然後有非常之功。非常者，固常人之所異也（九三）。【一】故曰非常之原，黎民懼焉；【二】及臻厥成，天下晏如也。

【一】索隱案：常人見之以爲異。

【二】索隱張揖曰：「非常之事，其本難知，衆人懼也。」

「昔者鴻水浡出，氾濫衍溢，民人登降移徙，陭隔而不安。夏后氏戚之，乃堙鴻水，決江疏河，漉沈贍菑，【一】東歸之於海，而天下永寧。當斯之勤，豈唯民哉。【二】心煩於慮而身親其勞，躬胝無胈，膚不生毛。【三】故休烈顯乎無窮，聲稱浹乎于茲。

【一】集解徐廣曰：「漉，一作『灑』。」索隱漉沈澹菑。漉音鹿。菑音災。漢書作「澌沈澹災」，解者云「澌作『灑』，灑，分也，音所綺反。澹，安；沈，深也。澹音徒暫反」。

【二】索隱案：謂非獨人勤，禹亦親其勞也。

【三】集解徐廣曰：「胝音竹移反。胈，踵也。一作『腠』，音湊。膚，理也。胈音魃。」索隱躬奏胝無胈。張揖曰：「奏，作『戚』。躬，體也。戚，腠理也。」韋昭曰：「胈，其中小毛也。」胝音丁私反。莊子云「禹腓無胈，脛不生毛」。李頤云「胈，白肉也，音蒲末反」。

「且夫賢君之踐位也，豈特委瑣握躖，【一一】拘文牽俗，循誦習傳，當世取說云爾哉！必將崇論閎議，創業垂統，爲萬世規。故馳騖乎兼容并包，而勤思乎參天貳地。【一二】且詩不云乎：『普天之下，莫非王土；率土之濱，莫非王臣。』【一三】是以六合之內，八方之外，浸潯【一四】衍溢，懷生之物有不浸潤於澤者，賢君恥之。今封疆之內，冠帶之倫，咸獲嘉祉，靡有闕遺矣。而夷狄殊俗之國，遼絕異黨之地，舟輿不通，人迹罕至，政教未加，流風猶微。內之則犯義侵禮於邊境，外之則邪行横作，放弑其上。君臣易位，尊卑失序，父兄不辜，幼孤爲奴，係纍號泣，內嚮而怨，曰『蓋聞中國有至仁焉，德洋而恩普，物靡不得其所，今獨曷爲遺己』。舉踵思慕，若枯旱之望雨。盭夫爲之垂涕，【一五】況乎上聖，又惡能已？故北出師以討彊胡，南馳使以誚勁越。四面風德，二方之君【一六】鱗集仰流，願得受號者以億計。故乃關沬、若，【一七】徼牂柯，鏤零山，梁孫原。創道德之塗，垂仁義之統。將博恩廣施，遠撫長駕，使疏逖不閉，【一八】阻深闇昧【一九】得耀乎光明〔九四〕，以偃甲兵於此，而息誅伐於彼。遐邇一體，中外禔福〔九五〕，【二〇】不亦康乎？夫拯民於沈溺，奉至尊之休德，反衰世之陵遲，繼周氏之絕業，斯乃天子之急務也。百姓雖勞，又惡可以已哉？

【一】索隱孔文祥云：「委瑣，細碎。握齪，局促也。」

【二】索隱案：天子比德於地，是貳地也。與己并天爲三，是參天也。故禮曰「天子與天地參」是也。

【三】集解毛詩傳曰：「濱，涯也。」

【四】索隱浸淫。案：浸淫猶漸浸。

【五】集解徐廣曰：「盭音戾。」索隱張揖曰：「很戾之夫也。」字或作「戾」。盭，古「戾」字。

【六】索隱謂西夷邛、僰，南夷牂柯、夜郎也。

【七】集解漢書音義曰：「以沬、若水爲關。」

【八】索隱逖，遠。言其疏遠者不被閉絶也。

【九】索隱曶爽闇昧。三蒼云：「曶爽，早朝也。曶音昧。」案：字林又音忽。

【一〇】集解徐廣曰：「提，一作『禔』，音支。」索隱禔福。説文云：「禔，安也〔九六〕。」市支反。

「且夫王事固未有不始於憂勤，而終於佚樂者也。然則受命之符，合在於此矣。【一】方將增泰山之封，加梁父之事，鳴和鸞，揚樂頌，上咸五，下登三。【二】觀者未睹指，聽者未聞音，猶鷦明已翔乎寥廓，而羅者猶視乎藪澤。悲夫！」

【一】索隱張揖云：「合在於憂勤佚樂之中也〔九七〕。」

【二】集解徐廣曰：「咸，一作『函』。」駰案：韋昭曰「咸同於五帝，登三王之上」。索隱上減五，下登三。李奇曰：「五帝之德，漢比爲減；三王之德，漢出其上：故云『減五登三』也〔九八〕。」虞憙志林云：「相如欲減五帝之一，以漢盈之。然以漢爲五帝之數，自然是登於三王之上也。」今本「減」或作「咸」，是與韋昭之說符也〔九九〕。

於是諸大夫芒然喪其所懷來而失厥所以進，喟然並稱曰：「允哉漢德，此鄙人之所願聞也。百姓雖怠，請以身先之。」敞罔靡徙，【一】因遷延而辭避。

【一】索隱案：敞罔，失容也。靡徙，失正也。

其後人有上書言相如使時受金，失官。居歲餘，復召爲郎。

相如口吃而善著書。常有消渴疾。與卓氏婚，饒於財。其進仕宦，未嘗肯與公卿國家之事，稱病閒居，不慕官爵。常從上至長楊獵，【一】是時天子方好自擊熊彘，馳逐野獸，相如上疏諫之。其辭曰：

【一】正義括地志云：「秦長楊宮在雍州盩厔縣東南三里〔一〇〇〕。上起以宮，內有長楊樹，以爲名。」

臣聞物有同類而殊能者，故力稱烏獲，【一】捷言慶忌，【二】勇期賁、育。【三】臣之愚，竊以爲人誠有之，獸亦宜然。今陛下好陵阻險，射猛獸，卒然【四】遇軼材之獸，駭不存之地，【五】犯屬車之清塵，【六】輿不及還轅，人不暇施巧，雖有烏獲、逢蒙之伎，力不得用，【七】枯木朽株盡爲害矣。是胡越起於轂下，而羌夷接軫也，豈不殆哉！雖萬全無患，然本非天子之所宜近也。

【一】索隱張揖曰：「秦武王力士，舉龍文鼎者也。」

【二】索隱張揖曰：「吴王僚之子。」

【三】正義賁音奔。孟賁，古之勇士，水行不避蛟龍，陸行不避豺狼，發怒吐氣，聲音動天。夏育，亦古之猛士也。

【四】索隱猝然。廣雅云：猝，暴也。音倉兀反。

【五】索隱謂所不慮而猛獸駭發也。

【六】集解蔡邕曰：「古者諸侯貳車九乘，秦滅九國，兼其車服，故大駕屬車八十一乘。」

【七】集解吴越春秋曰：「羿傳射於逢蒙。」索隱孟子云「逢蒙學射於羿，盡羿之道」也。

且夫清道而後行，中路而後馳，猶時有銜橛之變，【一】而況涉乎蓬蒿，馳乎丘墳，前有利獸之樂而内無存變之意，其爲禍也不亦難矣！夫輕萬乘之重不以爲安，而樂出於萬有一危之塗以爲娱，臣竊爲陛下不取也。

【一】集解徐廣曰：「橛音巨月反。鉤逆者謂之橛矣。」索隱銜橜之變。張揖曰：「銜，馬勒銜也。檠，騑馬口長銜也。」周遷輿服志云：「鉤逆上者爲檠。檠在銜中，以鐵爲之，大如雞子。」鹽鐵論云：「無銜檠而禦捍馬。」檠音巨月反。

蓋明者遠見於未萌而智者避危於無形，禍固多藏於隱微而發於人之所忽者也。故鄙諺曰「家累千金，坐不垂堂」。【一】此言雖小，可以喻大。臣願陛下之留意幸察。

【一】索隱 張揖云：「畏簷瓦墮中人。」樂產云：「垂，邊也。恐墮墜也〔一〇二〕。」

上善之。還過宜春宮，【一】相如奏賦以哀二世行失也。其辭曰：

【一】正義 括地志云：「秦宜春宮在雍州萬年縣西南三十里。宜春苑在宮之東，杜之南。始皇本紀云葬二世杜南宜春苑中。」案：今宜春宮見二世陵，故作賦以哀也。

登陂阤【一】之長阪兮，坌入【二】曾宮之嵯峨。臨曲江之隑州兮，【三】望南山之參差。巖巖深山之谾谾兮，【四】通谷𧮰兮谽谺。【五】汩淢噏【六】習以永逝兮，注平皋之廣衍。觀衆樹之塕薆兮，【七】覽竹林之榛榛。東馳土山兮，北揭石瀨。【八】彌節容與兮，【九】歷弔二世。持身不謹兮，亡國失埶。信讒不寤兮，宗廟滅絶。嗚呼哀哉！操行之不得兮，墳墓蕪穢而不脩兮，魂無歸而不食。敻邈絶而不齊兮，彌久遠而愈佚。精罔閬而飛揚兮，拾九天而永逝。【一〇】嗚呼哀哉！

【一】索隱 登陂陁。陂音普何反。陁音徒何反。

【二】集解 漢書音義曰：「坌，並也。」索隱 上音步寸反。

【三】集解 漢書音義曰：「隑，長也。苑中有曲江之象，泉中有長洲也〔一〇二〕。」索隱 案：隑音祈。隑即碕，謂曲岸頭也。張揖曰：「隑，長也。苑中有曲江之象，中有長州，又有宮閣路，謂之曲江，在杜陵西北五里。」又三輔舊事云「樂游原在北」是也。

【四】集解 徐廣曰：「谾音力工反。」索隱 谾音苦江反。晉灼曰：「音籠，古『巃』字。」蕭該云：「谾，或作『巃』，長大皃也。」

【五】索隱 呼含、呼加二反。

【六】索隱 上音于筆反，淢音域〔一〇三〕。疾皃也。噏音許及反。漢書作「靸」，靸，輕舉意也。

【七】索隱 薆音薆〔一〇四〕。謂隱也。

【八】索隱 說文云：「瀨，水流沙上也。」

【九】索隱 容與，游戲貌也。

【一〇】正義 太玄經云：「九天謂一爲中天，二爲羡天，三爲從天，四爲更天，五爲睟天，六爲廓天，七爲減天，八爲沈天，九爲成天。」

相如拜爲孝文園令。【一一】天子既美子虛之事，相如見上好僊道，因曰：「上林之事未足美也，尚有靡者。臣嘗爲大人賦，未就，請具而奏之。」相如以爲列僊之傳居山澤間，【二】形容甚臞，【三】此非帝王之僊意也，乃遂就大人賦。其辭曰：

【一】索隱百官志云「陵園令，六百石，掌案行掃除」也。

【二】索隱列仙之傳居山澤。案：傳者，謂相傳以列仙居山澤間，音持全反。小顏及劉氏並作「儒」。儒，柔也，術士之稱，非。

【三】集解徐廣曰：「臞，瘦也。」索隱韋昭曰：「臞，瘠也。」舍人云：「臞，瘦也。」文子云：「堯癯瘦。」音巨俱反。

世有大人【一】兮，在于中州。宅彌萬里兮，曾不足以少留。悲世俗之迫隘兮，【二】朅輕舉而遠遊。垂絳幡之素蜺兮，載雲氣而上浮。建格澤之長竿兮，總光耀之采旄。【三】垂旬始以爲幓兮，抴彗星而爲髾。【四】掉指橋以偃蹇兮，【五】又旖旎以招搖。攬欃槍以爲旌兮，【六】靡屈虹而爲綢。【七】紅杳渺以眩湣兮，【八】猋風涌而雲浮。駕應龍象輿之蠖略逶麗兮，驂赤螭青虯之幽蟉蜿蜒。低卬夭蟜据以驕驁兮，【九】詘折隆窮蠼以連卷。【一〇】沛艾赳螑仡以佁儗兮，【一一】放散畔岸驤以孱顏。【一二】跮踱輵轄容以委麗兮，綢繆偃蹇怵臭以梁倚。【一三】糾蓼叫奡蹋以艐路兮，【一四】蔑蒙踊躍騰而狂趡。【一五】莅颯卉翕熛至電過兮，煥然霧除，霍然雲消。

【一】索隱張揖云：「喻天子。」向秀云：「聖人在位，謂之大人。」張華云：「相如作遠遊之體，以大人賦之也〔一五〕。」

【二】索隱如淳曰：「武帝云『誠得如黄帝，去妻子如脱屣』，是悲世俗迫隘也。」

【三】集解漢書音義曰：「格澤之氣如炎火狀，黄白色，起地上至天，以此氣爲竿。旄，葆也。總，係也。係光耀之氣於長竿，以爲葆者。」

【四】集解漢書音義曰：「旬始氣如雄雞，縣於葆下以爲旒也。髾，燕尾也。抴彗星，綴著旒以爲燕尾。」

【五】集解漢書音義曰：「指橋，隨風指靡。」索隱棹音徒弔反。指音居桀反。橋音矯。張揖曰：「指矯，隨風指靡。偃蹇，高皃。」應劭云：「旌旗屈撓之皃。」

【六】正義天官書云：「天欃長四丈，末鋭；天槍長數丈，兩頭鋭」，其形類彗也。

【七】集解漢書音義曰：「綢，韜也。以斷虹爲旌杠之韜。」索隱綢音籌，或音韜。屈虹，斷虹也。

【八】集解漢書音義曰：「旬始，屈虹氣，色紅。杳渺、眩湣，闇冥無光也。」索隱紅杳眇以泫湣。蘇林曰：「泫音炫。湣音麪。」晉灼曰：「紅，赤色皃。杳眇，深遠；泫湣，混合也。」紅，或作「虹」也。

【九】索隱張揖曰：「据，直項也。驕驁，縱恣也。」据音據。驕音居召反。驁音五到反。

【一〇】索隱蠼以連卷。韋昭曰：「龍之形皃也。」蠼音起碧反。連卷音輦卷也。

【一一】集解漢書音義曰：「赳螑，申頸低卬也。佁儗，不前也。」索隱孟康曰：「赳螑，申頸低頭。」張揖曰：「赳螑，牙跳也。」赳音居幼反。螑音許救反。張揖曰：「仡，舉頭也。佁儗，不前也。」佁音勑吏反。儗音魚吏反也。

【一二】索隱服虔曰：「馬仰頭，其口開，正孱顏也。」韋昭曰：「顏音吾板反。」詩云「兩服上驤」，注云「驤，馬」是也。

【一三】集解徐廣曰：「踖踱，乍前乍卻也。踖音丑栗反。踱音勑略反。轕，烏葛反。轄音曷。綢，一作『雕』。臭音他略反。」駰案：漢書音義曰「怵臭，走也。梁倚，相著也。」索隱踖踱轕磍。張揖曰：「踖踱，疾行皃。轕磍，前卻也[一〇六]。」踖音褚栗反。踱音褚略反。轕音烏葛反。磍音曷。蜩蟉偃蹇。蜩音徒弔反。蟉音勑弔反。張揖曰：「偃蹇，卻距也。」廣雅曰：「偃蹇，夭矯之皃。」張揖曰：「怵臭，奔走。梁倚，相著。」韋昭曰：「臭音笞略反。」相如傳云『倏臭遠去』，臭，視也。」

【一四】集解徐廣曰：「艐音介，至也。」索隱蓼音了。奡音五到反。小顏云：「叫奡，高舉皃。」踏音徒答反。艐音屆。三倉云：「踏，著地。」孫炎云：「艐，古『界』字也。」

【一五】集解漢書音義曰：「蔑蒙，飛揚也。趡，走。」索隱篾蒙。張揖曰：「篾蒙，飛揚也。趡，走皃。」

邪絕少陽而登太陰兮，與真人乎相求。【一】互折窈窕以右轉兮，橫厲飛泉以正東。【二】悉徵靈圉而選之兮，部乘衆神於瑤光。【三】使五帝先導兮，【四】反太一而從陵陽。【五】左玄冥而右含靁兮，【六】前陸離而後潏湟。【七】廝征伯僑【八】而役羨門兮，【九】屬岐伯使尚方。【一〇】祝融驚而蹕御兮，【一一】清雰氣而後行。屯余車其萬乘兮，綷雲蓋而樹華旗。【一二】使句芒其將行兮，【一三】吾欲往乎南嬉。

【一】集解漢書音義曰：「少陽，東極；太陰，北極。邪度東極而升北極者也。」

【二】正義厲，渡也。張云：「飛泉，谷也，在崑崙山西南。」

【三】集解漢書音義曰：「搖光，北斗杓頭第一星。」

【四】正義遵導。應云「五帝，五時，帝太晧之屬也。」

【五】集解漢書音義曰：「仙人陵陽子明也。」正義天官書云：「中宮天極星，其一明者，太一常居也。」列仙傳云：「子明於沛銍縣旋溪釣得白龍，放之，後白龍來迎子明去，止陵陽山上百餘年，遂得仙也。」

【六】集解漢書音義曰：「含靁，黔嬴也，天上造化神名也。或曰水神。」

【七】集解漢書音義曰：「皆神名。」

【八】集解徐廣曰：「燕人也，形解而仙也。」索隱應劭曰：「廝，役也。」張揖曰：「王子喬也。」漢書郊祀志作「正伯僑」，此當別人，恐非王子喬也。

【九】正義張云：「羨門，碣石山上仙人羨門高也。」

【一〇】集解徐廣曰：「岐伯，黄帝臣。」駰案：漢書音義曰「尚，主也。岐伯，黄帝太醫，屬使主方藥」。

【一一】正義張云：「祝融，南方炎帝之佐也。獸身人面，乘兩龍，應火正也。火正祝融警蹕清氛氣也。」

【一二】索隱綷音祖内反。如淳曰：「綷，合也。合五綵雲爲蓋也。」

【一三】正義張云：「句芒，東方青帝之佐也。鳥身人面，乘兩龍。」顔云：「將行，領從者也。」

歷唐堯於崇山兮，過虞舜於九疑。【一】紛湛湛【二】其差錯兮，雜遝膠葛【三】以方馳。騷擾衝蓯【四】其相紛挐兮，滂濞泱軋灑以林離。鑽羅列聚叢以蘢茸兮，衍曼流爛壇以陸離。【五】徑入靁室之砰磷鬱律兮，洞出鬼谷之崫礨嵬磈。【六】偏覽八紘而觀四荒兮，朅渡九江而越五河。【七】經營炎火而浮弱水兮，【八】杭絶浮渚而涉流沙。【九】奄息總極氾濫水嬉兮，【一〇】使靈媧鼓瑟而舞馮夷。【一一】時若薆薆將混濁兮，召屏翳【一二】誅風伯【一三】而刑雨師。【一四】西望崑崙【一五】之軋沕洸忽兮，直徑馳乎三危。【一六】排閶闔而入帝宫兮，【一七】載玉女而與之歸。【一八】舒閬風而摇集兮，【一九】亢烏騰而一止。【二〇】低回陰山翔以紆曲兮，【二一】吾乃今目睹西王母。皬然白首【二二】載勝而穴處兮，【二三】亦幸有三足烏爲之使。【二四】必長生若此而不死兮，雖濟萬世不足以喜。

【一】正義張云：「崇山，狄山也。海外經云『狄山，帝堯葬其陽』。九疑山，零陵營道縣，舜所葬處。」

【二】索隱音徒感反。

【三】索隱膠輵。廣雅云：「膠輵，驅馳也。」

【四】索隱上昌勇反，下息宂反。

【五】集解徐廣曰：「壇音坦。」

【六】集解漢書音義曰：「鬼谷在北辰下，衆鬼之所聚也。」楚辭曰「贅鬼谷于北辰」也。正義嵔，口骨反。壘音力罪反。嵬音烏迴反。磈音回。張云：「嵔壘嵬磈，不平也。」

【七】正義顏云：「五色之河也。」仙經云紫、碧、絳、青、黄之河也。」

【八】正義姚丞云：「大荒西經云『崑崙之丘，其外有炎火之山，投物輒然』。」括地志云：「弱水有二原，俱出女國北阿傉達山，南流會于國北，又南歷國北，東去一里，深丈餘，闊六十步，非乘舟不可濟，流入海。阿傉達山一名崑崙山，其山爲天柱，在雍州西南一萬五千三百七十里。」又云：「弱水在甘州張掖縣南山下也。」

【九】集解漢書音義曰：「杭，船也。絶，渡也。浮渚，流沙中渚也。」

【一〇】集解漢書音義曰：「總極，蔥領山也，在西域中也。」

【一一】集解徐廣曰：「媧，一作『貽』。」駰案：漢書音義曰「靈媧，女媧也。馮夷，河伯字也。淮南子曰『馮夷得道，以潛大川』」。【正義】姓馮名夷，以庚日溺死。河常以庚日好溺死人。

【一二】【正義】應云：「屏翳，天神使也。」韋云：「雷師也。」

【一三】【正義】張云：「風伯字飛廉。」

【一四】【正義】沙州有雨師祠。

【一五】【正義】張云：「海内經云崑崙去中國五萬里，天帝之下都也。其山廣袤百里，高八萬仞，增城九重，面九井，以玉爲檻，旁有五門，開明獸守之。」括地志云：「崑崙在肅州酒泉縣南八十里。十六國春秋後魏昭成帝建國十年，涼張駿酒泉太守馬岌上言：『酒泉南山即崑崙之體，周穆王見西王母，樂而忘歸，即謂此山。有石室王母堂，珠璣鏤飾，煥若神宮。』又删丹西河名云弱水，禹貢崑崙在臨羌之西，即此明矣。」括地志云：「又阿傉達山亦名建末達山，亦名崑崙山。恒河出其南吐師子口，經天竺入達山。嬀水今名爲滸海，出於崑崙西北隅吐馬口，經安息、大夏國入西海。黄河出東北隅吐牛口，東北流經濫澤，潛出大積石山，至華山北，東入海。其三河去山入海各三萬里。此謂大崑崙，肅州謂小崑崙也。禹本紀云『河出崑崙二千五百餘里〔一〇七〕，日月所相隱避爲光明也』。」

【一六】【集解】三危，山名也。【正義】括地志云：「三危山在沙州東南三十里〔一〇八〕。」

【一七】【正義】韋昭云：「閶闔，天門也。」淮南子曰『西方曰西極之山，閶闔之門』。」

【一八】【正義】張云：「玉女，青要、乘弋等也。」

【一九】正義張云：「閬風在崑崙閶闔之中。楚辭云『登閬風而緤馬』也。」

【二〇】集解漢書音義曰：「亢然高飛，如烏之騰也。」

【二一】正義張云：「陰山在大崑崙西二千七百里。」

【二二】集解徐廣曰：「皬音下沃反。」索隱皬音鶴也。正義張云：「西王母，其狀如人，豹尾，虎齒，蓬髮，皬然白首。石城金穴，居其中。」

【二三】集解郭璞曰：「勝，玉勝也。」正義顏云：「勝〔一九〕，婦人首飾也，漢代謂之華勝也。」

【二四】正義張云：「三足烏，青烏也。主爲西王母取食，在昆墟之北。」

回車朅來兮，絶道不周，【一】會食幽都。呼吸沆瀣兮餐朝霞〔二〇〕，噍咀芝英兮嘰瓊華。【二】嬐侵潯【三】而高縱兮，紛鴻涌而上厲。貫列缺之倒景兮，【四】涉豐隆之滂沛。【五】馳游道而脩降兮，【六】騖遺霧而遠逝。迫區中之隘陝兮，舒節出乎北垠。遺屯騎於玄闕兮，軼先驅於寒門。【七】下崢嶸而無地兮，上寥廓而無天。視眩眠而無見兮，聽惝怳而無聞。乘虛無而上假兮，超無友而獨存。【八】

【一】集解漢書音義曰：「不周山在崑崙東南。」

【二】集解徐廣曰：「嘰音祈，小食也。」駰案：韋昭曰「瓊華，玉英」。

【三】集解徐廣曰：「嬐音孅。」索隱漢書「嬐」作「僸」。僸，仰也，音襟。嬐音魚錦反。

【四】集解漢書音義曰：「列缺，天閃也。倒景，日在下。」

【五】正義張云：「豐崇，雲師也。淮南子云『季春三月，豐崇乃出以將雨』。」案：豐崇將雲雨，故云「滂沛」。

【六】正義游，游車也。道，道車也。脩，長也。降，下也。

【七】集解漢書音義曰：「玄闕，北極之山。寒門，天北門。」

【八】集解徐廣曰：「假音古下反，至也。」

相如既奏大人之頌，天子大說，飄飄有淩雲之氣，似游天地之閒意。

相如既病免，家居茂陵。天子曰：「司馬相如病甚，可往從悉取其書；若不然，後失之矣。」使所忠【一】往，而相如已死，家無書。問其妻，對曰：「長卿固未嘗有書也。時時著書，人又取去，即空居。長卿未死時，爲一卷書，曰有使者來求書，奏之。無他書。」其遺札書言封禪事，奏所忠。忠奏其書，天子異之。其書曰：

【一】索隱張揖曰：「使者姓名，見食貨志。」正義姓所，名忠也。風俗通姓氏云：「漢書有諫大夫所忠氏。」

伊上古之初肇，自昊穹兮生民，歷撰【一】列辟，以迄于秦。率邇者踵武，【二】逖聽者風聲。【三】紛綸葳蕤，【四】堙滅而不稱者，不可勝數也。續昭夏，崇號謚，略可道者

七十有二君。【五】罔若淑而不昌，疇逆失而能存？【六】

【一】集解徐廣曰：「撰，一作『選』。」索隱歷選。文穎曰：「選，數之也。」

【二】集解徐廣曰：「率，循也。邇，近也。武，迹也。循省近世之遺迹〔一〕。」索隱案：率，循也。邇，近也。言循覽近代之事，則繼跡可知也。

【三】集解徐廣曰：「逖，遠也。聽察遠古之風聲。」索隱風聲，風、雅之聲。以言聽遠古之事，則著在風雅之聲也。

【四】索隱紛綸威蕤。胡廣曰：「紛，亂也。綸，没也。威蕤，委頓也。」張揖云：「亂皃。」

【五】集解漢書音義曰：「昭，明也。夏，大也。德明大，相繼封禪於泰山者七十有二人。」索隱七十有二君，韓詩外傳及封禪書皆然。

【六】集解徐廣曰：「若，順也。」駰案：韋昭曰「疇，誰也。言順善必昌，逆失必亡」。

軒轅之前，遐哉邈乎，其詳不可得聞也。五三六經【一】載籍之傳，維見可觀也。書曰「元首明哉，股肱良哉」。因斯以談，君莫盛於唐堯，臣莫賢於后稷。后稷創業於唐，公劉發迹於西戎，文王改制，爰周郅隆，【二】大行越成，【三】而後陵夷衰微，千載無聲，【四】豈不善始善終哉。然無異端，慎所由於前，謹遺教於後耳。故軌迹夷易，易遵也；湛恩濛涌，易豐也；憲度著明，易則也；垂統理順，易繼也。是以業隆於繦褓而崇冠于二后。【五】揆厥所元，終都攸卒，【六】未有殊尤絶迹可考于今者也。然猶躡梁父，登泰山，建顯號，施尊名。大漢之德，逢涌原泉，【七】沕潏漫衍，旁魄四塞，雲尃霧散，【八】上暢九垓，下泝八埏。【九】懷生之類霑濡浸潤，協氣横流，武節飄逝，邇陝游原，迥闊泳沫，【一〇】首惡湮没，闇昧昭晢，【一一】昆蟲凱澤，回首面内。【一二】然後囿騶虞之珍羣，徼麋鹿之怪獸，【一三】導一莖六穗於庖，【一四】犧雙觡共抵之獸，【一五】獲周餘珍收龜于岐，【一六】招翠黄乘龍於沼。【一七】鬼神接靈圉，賓於閒館。【一八】奇物譎詭，俶儻窮變。欽哉，符瑞臻茲，猶以爲薄，不敢道封禪。蓋周躍魚隕杭，休之以燎，【一九】微夫斯之爲符也，以登介丘，不亦恧乎！【二〇】進讓之道，其何爽與？【二一】

【一】索隱 胡廣云：「五，五帝也。三，三王也。六，六經也。」案：六經，詩、書、禮、樂、易、春秋也。

【二】集解 徐廣曰：「『郅』蓋字誤。皇甫謐曰『王季徙郢』，故周書曰『維王季宅郢』。孟子稱『文王卒於畢郢』」〔二二〕。或者『郅』字宜爲『郢』乎？或爲『胵』，北地有郁郅縣。胵，大也，音質。」駰案：漢書音義曰「郅，至也」。索隱 爰，於，及也。郅，大也。隆，盛也。應劭曰「郅，至也」。樊光云「郅，可見之大也」。徐及皇甫之説皆非也。以言文王改制，及周而大盛也。

【三】集解 漢書音義曰：「行，道也。文王始開王業，改正朔，易服色，太平之道於是成矣。」索隱 案：行，道也。越，於也。以言道德大行，於是而成之也。

【四】集解徐廣曰：「周之王四海，千載之後聲教乃絶。」駰案：韋昭曰「無惡聲」。

【五】集解漢書音義曰：「緝祩謂成王也。二后謂文、武也。周公負成王致太平，功德冠於文、武者，道成法易故也。」

【六】集解漢書音義曰：「都，於，卒，終也。」

【七】集解韋昭曰：「漢德逢涌如泉原也。」索隱逢源泉。張揖曰：「逢，遇也。喻其德盛若遇泉源之流也。」又作「峰」，讀曰烽。胡廣曰：「自此已下，論漢家之德也。」

【八】集解徐廣曰：「尃音布。」

【九】集解徐廣曰：「音衍。」駰案：漢書音義曰「暢，達；垓，重也。泝，流也。埏音延，地之際也。言其德上達於九重之天，下流於地之八際也」。

【一〇】集解漢書音義曰：「邇，近；原，本也。迥，遠；闊，廣也。泳，浮也。恩德比之於水，近者游其原，遠者浮其沫。」

【一一】集解漢書音義曰：「始爲惡者皆湮滅。闇昧，喻夷狄皆化。」

【一二】集解韋昭曰：「面，向也。」

【一三】集解漢書音義曰：「徼，遮也。麋鹿得其奇怪者，謂獲白麟也。」

【一四】集解徐廣曰：「導，瑞禾也。」駰案：漢書音義曰「謂嘉禾之米，於庖廚以供祭祀」。索隱導一莖六蕙。鄭德云【一三】：「導，擇也。」說文云：嘉禾一名導。字林云：「禾一莖六穗謂之𦍋也〔二四〕。」

【一五】集解徐廣曰：「抵音底。」駰案：漢書音義曰「犧，牲也。觡，角也。底，本也。武帝獲白麟，兩角共一本，因以爲牲也」。

【一六】集解徐廣曰：「一作『放龜』。」駰案：漢書音義曰「餘珍，得周鼎也。岐，水名也」。索隱餘珍，案謂得周鼎也。

【一七】集解漢書音義曰：「翠黄，乘黄也。龍翼馬身，黄帝乘之而登仙。言見乘黄而招呼之。禮樂志曰『訾黄其何不來下』。余吾渥洼水中出神馬，故曰乘龍於沼。」索隱服虔云「龍翠色」。又云「即乘黄也。乘四龍也」。周書云「乘黄似狐，背上有兩角」也。

【一八】集解徐廣曰：「言至德與神明通接，故靈圉爲賓旅于閒館矣。」郭璞曰：「靈圉，仙人名也。」

【一九】索隱杭，舟也。胡廣云：「武王渡河，白魚入于王舟，俯取以燎。隕，墜之於舟中也。」

【二〇】集解漢書音義曰：「介，大；丘，山也。言周以白魚爲瑞，登太山封禪，不亦慙乎！」

【二一】集解徐廣曰：「爽，差異也。」駰案：漢書音義曰「進，周也。讓，漢也。言周未可封禪而封禪爲進，漢可封禪而不封禪爲讓也」。索隱何其爽與。爽猶差也。言周未可封而封，漢可封而不封，爲進讓之道皆差之也。

於是大司馬進曰：「陛下仁育羣生，義征不憓，【一】諸夏樂貢，百蠻執贄，德侔往初，功無與二，休烈浹洽，符瑞衆變，期應紹至，不特創見。【二】意者泰山、梁父設壇場望幸，〔三〕蓋號以況榮，〔四〕上帝垂恩儲祉，將以薦成，〔五〕陛下謙讓而弗發也。挈三神之驩，〔六〕缺王道之儀，羣臣恧焉。或謂且天爲質闇，珍符固不可辭；〔七〕若然辭之，是泰山靡記而梁父靡幾也。〔八〕亦各並時而榮，咸濟世而屈，〔九〕說者尚何稱於後，〔一〇〕而云七十二君乎？夫修德以錫符，奉符以行事，不爲進越。〔一一〕故聖王弗替，而修禮地祇，謁款天神，〔一二〕勒功中嶽，以彰至尊，舒盛德，發號榮，受厚福，以浸黎民也。皇皇哉斯事！天下之壯觀，王者之丕業，不可貶也。願陛下全之。而後因雜薦紳先生之略術，使獲燿日月之末光絕炎，以展采錯事，〔一三〕猶兼正列其義，校飭厥文，作春秋一藝，〔一四〕將襲舊六爲七，〔一五〕攄之無窮，〔一六〕俾萬世得激清流，揚微波，蜚英聲，騰茂實。〔一七〕前聖之所以永保鴻名而常爲稱首者用此，〔一八〕宜命掌故悉奏其義而覽焉。」〔一九〕

〔一〕集解漢書音義曰：「大司馬，上公也，故先進議。憓音惠，順也。」

〔二〕集解徐廣曰：「不但初顯符瑞而已，蓋將終以封禪之事。」索隱文穎曰：「不獨一物，造次見之。」胡廣云：「符瑞衆多，應期相繼而至也。」

〔三〕索隱設壇場望幸華。案：諸本或作「望華蓋」。華蓋，星名，在紫微太帝之上。今言望華蓋、太帝耳。且言設壇場望幸者，望聖帝之臨幸也，義亦兩通。而孟康、服虔注本皆云「望幸」下有「華」字，而摯虞流別集則唯云「望幸」，當是也，於義易通。直以後人見「幸」下有「蓋」字，又「幸」字似「華」字，因疑惑，遂定「華」字〔一二五〕，使之誤也。

【四】集解徐廣曰：「以況受上天之榮爲名號。」索隱案：文穎曰「蓋，合也。言考合前代之君，揆其榮而相比況而爲號也。」大顏云「蓋，語辭也。言蓋欲紀功立號，受天之況賜榮名也」。於義爲愜。然其文云「蓋」，詞義典質，又上與「幸」字連文，致令有「華蓋」之謬也。

【五】集解徐廣曰：「以衆瑞物初至封禪處，薦之上天，告成功也。」索隱薦，案漢書作「慶」，義亦通也。

【六】集解徐廣曰：「挈猶言垂也。」駰案：韋昭曰「挈，缺也。三神，上帝、泰山、梁父也」。索隱案：徐氏云「挈猶垂」，非也。應劭作「絶」，李奇、韋昭作「闕」，意亦不遠。三神，韋昭以爲上帝、太山、梁父，如淳謂地祇、天神、山岳也。

【七】集解漢書音義曰：「言天道質昧，以符瑞見意，不可辭讓也。」索隱孟康曰：「言天道質昧，以符瑞見意，不可辭讓也。」

【八】集解漢書音義曰：「太山之上無所表記，梁父壇場無所庶幾。」索隱案：幾音冀。

【九】集解漢書音義曰：「屈，絶之也。言古帝王但作一時之榮，畢代而絶也。」索隱言自古封禪之帝王，是各並時而榮貴，咸有濟代之勳，而屈者，謂言抑屈總不封禪，使說者尚何稱述於後代也，如上文云「七十二君」者哉〔一二六〕？

【一〇】集解徐廣曰：「若無封禪之遺迹，則榮盡於當時，至於歷世之後，人何所述？」

【一一】索隱文穎曰：「越，踰也。不爲苟進踰禮也。」

【一二】集解漢書音義曰：「款，誠也。謁告之報誠也。」

【一三】集解徐廣曰：「錯音厝。」駰案：漢書音義曰「采，官也。使諸儒記功著業，得覩日月末光殊絶之用〔二七〕，以展其官職，設厝其事業者也」。

【一四】集解徐廣曰：「校，一作『祓』。祓猶拂也，音廢也。」駰案：漢書音義曰「春秋者，正天時，列人事，諸儒既得展事業，因兼正天時，列人事，敍述大義爲一經」。

【一五】集解韋昭曰：「今漢書增一，仍舊六爲七也。」

【一六】集解徐廣曰：「攄，一作『臚』。臚，敍也。」索隱廣雅云：「攄，張舒也。」

【一七】索隱胡廣曰：「飛揚英華之聲，騰馳茂盛之實也。」

【一八】索隱案：謂用此封禪。

【一九】集解漢書音義曰：「掌故，太史官屬，主故事也。」

於是天子沛然改容，曰：「愉乎，朕其試哉！」乃遷思回慮，總公卿之議，詢封禪之事，詩大澤之博，廣符瑞之富。【一】乃作頌曰：

【一】集解漢書音義曰：「詩，歌詠功德也，下四章之頌也。大澤之博，謂『自我天覆，雲之油油』。

廣符瑞之富，謂『斑斑之獸』以下三章，言符瑞廣大富饒也。」

自我天覆，雲之油油。【一】甘露時雨，厥壤可游。滋液滲漉，【二】何生不育；嘉穀六穗，我穡曷蓄。【三】

【一】集解漢書音義曰：「油油，雲行貌。孟子曰『油然作雲，沛然下雨』。」

【二】集解徐廣曰：「滲音色蔭反。」索隱案：說文云滲漉，水下流之皃也。

【三】集解徐廣曰：「何所畜邪？畜嘉穀。」

非唯雨之，又潤澤之；非唯濡之，氾尃濩之。【一】萬物熙熙，懷而慕思。名山顯位，望君之來。【二】君乎君乎，侯不邁哉！【三】

【一】集解徐廣曰：「古『布』字作『尃』。」索隱胡廣曰：「氾，普也。言雨澤非偏於我，普徧布散，無所不濩之也。」

【二】集解韋昭曰：「名山，大山也。顯位，封禪也。」

【三】索隱李奇云：「侯，何也。言君何不行封禪之事也。」案：邁訓行也。如淳云「侯，維也」。

般般之獸，【一】樂我君囿；白質黑章，其儀可喜（二八）；旼旼睦睦，君子之能。【二】蓋聞其聲，今觀其來。厥塗靡蹤，天瑞之徵。【三】茲亦於舜，虞氏以興。【四】

【一】索隱案：般般，文彩之皃也。音班。胡廣曰「謂騶虞也」。

【二】集解徐廣曰：「旼，音旻，和貌也。能，一作『態』。」駰案：漢書音義曰「旻，和；穆，敬。言和且敬，有似君子」。索隱旼音旻。

【三】集解徐廣曰：「其所來路非有迹，蓋自天降瑞，不行而至也。」

【四】索隱文穎曰：「舜百獸率舞，則騶虞亦在其中者已。」

濯濯之麟，【一】游彼靈畤。【二】孟冬十月，君徂郊祀。馳我君輿，帝以享祉。三代之前，蓋未嘗有。

【一】索隱詩人云「麀鹿濯濯」，注云「濯濯，嬉遊皃」也。

【二】集解漢書音義曰：「武帝祠五畤，獲白麟，故言游靈畤。」

宛宛黃龍，【一】興德而升；采色炫燿，熿炳煇煌。【二】正陽顯見，【三】覺寤黎烝。於傳載之，云受命所乘。【四】

【一】索隱胡廣曰：「屈伸也。」

【二】集解徐廣曰：「熿音晃。煇音魂。」

【三】索隱文穎曰：「陽，明也。謂南面受朝也。」

【四】索隱如淳云：「書傳所載，撰其比類，以爲漢土德，黃龍爲之應，見之於成紀，故云受命所乘也。」

厥之有章，不必諄諄。【一】依類託寓，諭以封巒。【二】

【一】集解徐廣曰：「諄，止純反。告之丁寧。」駰案：漢書音義曰「天之所命，表以符瑞，章明其德，不必諄諄然有語言也」。

【二】集解漢書音義曰：「寓，寄也。巒，山也。言依事類託寄，以喻封禪者。」

披藝觀之，天人之際已交，上下相發允答。聖王之德，兢兢翼翼也。故曰「興必慮衰，安必思危」。是以湯武至尊嚴，不失肅祗；舜在假典，【一】顧省厥遺：此之謂也。

【一】集解徐廣曰：「假，大也。」

司馬相如既卒【一】五歲，天子始祭后土。八年而遂先禮中嶽，【二】封于太山，【三】至梁父禪肅然。【四】

【一】集解徐廣曰：「元狩五年也。」

【二】正義嵩高也，在洛州陽城縣西北二十二里。

【三】正義在兖州博城縣西北三十里。

【四】集解徐廣曰：「小山，在泰山下趾東北。」

相如他所著，若遺平陵侯【一】書、與五公子相難、草木書篇不采，采其尤著公卿者云。

【一】集解徐廣曰：「蘇建也。」

太史公曰：春秋推見至隱，【一】易本隱之以顯，【二】大雅言王公大人而德逮黎庶，【三】小雅譏小己之得失，其流及上。【四】所以言雖外殊，其合德一也。相如雖多虚辭濫説，然其要歸引之節儉，此與詩之風諫何異。楊雄以爲靡麗之賦，勸百風一，猶馳騁鄭衛之聲，曲終而奏雅，不已虧乎〔二九〕？余采其語可論者著于篇。

【一】集解韋昭曰：「推見事至於隱諱，謂若晉文召天子，經言『狩河陽』之屬。」索隱李奇曰：「隱猶微也。言其義彰而文微，若隱公見弑，而經不書，諱之。」韋昭曰：「推見事至于隱諱，謂若晉文召天子，經言『狩河陽』之屬。」

【二】集解韋昭曰：「易本隱微妙，出爲人事乃顯著也。」索隱韋昭曰：「易本陰陽之微妙，出爲人事乃更昭著也。」虞喜志林曰：「春秋以人事通天道，是推見以至隱也。易以天道接人事，是本隱以之明顯也。」

【三】集解韋昭曰：「先言王公大人之德，乃後及衆庶也。」索隱文穎曰：「大雅先言大人王公之德，後及衆庶。」

【四】集解韋昭曰：「小雅之人志狹小，先道己之憂苦，其流乃及上政之得失者。」索隱文穎曰：「小雅之人材志狹小，先道己之憂苦，其末流及上政之得失也。故禮緯云小雅譏己得失，及之於上也。」

【索隱述贊】相如縱誕，竊貲卓氏。其學無方，其才足倚。子虛過吒，上林非侈。四馬還邛，百金獻伎。惜哉封禪，遺文卓爾。

校勘記

〔一〕此條索隱原無，據耿本、黃本、彭本、索隱本、柯本、凌本、殿本、會注本補。黃本「右」誤作「古」，無「南」字。

〔二〕呂氏春秋劍伎云　「春秋」二字疑衍。按：引文不見於今本呂氏春秋。本書卷八六刺客列傳「荊卿好讀書擊劍」集解：「呂氏劍技曰：『持短入長，倏忽從橫。』」

〔三〕秦密　殿本、會注本作「秦宓」。按：三國志卷三八蜀書八秦宓傳謂宓與王商書曰：「蜀本無學士，文翁遣相如東受七經，還教吏民，於是蜀學比於齊、魯。」本書卷五七絳侯周勃世家「獄吏乃書牘背示之」索隱：「魏志『秦宓以簿擊頰』。」

〔四〕時人以爲號　耿本、黄本、彭本、柯本、凌本、殿本此下有「爾而徐廣云字爲非」八字。

〔五〕家居徒四壁立　王念孫雜志史記第六：「居，即家也。漢書作『家徒四壁立』。作『家居徒四壁立』，則文不成義。文選詠史詩注引作『居徒四壁立』，六帖二十二曰『司馬相如居徒四壁』，則無『家』字明矣。」

〔六〕樂府長歌行　耿本、黄本、彭本、柯本、凌本、殿本此上有「古」字，疑此脱。按：漢書卷五七上司馬相如傳上「爲鼓一再行」顔師古注：「行，謂曲引也。古樂府長歌行、短歌行，此其義也。」

〔七〕行者曲也　耿本、黄本、彭本、柯本、凌本、殿本作「皆曲引也」。參見上條。

〔八〕婚不以禮爲亡也　「亡」，耿本、黄本、彭本、柯本、凌本、殿本作「節」。

〔九〕語辭　耿本、黄本、彭本、柯本、凌本、殿本作「發語之急耳」。漢書卷五七上司馬相如傳上「弟俱如臨邛」顔師古注：「弟，但也，發聲之急耳。」

〔一〇〕而悦反　張文虎札記卷五：「毛本『悦』作『兑』，疑『兖』字之譌。」

〔一一〕兕象野犀窮奇獌狿　張文虎札記卷五：「漢書、文選無此二句。考異云：『後人妄增。』警云：『「獌狿」與上「蟃蜒」複出，集解、索隱本蓋皆無之，故無辨釋，而「窮奇象犀」注於後也。』」

〔一二〕指巴湖也　「巴」，耿本、黄本、彭本、殿本作「此」，疑是。

〔一三〕注漢書音義　此五字原無，據索隱本補。

〔一四〕光明昭如水精　耿本、黄本、彭本、柯本、凌本、殿本無「昭」字。

〔一五〕烏蓬　廣雅釋草作「烏蓮」，疑是。

〔一六〕非是一物　「非」，耿本、黄本、彭本、柯本、凌本、殿本作「備」。

〔一七〕蒹蒿　爾雅釋草「蒹薕」郭璞注作「蒹薍」。

〔一八〕河西語　「語」，耿本、黄本、彭本、柯本、凌本、殿本作「記」。

〔一九〕注菴閭蒿　此四字原無，據索隱本補。

〔二〇〕注軒于蕕草郭璞云　此八字原無，據索隱本補。

〔二一〕活人　此上原有「温」字。殿本史記考證：「『活人』，書名，即本草也。『温』字疑衍。」今據删。

〔二二〕如小柿甘美　原作「如小甘柿辛美」。文選卷四左思蜀都賦「木蘭」李善注作「如小柿甘美」。按：「辛」爲「柿」字之衍譌，而又與「甘」誤倒。今據删乙。

〔二三〕注朱楊赤楊　原作「朱楊」，據索隱本改補。

〔二四〕注胡中有鉅　此五字原無，據索隱本補。

〔二五〕烏號之雕弓黄帝上仙羣臣舉弓抱之而號　耿本、黄本、彭本、柯本、凌本、殿本作「張揖云黄帝乘龍上仙小臣不得上挽持龍髯髯拔墮黄帝弓羣臣抱弓而號故名烏號」。漢書卷五七上司馬相如傳上「左烏號之彫弓」顔師古注引張揖曰：「黄帝乘龍上天，小臣不得上，挽持龍顊，顊拔，墮黄帝弓，臣下抱弓而號，故名弓烏號。」疑索隱文有脱誤。

〔二六〕太山　原作「大山」，據耿本、黄本、彭本、柯本、殿本改。凌本作「泰山」。按：韓詩外傳：「此弓者，太山之南烏號之柘，燕牛之角，荆麋之筋，河魚之膠也。四物者，天下之練材也。」

〔二七〕孫陽　疑當作「姓孫名陽」。按：漢書卷五七上司馬相如傳上「陽子驂乘」顔師古注引張揖曰：「陽子，伯樂也。秦繆公臣，姓孫，名陽。」

〔二八〕樂産　耿本、黄本、彭本、柯本、凌本、殿本作「樂彦」。

〔二九〕因爲月御也　「爲」，原作「名」，據耿本、黄本、彭本、柯本、凌本、殿本改。又，此下黄本、彭本、柯本、凌本、殿本有「郭璞云孅阿古之善御者」十字，疑此脱。按：漢書卷五七上司馬相如傳上「孅阿爲御」顔師古注引郭璞曰：「孅阿，古之善御者。孅音纖。」

〔三〇〕故曰未舒也　「舒」下原有「之」字，據耿本、黄本、彭本、柯本、凌本、殿本删。

〔三一〕亦爲得也　「爲」，原作「曰未」，據耿本、黄本、彭本、柯本、凌本、殿本改。

〔三二〕信節　原作「節信」。漢書卷五七上司馬相如傳上「弭節徘徊」顔師古注引郭璞説作「信節」，文選卷七司馬相如子虚賦李善注引同。張文虎札記卷五：「當依集解乙。」今據乙。

〔三三〕小顔云　耿本、黄本、彭本、柯本、凌本、殿本此下有「此説非也」四字，漢書卷五七上司馬相如傳上「襞積褰縐」顏師古注同。

〔三四〕古謂之皮弁素積　「皮弁」二字原無，據耿本、黄本、彭本、柯本、凌本、殿本補。按：漢書卷五七上司馬相如傳上「襞積褰縐」顏師古注有此二字。又，「素積」下耿本、黄本、彭本、柯本、凌本、殿本有「是也」二字。

〔三五〕張揖　原作「張晏」，據耿本、黄本、彭本、柯本、凌本、殿本改。按：文選卷七子虚賦李善注亦作「張揖」。

〔三六〕駕鵝　原作「駕鵝」，紹興本、殿本作「駕鵝」，與下正文合，今據改。按：漢書卷五七上司馬相如傳上、文選卷七子虚賦亦作「駕鵞」。

〔三七〕駕音加　「駕」，原作「駕」，據景祐本、紹興本、殿本改。按：漢書卷五七上司馬相如傳上顏師古注亦作「駕音加」。

〔三八〕皆成行列當　「當」上疑脱「相」字。按：詩小雅巷伯孔穎達疏、爾雅釋魚邢昺疏引陸璣毛詩疏並有「相」字。

〔三九〕罘山　「罘」上疑脱「之」字。按：正文作「之罘」，與集解合。本書卷二八封禪書「祠之罘」正義引括地志：「之罘山在萊州文登縣西北九十里。」

〔四〇〕是客也　原作「是賓客之也」。張文虎札記卷五：「文選注無『賓』『之』二字，疑衍。」今據删。

〔四一〕西至於豳國爲極　漢書卷五七上司馬相如傳上「右西極」顏師古注引文穎「極」上有「西」字，

文選卷七司馬相如子虛賦李善注引同。疑此脱。按：爾雅釋地：「東至於泰遠，西至於邠國，南至於濮鈆，北至於祝栗，謂之四極。」

〔四二〕有紫澤　此下原有「其水紫色注亦紫」七字。張文虎札記卷五：「漢書、文選注無此七字，疑是讀者旁注誤入。」今據删。

〔四三〕從丹水下則有九從灞以下則七　耿本、殿本作「計從丹水以下至潏除潦爲行潦凡九從霸滻以下爲數凡七」，黄本、彭本、柯本、凌本略同，唯「霸」譌作「云」。按：漢書卷五七上司馬相如傳上「經營其内」顏師古注引晉灼曰：「下言八川，計從丹水以下至潏，除潦爲行潦，凡九川。從霸、産以下，爲數凡七川。」

〔四四〕蜀人云　此下疑脱「檗」字。按：方言卷一二：「水中可居爲洲，三輔謂之淤，蜀漢謂之檗。」

〔四五〕穹隆　疑當依正文作「穹石」。按：下文「穹隆雲撓」索隱引郭璞云：「水隴起回窳也。」漢書卷五七上司馬相如傳上「觸穹石」顏師古注引張揖曰：「穹石，大石也。」

〔四六〕水急旋回如雲屈曲也　原作「水旋還作泉也」，據耿本、黄本、彭本、柯本、凌本、殿本改。按：漢書卷五七上司馬相如傳上「穹隆雲橈」顏師古注：「橈，曲也。言水急旋回，如雲之屈曲也。」

〔四七〕魶鯢魚　「鯢」，原作「鯷」，據景祐本、紹興本改。按：漢書卷五七上司馬相如傳上「禺禺魼鰨」顏師古注引郭璞曰：「鰨，鯢魚也，似鮎，有四足，聲如嬰兒。」

〔四八〕目旁毛皆長而旋　「皆」字原無，據耿本、黄本、彭本、柯本、凌本、殿本補。按：漢書卷五七上司馬相如傳上「文精旋目」顔師古注亦有「皆」字。

〔四九〕嶄音咸　張文虎札記卷五：「嶄無咸音，當有脱誤。」

〔五〇〕張揖　原作「張晏」，據耿本、黄本、彭本、索隱本、柯本、凌本、殿本改。按：文選卷八司馬相如上林賦李善注亦作「張揖」。

〔五一〕非橙也　耿本、黄本、彭本、柯本、凌本、殿本作「非橙柚也漢書作蔵持」。

〔五二〕庳脚　原作「痺脚」，據黄本、彭本、柯本、凌本、殿本改。

〔五三〕平窔山以爲堂　「窔山」，原作「此山」，據耿本、黄本、彭本、柯本、凌本、殿本改。

〔五四〕夏室　原作「夏屋」，據耿本、黄本、彭本、柯本、凌本、殿本改。按：楚辭招魂亦作「夏室」。

〔五五〕中加　漢書卷五七上司馬相如傳上「宛虹拖於楯軒」顔師古注作「申加」。

〔五六〕楊梅實　原作「其大小」，據耿本、黄本、彭本、柯本、凌本、殿本改。按：漢書卷五七上司馬相如傳上「樗棗楊梅」顔師古注引張揖曰：「楊梅，其實似榖子而有核，其味酢，出江南也。」

〔五七〕廣志　原作「廣異志」，耿本、黄本、彭本、柯本、凌本、殿本無「異」字，今據删。按：此文索隱屢引廣志。

〔五八〕楓似白楊　「楓」字原無，據耿本、黄本、彭本、柯本、凌本、殿本補。

〔五九〕一名欇櫛　「欇櫛」，疑當作「欇欇」。按：漢書卷五七上司馬相如傳上「華楓枰櫨」顔師古注引爾雅作「欇欇」。爾雅釋木：「楓，欇欇。」釋木又曰：「欇，虎櫐。」知「欇」與「欇欇」非一物也。説文：「楓，楓木也。厚葉弱枝，善摇，一名欇欇。」

〔六〇〕又音栗也　耿本、黄本、彭本、柯本、凌本、殿本作「𦬇古卉字吸音翕」。按：漢書卷五七上司馬相如傳上「蔰莅𦬇歙」顔師古注：「林木鼓動之聲也。蔰音劉。莅音利。𦬇，古卉字也，音諱。歙音翕。」

〔六一〕蜼音遺　耿本、黄本、彭本、柯本、凌本、殿本作「蜼音贈遺之遺」。按：漢書卷五七上司馬相如傳上「蜼玃飛蠝」顔師古注引郭璞曰：「蜼，音贈遺之遺。」

〔六二〕猨之雄者黑色也　「黑」字原無，據耿本、黄本、彭本、柯本、凌本、殿本補。按：文選卷八司馬相如上林賦「玄猨素雌」李善注：「玄猨，言猨之雄者玄色也。」漢書卷五七上司馬相如傳上「於是乎玄猨素雌」顔師古注：「言猨之雄者玄黑而雌者白素也。」

〔六三〕猨之雌者素色也　「素」字原無，據耿本、黄本、彭本、柯本、凌本、殿本補。按：文選卷八司馬相如上林賦「玄猨素雌」李善注：「素雌，猨之雌者素色也。」參見上條。

〔六四〕馬足人手　「手」，原作「首」，據索隱本改。按：山海經西山經作「馬脚人手」，郭璞注：「前兩脚似人手。」

〔六五〕字或作玃　「或」字原無，據耿本、黄本、彭本、柯本、凌本、殿本補。

〔六六〕握板　「板」，原作「柘」，據耿本、黄本、彭本、柯本、凌本、殿本改。按：説文鼠部：「鼺，斬鼺鼠，黑身，白腰若帶，手有長白毛，佀握版之狀。」

〔六七〕廣雅　原作「爾雅」。張文虎札記卷五：「當云『廣雅』。」按：廣雅釋木：「木蘗生曰榛。」今據改。

〔六八〕數千百處　疑當作「數百千處」，謂數百處乃至上千處也。按：漢書卷五七上司馬相如傳上、文選卷八司馬相如上林賦皆作「數百千處」。

〔六九〕狼爪　「爪」，會注本作「鬣」，與今本說文合。

〔七〇〕鶡鶡尾也　「鶡」字原不重，據耿本、黄本、彭本、柯本、凌本、殿本補。按：漢書卷五七上司馬相如傳上顏師古注引孟康曰：「鶡，鶡尾也。」

〔七一〕項也　「項」，原作「頸」，據耿本、黄本、彭本、柯本、凌本、殿本改。按：漢書卷五七上司馬相如傳上顏師古注引張揖作「項」，文選卷八司馬相如上林賦李善注引同。

〔七二〕首文曰經　「經」，疑當作「德」。按：山海經南山經、海内經皆云「首文曰德」。

〔七三〕股文曰信　「股」，山海經南山經作「腹」，疑是。

〔七四〕石關　原作「石闕」。張文虎札記卷五：「漢書作『關』，與下『巒』、『寒』韻。」按：漢書卷八七上揚雄傳上「封巒石關施靡虖延屬」顏師古注：「封巒、石關，皆宮名也。」今據改。

〔七五〕在昆明南柳市　「昆明」下疑脱「池」字。漢書卷五七上司馬相如傳上「掩細柳」顏師古注引郭璞「昆明」下有「池」字，文選卷八司馬相如上林賦李善注引同。本書卷一〇孝文本紀「居細柳」集解引張揖曰：「在昆明池南，今有柳市是也。」

〔七六〕轔踐也　「轔」，原作「轢」，據黃本、彭本、柯本、凌本、殿本改。

〔七七〕亦急風也　「亦」上原有「回」字，據耿本、黃本、彭本、柯本、凌本、殿本刪。

〔七八〕俗無雙　「俗」，漢書卷五七上司馬相如傳上顏師古注引郭璞作「世」。

〔七九〕言如刻畫作也　「作」下漢書卷五七上司馬相如傳上顏師古注引郭璞有「之」字，文選卷八司馬相如上林賦李善注引同。

〔八〇〕嫮以姱　「嫮」字原無。張文虎札記卷五：「『以』上當脱『嫮』字。」按：楚辭大招：「朱脣皓齒，嫭以姱只。」「嫭」同「嫮」。今補「嫮」字。

〔八一〕喟漢書作芔　耿本、黃本、彭本、柯本、凌本、殿本作「漢書作芔然猶欻然也」，疑此有脱誤。按：漢書卷五七上司馬相如傳上「芔然興道而遷義」顏師古注：「芔然，猶欻然也。遷，徙也，徙就於義也。芔音許貴反。」

〔八二〕責唐蒙等　「等」字原無，據景祐本、紹興本補。按：張文虎札記卷五：「蔡、中統、游、毛本下有『等』字，與漢書合。」文選卷四四司馬相如喻巴蜀檄李善注引漢書亦有「等」字。

〔八三〕皆西南夷　「南」字原無，據耿本、黃本、彭本、柯本、凌本、殿本補。

〔八四〕南越蒙天子德惠故遣太子入朝所以云弔爾非訓至也　原作「令弔番禺故遣太子入朝弔非至也」，據耿本、黃本、彭本、柯本、凌本、殿本改。按：漢書卷五七下司馬相如傳下「右弔番禺，太子入朝」顏師古注：「南越爲東越所伐，漢發兵救之，南越蒙天子德惠，故遣太子入朝，所以云弔耳，非訓至也。」

〔八五〕便略定西夷　「便」，漢書卷五七下司馬相如傳下作「使」。

〔八六〕公孫弘　耿本、黄本、彭本、柯本、淩本、殿本作「公卿所言」。

〔八七〕或隨輕重耳　「隨」下耿本、黄本、彭本、柯本、淩本、殿本有「時」字。

〔八八〕本或作當也　「也」，耿本、黄本、彭本、柯本、淩本、殿本作「蓋後人改爾」。按：漢書卷五七下司馬相如傳下「自以得使女尚司馬長卿晚」顔師古注：「尚猶配也，義與尚公主同。今流俗書本此尚字作當，蓋後人見前云文君『恐不得當』，故改此文以就之耳。」

〔八九〕斯俞國也　「國」上疑脱「本俞」二字。按：文選卷四四司馬相如難蜀父老李善注引張揖曰：「斯俞，本俞國名也。」耿本、黄本、彭本、柯本、淩本、殿本作「斯俞才俞國也」，疑「才」爲「本」字之譌。

〔九〇〕謂本由相如立此事也　耿本、黄本、彭本、柯本、淩本、殿本作「本由相如立此事故不敢更諫」。按：漢書卷五七下司馬相如傳下「相如欲諫，業已建之，不敢」顔師古注：「本由相如立此事，故不敢更諫也。」

〔九一〕澍濡　漢書卷五七下司馬相如傳下、文選卷四四司馬相如喻巴蜀檄並作「霑濡」。按：下文相如封禪文云「懷生之類霑濡浸潤」。

〔九二〕苞滿　梁玉繩志疑卷三四：「漢書、文選作『苞蒲』。索隱亦云一作『蒲』。則『滿』字譌。」

〔九三〕固常人之所異　「人」字原無。張文虎札記卷五：「毛本『常』下有『人』字，與漢書、文選合。」今據補。

〔九四〕阻深　索隱本作「曶爽」。王念孫雜志史記第六：「索隱本『阻深』作『曶爽』是也。漢書、漢紀、文選竝作『曶爽』。『曶』，説文作『昒』，尚冥也。封禪書『昧爽』，郊祀志作『昒爽』。顏師古曰：『昒爽』，未明之時也。『昒』音忽。『曶爽』與『闇昧』義相近。若作『阻深』，則與下句『得燿乎光明』義不相屬。蓋後人見上文有『山川阻深』之語，而妄改之也。乃或於注内加『阻深，漢書作曶爽』七字以牽合已改之正文，則其謬益甚矣」。

〔九五〕中外禔福　「禔」，原作「提」，據索隱本改。按：徐鍇説文解字繫傳：「臣鍇按：史記司馬相如云『中外禔福』是也。」繫傳所引，與集解引一本同。漢書卷五七下司馬相如傳下亦作「禔」。

〔九六〕禔安也　「安」下疑脱「福」字。按：説文示部：「禔，安福也。」索隱上云「禔，福」，此復引説文以爲證。

〔九七〕合在於憂勤佚樂之中也　「合」字原無，據耿本、黄本、彭本、柯本、凌本、殿本補。按：漢書卷五七下司馬相如傳下顏師古注引張揖有「合」字。

〔九八〕故云減五登三也　「也」上耿本、黄本、彭本、柯本、凌本、殿本有「此説非」三字。按：漢書卷五七下司馬相如傳下顏師古注：「李奇曰：『五帝之德比漢爲減，三王之德漢出其上。』」

師古曰：『此說非也。咸，皆也，言漢德與五帝皆盛，而登於三王之上也。相如不當言漢滅於五帝也。』」

〔九九〕是與韋昭之說符也　「與」、「符」二字原無，據耿本、黃本、彭本、柯本、凌本、殿本補。

〔一〇〇〕東南三里　疑文有脫誤。按：三輔黃圖卷二秦宮：「長楊宮，在今盩厔縣東三十里，本秦舊宮，至漢修飾之，以備行幸。」元和志卷二關內道二京兆下盩厔縣：「秦長楊宮，在縣東南三十三里。」

〔一〇一〕恐墮墜也　「也」上原有「之」字。耿本、黃本、彭本、柯本、凌本、殿本作「恐其墮墜也」，無「之」字，今據刪。按：漢書卷五七下司馬相如傳下「家絫千金，坐不垂堂」顏師古注：「垂堂者，近堂邊外，自恐墜墮耳，非畏櫩瓦也。」又，黃本、彭本、柯本、凌本、殿本此下有「非謂畏簷瓦」五字。

〔一〇二〕泉中有長洲　「泉」字疑衍。索隱引張揖說無「泉」字，漢書卷五七下司馬相如傳下顏師古注引同。

〔一〇三〕減音域　耿本、黃本、彭本、柯本、凌本、殿本作「汩減」。按：漢書卷五七下司馬相如傳下「汩減」顏師古注：「汩減，疾貌也。」

〔一〇四〕音蔓　漢書卷五七下司馬相如傳下顏師古注作「音愛」，疑是。

〔一〇五〕此條索隱耿本、黃本、彭本、柯本、凌本、殿本在上文「臣嘗爲大人賦」下。

〔一〇六〕踥蹀疾行兒輵磍前卻也　耿本、黄本、彭本、柯本、凌本、殿本作「踥蹀疾行互前却也輵磍搖目吐舌也」，疑是。按：漢書卷五七下司馬相如傳下顏師古注引張揖曰：「踥蹀，互前卻也。輵磍，搖目吐舌也。」

〔一〇七〕河出崑崙二千五百餘里　本書卷一二三大宛列傳引禹本紀「崑崙」下有「崑崙其高」四字，疑此脱。

〔一〇八〕沙州東南三十里　「沙州」下疑脱「敦煌縣」三字。按：本書卷一五帝本紀「遷三苗於三危」、卷二夏本紀「至于三危」正義引括地志皆有「敦煌縣」三字。

〔一〇九〕勝　此下原有「代」字。張文虎札記卷五：「漢書注無『代』字，疑涉下而衍。」今據删。

〔一一〇〕呼吸沆瀣兮餐朝霞　「兮」字原在「霞」下，據漢書卷五七下司馬相如傳下乙。

〔一一一〕近世　原作「世近」，據殿本乙。按：索隱云「近代」，義同。

〔一一二〕卒於畢郢　「卒」，原作「生」。張文虎札記卷五：「『生』當作『卒』。」按：孟子離婁下：「文王生於岐周，卒於畢郢，西夷之人也。」今據改。

〔一一三〕鄭德　原作「鄭玄」，據黄本、彭本、柯本、凌本、殿本改。按：漢書卷五七下司馬相如傳下「導一莖六穗於庖」顏師古注：「鄭氏曰：『導，擇也。一莖六穗，謂嘉禾之米，於庖廚以供祭祀也。』」顏師古漢書敍例：「鄭氏，晉灼音義序云不知其名，而臣瓚集解輒云鄭德。既無所據，今依晉灼但稱鄭氏耳。」索隱屢引鄭德說。

〔二四〕禾一莖六穗　「穗」，原作「蕙」，據耿本、黄本、彭本、柯本、凌本、殿本改。按：下文亦云「嘉穀六穗」。

〔二五〕遂定華字　「定」，原作「安」，據黄本、索隱本、殿本改。

〔二六〕使説者尚何稱述於後代也如上文云七十二君者哉　耿本、黄本、彭本、柯本、凌本、殿本「也如上文」作「而」，「者哉」作「乎」，疑是。

〔二七〕殊絶之用　「用」，疑當作「明」。按：漢書卷五七下司馬相如傳下「以展采錯事」顔師古注引文穎作「明」，文選卷四八司馬相如封禪文李善注引漢書音義同。

〔二八〕其儀可喜　「喜」，原作「嘉」。張文虎札記卷五：「漢書作『喜』，與上下文韻並合。」今據改。下同。

〔二九〕楊雄以爲靡麗之賦勸百風一猶馳騁鄭衛之聲曲終而奏雅不已虧乎　梁玉繩志疑卷三四：「此下二十八字當削。困學紀聞引江粢曰『雄後於遷甚久，遷得引雄辭何哉？蓋後人以漢書贊附益之』。」